釣瓶火

JN009355

東雅夫編

文庫版

妖怪の宴 妖怪の匣

京極夏彦

角川文庫
22281

文庫版

妖怪の宴 妖怪の匣

目次

口絵造形製作／荒井良（山﨑貴彦 蔵）
写真提供／Gallery 花影抄

文庫版刊行にあたって

本書が単行本『妖怪《ようかい》の宴《うたげ》　妖怪《ようかい》の匣《はこ》』として刊行されたのは、二〇一五年、十二月末のことです。本書の最後に記してある通り、それは昭和・平成の〝妖怪〟ムーブメントを牽引《けんいん》して来られた、水木《みずき》しげるさんが亡くなられた年でした。

それから四年と六箇月が経ち、本書も文庫化される運びとなりました。

文庫化にあたって脱字や誤字の修正、文章の調整などはしましたが、本文中の情報の更新はしていません。ですから、冒頭にある「本年」というのは、この文を書いている時点では「四年半前」のことになります。そこは、敢《あ》えて修正を加えていません。当時の〝妖怪〟を巡る空気を記したものとして、そのまま文庫化したほうが良いと判断したためです。

水木大先生が逝かれて四年半、その〝妖怪〟を巡る空気も大きく変わりました。筆者が肝煎《きもいり》を務めていた全日本妖怪推進委員会も解散し、掲載誌であった『怪《かい》』も二十年余の歴史に幕を下ろしました。元号も変わってしまいました。

しかし〝妖怪〟が消えてしまったわけではありません。むしろ〝推進〟する必要がなくなってしまったと言うべきでしょう。ＴＶアニメ『ゲゲゲの鬼太郎《きたろう》』第六期も人気を博し、相変わらず大規模な妖怪イベントも開催されています。世界規模の疫禍に見舞われている現在、厄除《やくよ》けとしての〝予言獣〟がクローズアップされ、それは〝妖怪〟として紹介されました。

それは果たして〝妖怪〟なのかと、疑問に思った人も少なからずいたはずです。いや、それこそが〝妖怪〟なんじゃないかと考えた人もいたでしょう。一方で、多くの人は何も考えることなくそれを〝妖怪〟として受け入れたものと思われます。

そんなものでいいのだ——と筆者は考えています。「そんなのは妖怪じゃない」だとか「それは間違ってるよ」まで、全部含めて〝妖怪〟だからです。

〝妖怪〟はテキトーなものなのです。

〝妖怪〟は、そのくらいのゆるい感じがいいようです。ただ、ゆるいとはいうものの、何も考えずに享受するより、色々と考えを巡らせた後にゆるく構えてみたほうが、より〝妖怪〟を愉《たの》しめることも確かです。

〝妖怪〟は、付き合い方によって、もっともっと面白くなるのです。

この本は、〝妖怪〟が世の中で繰り広げているいい加減な「宴」をもっと愉しむため、意外に開けにくい〝妖怪〟の「匣」の蓋《ふた》をちょっとだけ開けてみようという試みです。

令和二年（二〇二〇）記

0 妖怪の周辺を回ってみる

妖怪を消費する

妖怪ブームなのだそうです――。

たしかに昨年（二〇一四年）から本年（二〇一五年）にかけ、かなりの量の〝妖怪〟関連書籍が発行されました。また〝妖怪〟やそれに類する怪しいものごとをテーマにした展覧会や展示も全国各地で頻繁に催されています。その数たるや過去に例を見ないほどです。〝妖怪〟系のイヴェントや即売会なども往時より活発に開かれており、それらはすべて現在進行形です。

〝妖怪〟に対する注目度はここ数年高まっていると言っていいかもしれません。

これはしかし、二〇一三年に発売されたニンテンドー3DS用ゲームソフト『妖怪《ようかい》ウォッチ』（レベルファイブ）、並びに翌年から放映が開始された同名のテレビアニメや、コミック・玩具《がんぐ》をはじめとした関連商品が爆発的に売れたこと――いわゆる「妖怪ウォッチブーム」に便乗した現象――と思われます。

もちろん、『妖怪ウォッチ』の妖怪も〝妖怪〟です。

そういう意味では、二〇一四年から二〇一五年にかけての「妖怪ウォッチブーム」は、そのまま〝妖怪〟ブームとしてしまっても良いものでしょう。

もっとも『妖怪ウォッチ』が世を席巻《せっけん》していた一時期には、一部の〝妖怪〟ファンから「あれは従来の〝妖怪〟とは別物だ」というような意見も出たようですし、その一方で「水木しげるの呪縛《じゅばく》から逃れた〝妖怪〟を生み出したのは快挙」という見方もあったようです（ちなみに筆者はいずれの意見にも与《くみ》しません。初期の『妖怪ウォッチ』はいわゆる〝妖怪〟の作り方をきちんと踏襲して作られていますし、作り手が大変によく〝妖怪〟を学んでいたことは想像に難くありません。それは水木しげるを筆頭とした過去のクリエイター達の作法と決別した新しい在り方とは思えませんし、故に決して別物ではないでしょう）。

いずれにしろ、「妖怪ウォッチブーム」を契機《きっかけ》に〝妖怪〟企画が通りやすくなったことは間違いありません。出版不況と呼ばれて久しい当世の時流の中で〝妖怪〟書籍が次々出版されたのは、当然ある程度の売れ行きが予想されたからでしょうし、予算も下りず、縮小傾向にある企画展や、手続きも準備も面倒《めんどう》なイヴェントが各地で開催されているのも、それなりの集客が見込めると判断されたからでしょう。

その結果の大量露出ではあるのですから、たとえ便乗商法ではあったとしても、プチ・妖怪ブームであったと謂《い》われても間違いではありません。

ただし、『妖怪ウォッチ』以外の〝妖怪〟に関しては、どれだけ露出が増えようが（一部を除いて）、単に縮小再生産されただけだった——と捉《とら》えることもできるかもしれません。

書籍にしろ展示にしろ、過去の蓄積を〝今風〟にアレンジし、パッチワーク的に繋《つな》ぎ合わせただけのものがほとんどであったということは、残念ながら否定できません。

何しろブームは短いものです。付け焼き刃でも焼き直しでも、時流を見てすぐに乗っからなければ便乗はできません。「取《と》り敢《あ》えずやっとけ」的なものは、時にいい加減だったり、繰り返しの劣化コピーだったり、大きく間違っていたりもするものです。でも、そういうものからも汲《く》める知見はありますし、特に〝妖怪〟のようなものに関しては、そうした「適当な」在り方こそ身上だったりもするのですから、それでも一向に構わないと筆者は考えます。

どうであれ、盛り上がるのは悪いことではないでしょう。

一方で、そのようにして齎《もたら》された情報の多くは、地に足がついていないに等しいものでもあるでしょう。それらの多くはブームの波が去ると共にすっかり消えてしまうのが常です。

〝妖怪〟もまた、ここ一、二年で大量に消費されてしまいました。

しかし。

それでも〝妖怪〟は消えてはいません。〝妖怪〟は、依然として——というよりブームがあったことすら気づいていなかったかのように、ひっそりと生き残っています。実は、そうした地に足のつかない瑣末《さまつ》な情報の積み重ねこそが〝妖怪〟を構成しているのです。時に誤謬《ごびゅう》や誤記、誤字までもが糧《かて》となることさえあります。減った分は増えているのです。

そうした、ブームに影響されない領域が常に一定量あるからこそ、〝妖怪〟ブームは終らない——ように感じてしまうのでしょう。

本書は、世界で唯一の妖怪マガジン『怪《かい》』（KADOKAWA）の『0024』（二〇〇八年二月発行）から『0043』（二〇一四年十二月発行）まで、六年間に亘《わた》って連載された同名のコーナーを纏《まと》めたものです。

さらにいうなら、本書は二〇〇七年に刊行された『妖怪《ようかい》の理《ことわり》　妖怪《ようかい》の檻《おり》』（角川書店《かどかわしょてん》／現・KADOKAWA）の続きでもあります。

この『妖怪の理　妖怪の檻』が刊行された時も、〝妖怪〟ブームと謂《い》われていました。本書『妖怪《ようかい》の宴《うたげ》　妖怪《ようかい》の匣《はこ》』の連載中も、幾度かブームめいた盛り上がりはありました。二〇〇七年には『ゲゲゲの鬼太郎』のアニメ第五期がスタートし、二〇一〇年には『ゲゲゲの女房』が人気を博しています。水木人気は、時流を超えて衰えを見せません。

そのたびに〝妖怪〟ブームと謂われて来ました。

同じく二〇一〇年には「妖怪文化に深く貢献した」ことを認められ、水木しげる大《おお》先生が文化功労者として顕彰されています。二〇一三年には「妖怪文化研究で高い成果を挙げた」として、小松和彦《こまつかずひこ》さんが紫綬褒章《しじゅほうしょう》を受章されています。何かトピックがあるたび、〝妖怪〟はオーバーグラウンドに顔を出し、そして消費され、消費されることで延命して行くという性質を持っています。そもそも、『怪』が創刊された一九九七年前後も〝妖怪〟ブームと呼ばれていたのですから、もう何をか言わんやです。

目減りして来るたびにそれらしいブーム（らしきもの）が訪れ、クローズアップされて増量し、溢《あふ》れた部分のみが消費されてまた元通り――その繰り返し――なのです。

この本には、その溢れた部分とはほとんど関係のないことが書かれています。

つまり「妖怪ウォッチブーム」とはあまり関係のない、いやまるで関係のない事柄しか、本書では取り上げていないということです。

そういう期待には一切応《こた》えられないことを、予《あらかじ》めお断りしておきます（『妖怪ウォッチ』に関しても、やがて取り上げることになるかもしれませんが――）。

この本は、ブームに左右されることなく、常に一定量この国の文化に巣くっている、あまりキャッチーではない、いつもの〝妖怪〟のほうに目を向けたものです。

加えて、本書は前述の通り、『妖怪の理　妖怪の檻』の続きです。続きですから、なるべく重複しないように書いています。つまり、そちらで書いたことにはほぼ「触れていない」ということになります。そこもお含み置きください。

この本の中であれこれと考えているのは、〝妖怪〟ではなく、まず〝妖怪〟の祖型であるところの〝化け物〟のことです。そして〝化け物〟から派生した〝お化け〟のことです。それから、よく〝お化け〟と混同される〝幽霊〟についても考えてみようと試みました。

あちこち脱線しつつ、そうしたキイワードを辿《たど》りながら、〝妖怪〟の周辺をぐるぐると回ってみようという、本書はそういう趣旨で書かれたものです。

周りを回るだけですから、多少じれったいかもしれません。でも、ぐるぐる回っているうちに、〝妖怪〟と付き合うことが多少は愉《たの》しく思えて来るかもしれません。

そうなれば、幸いです。

1

化け物について考えてみる

辞書の化け物を渡り歩く

一　化け物の話を一つ、出來るだけまじめに又存分にして見たい。

昭和十三年三月に『日本評論《にっぽんひょうろん》』（日本評論社《にっぽんひょうろんしゃ》）誌上で発表され、後に昭和三十一年発行の単行本『妖怪談義《ようかいだんぎ》』（修道社《しゅうどうしゃ》）の巻頭を飾った、柳田《やなぎた》國男《くにお》の論文「妖怪談義」の書き出しです。

同書は、日本民俗学の創唱者である柳田が著したほとんど唯一の〝妖怪〟論文集であり、同文は、現在私たちが慣れ親しんでいる〝通俗的妖怪〟概念形成の端緒となった一文でもあります。〝妖怪〟論の基本図書的に扱われ、長く読み継がれているものですから、お読みになった方も多いのではないでしょうか。

論文のタイトルも、書名も〝妖怪〟談義です。それなのに柳田は、冒頭で「〝化け物〟の話をする」と宣言しています。

それでは、柳田國男は〝妖怪〟と〝化け物〟を、同じものを指し示す言葉と考えていたのでしょうか。

一読する限り、「妖怪談義」の中において、とりわけ言葉（概念）の使い分けがなされている様子は見受けられません。〝妖怪／化け物／お化け〟は厳密な基準も定義もなく、混用されているようです。

ただ、それらが完全に同義語として扱われているのかといえば――どうもそうとはいえないようです。

例えば、〝お化け〟は文中では〝化け物〟とほぼ同じ対象を指し示す言葉として使用されていますが、ニュアンスは若干違うように思われます。〝お化け〟は〝化け物〟という言葉から派生した幼児語――卑俗な言い換えとして扱われているからです。

一方、〝妖怪〟の扱いはまったく反対です。

文中、〝妖怪〟は〝化け物〟を含む操作概念を表す学術用語――〝化け物〟のやや高尚な言い換えとして使用されているように思われます。多分に曖昧《あいまい》な使われ方ではありますが、どうやら〝妖怪〟は〝化け物〟の上位概念として扱われているようなのです。

高尚／卑俗のレヴェルで見るなら〝妖怪〟＞化け物〟＞お化け〟ということになるでしょう。

指し示す対象を考慮した場合は〝妖怪∩化け物・お化け〟ということになるでしょうか。

ただし、それらの関係は文中できちんと明文化されているわけでも、定義されているわけでもありませんので、混乱は否めません。

いずれにしろ柳田が「妖怪談義」を書いた段階で、延《ひ》いては『妖怪談義』を出版した時点において、現在私たちがいうところの〝妖怪〟——即ち〝通俗的妖怪〟概念が完成していなかったことは確かです。

つまり、「妖怪談義」を読み解く際、そこで使われている〝妖怪〟という言葉を、私たちの知っている（通俗的な）〝妖怪〟の意味で理解してしまっては、正確な理解は得にくいということになるでしょう。

本稿の前段に当たる『妖怪の理　妖怪の檻』において、筆者は、柳田國男（後の民俗学）は次のような条件に当てはまる対象を〝妖怪〟と呼称していると、暫定的に規定しました。

> 特定の場所に関わる（幽霊とは別の）怪しいモノゴト、零落した神＝民俗社会で現在も信じられている、あるいは過去信じられていたと伝えられている（神仏とは無関係な）怪異、あるいは怪物、または場所で、多くは特定の固有名詞を持ったモノ、あるいはコト。

これは、柳田の著作や、柳田学を継承する（ものと思われる）後世の民俗学文献や、柳田の影響下にあると思われる民俗学関連文献から筆者が後講釈で抽出したものであって、前述のとおり、柳田本人が（あるいは民俗学が）学問の中で定義としてきちんと提示したものではありません。しかし、「妖怪談義」が書かれた段階で、これらの条件は概《おおむ》ね出揃っていた——と言ってもいいものと思われます（『妖怪の理　妖怪の檻』参照）。

これらの条件を満たすことでカテゴライズされた〝妖怪〟を通俗的妖怪と区別するため、ここでは便宜的に民俗学的妖怪と呼ぶことにします。

この民俗学的妖怪が柳田のいう〝妖怪〟であるとするならば、それはやはりそのまま〝化け物〟に当てはまるものではないようです。

右の条件を満たすものをして、私たちは〝化け物〟と呼んでいるわけではないと、筆者は考えます。

それでは、〝化け物〟とは、いったいどんなものなのでしょう。

私たちは、どんなものを〝化け物〟だと認識しているのでしょう。

〝妖怪〟について考えた前段に倣って、まずは辞書を引いてみるところから始めてみることにしましょう。

もちろん、「辞書に載っているから正しい」「辞書は間違っていない」と決めつけるつもりはありません。辞書といえども、誤字や誤記、誤謬《ごびゅう》などが絶対にないとはいい切れませんし、また、解釈が複数ある場合、取捨選択がなされているケースもあるでしょう。慣例的に誤用がまかり通っているような場合は、そこに至る背景が説明されていないようなケースもあるでしょうし、根拠薄弱な俗説が定説となっているような場合もあるので、鵜呑《うの》みにすることはできません。

いずれ、辞書は必要最低限の文言で簡潔かつ明快に説明することを旨とするものなわけですから、十全な説明がなされているとはいえないでしょう。

だからといって、「辞書に載っているからといって正しいとは限らない」「辞書も信用はできない」と考えるのは早計です。たしかに、辞書から専門的な知見を得ることはできないでしょう。しかし、最大公約数的な理解を知ることは可能ですし、それを知るのは大切なことです。

辞書の記述を足がかりにして、いろいろと考えを巡らせてみましょう。

まず昭和十一年発行の『大辭典《だいじてん》』(平凡社《へいぼんしゃ》)で〝化け物〟を引いてみることにしましょう。

> バケモノ　化物　化《ば》けて怪しい姿を見せるもの。狐・狸・獺・青鷺・鼠・猫・狼等の人に化けしもの。轉じて妖怪。妖物。變化。

なるほどそうか――といった説明ですが、それで納得してしまったのでは終わりになってしまいます。

この簡潔な記述からも、書かれていないいくつかの事柄を想像することはできます。

まず最初に、〝化け物〟には(何が化けるのかまではわからないものの、何かが)「化《ば》けて怪しい姿を見せるもの」と、「狐・狸・獺《かわうそ》・青鷺《あおさぎ》・鼠《ねずみ》・猫・狼等《など》の人に化けしもの」があるらしい――ということがわかります。

「怪しい姿」という表現はとても曖昧なものですが、ここではとりあえず額面どおりに「普通でない奇妙な容姿」というような意味であると規定します。

つまり〝化け物〟には、

❶「普通でない奇妙な容姿」に「何か」が化けたタイプ
❷「動物」が「人間」に化けたタイプ

の二種類がある、ということになるでしょうか。

転じて云々《うんぬん》というのは、そうした「モノ」であるところの〝化け物〟が、〝妖怪・妖物・変化〟をも表すようになった、または、〝妖怪・妖物・変化〟という表記でも表されるようになった、ということでしょうか。どちらなのか判断が難しいところですが、〝妖怪・妖物・変化〟と〝化け物〟は、本来別の対象を指し示す言葉だったということだけはわかります。

続いて辞書としての普及性が高いと思われる『広辞苑《こうじえん》』（新村出《しんむらいずる》編／岩波書店《いわなみしょてん》）を引いてみましょう。ここでは平成五年（一九九三）発行の第四版を使用します（二〇〇八年に第六版が発行されていますが、本稿執筆段階では最新版が発行されておりませんでした）。

ばけ‐もの【化物】①狐・狸・猫などが化けて怪しい姿をしたもの。へんげ。妖怪。おばけ。②素人（しろうと）から転じて玄人（くろうと）になった義太夫語り。③普通ではできないことをするもの。

一見、『大辭典』の記述を短く纏《まと》めたもののように思えますが、そうではありません。

同じような記述ではあるのですが、実は大きな違いがあります。

この記述には、❶❷の区別がありません。

〝化け物〟は、「動物」が「普通でない奇妙な状態」に化けたものである――と、いうふうに読めます。

この違いは、もちろん編者（あるいはその項の執筆者）の認識の差異に過ぎないのかもしれません。辞書を作った人間にとって、それは大きな問題とはなり得ない、些細《ささい》な差異だったと考えることは容易です。

しかし、もしかすると『大辭典』発行から『広辞苑・第四版』発行までの五十七年の間に一般の認識＝最大公約数的理解に若干の変化があったことの表れであるのかもしれません。

〝化け物〟を、素直に「化け」る（た）「もの」として理解するなら、「人間に化けた動物」というのは、立派な〝化け物〟です。

たしかに立派な〝化け物〟なのですが、正体がバレるまで、それは（外見上は）ただの人間です。「普通でない奇妙な容姿」ではありません。

実際、民俗社会に現れる〝化け物〟の多くは、とりわけ奇っ怪な姿形をしているわけではないようです。

民間に伝わる「怪しいモノ（怪火や怪音などのいわゆる怪現象ではなく、人間ではない怪しい存在という意味です）」どもは、概ね「ただの人間」の姿をしているようなのです。見るからに「変な姿形」をしたモノは意外に少数派ということができます。

では――その「見た目はただの人」が、なぜ「人ならぬ者」と判断されたのでしょう。

それは「いるはずのない場所にいる」「出会うはずのない時間に出会う」といったシチュエーションの異常や、髪形や服装などの違和感、「動き方や言葉遣いが少しだけ変わっている」といったリアクションの差異などで決定されたと考えられます。

山中、深夜など通常人間のいない場所、いない時間にいる者は、人の形をしていても「人ではない」と判断されたわけです。

その当時は（どの時代までそうだったのかという明確な線引きはできないのですが）それだけで十分「異形」と見做《みな》されたわけです。

実際、明治から昭和中期くらいまでに蒐集《しゅうしゅう》された民俗学の文献資料を見る限り、現れる場所や、時間、服装などが「普通と違う」だけの〝化け物〟――見た目はただの人間――は、殊《こと》の外《ほか》多いということがわかります。

こうして考えてみると、『大辭典』の記述から汲《く》み取れる〝化け物〟の二つのタイプは、

❶「普通でない奇妙な容姿」のモノ（正体は何であっても構わない）

❷「普通でない奇妙な状況」の「人間」（正体は人間以外のモノ、主に動物）

という形に収斂《しゅうれん》させることができるでしょう。

しかし、『広辞苑・第四版』の記述からは、この二つのタイプを汲み取ることはできません。

『広辞苑・第四版』の〝化け物〟は、

❶「普通でない奇妙な容姿」のモノ（正体は動物）

❷「へんげ、妖怪、おばけ」などと呼ばれるモノ

ということになるでしょう。

ただし、「へんげ、妖怪、おばけ」が、いったいどんなものなのかという説明はありませんので、これは単なる別称と考えることもできます。すると、

❶「普通でない奇妙な容姿」のモノ（正体は動物）

が〝化け物〟だということになってしまいます。

「動物」が「化ける」こと自体はもちろん「当たり前のこと」ではありません。現在でも「不思議なこと」ではあるでしょう。

ただし、『広辞苑・第四版』の記述を読む限りは、化けるにしても「人間」など「普通の容姿のもの」に化けた場合、その化けたモノを〝化け物〟とは呼ばない、ということになってしまいます。どうやら、問題とされているのは「化ける」こと自体ではなく、「化けた後の容姿」が「怪しいかどうか」のほうであるようです。

時代の異なる二つの辞書の記述から透けて見える事柄の中で最も重要だと思われるのは、まさにこの点でしょう。

もちろん、この二つの短い記述だけを憑拠《ひょうきょ》として論を立てたり、剰《あまつさ》え断定したりすることは乱暴なことです。

しかし、予測することは可能です。

時代が新しくなるとともに、「化けること」よりも、「化けた後の容姿」の方にウエイトが移動しているのではないか――という予測です。

裏を返せば、『大辭典』が出版された昭和十一年の段階では、ごく普通の「人間」の姿をした〝化け物〟（正体は動物）が、ある程度のポピュラリティをもって受け入れられていたのではないか――という予測も成り立つことになります。

その予測があたっているならば、それは即ち、『広辞苑・第四版』が出版された平成五年の段階で、〝化け物〟という言葉を巡る状況が多少なりとも変わってしまった、ということになるかもしれません。

もうひとつ注目すべき点として挙げられるのは、〝変化・妖怪・おばけ〟といった類義語の扱いです。

『大辭典』の記述では、「転じて妖怪。妖物。変化」とあります。

『広辞苑』のほうは単に繋《つな》げる形で「へんげ。妖怪。おばけ」となっています。

この場合、「転じて」があるのとないのとでは大違いです。

〝妖怪〟と〝変化〟という二つの言葉に関しては『妖怪の理　妖怪の檻』において詳しく触れていますので本書では割愛させていただきますが、いずれも〝化け物〟とは（本来的には）異なったモノゴトを指し示す言葉であったものと考えられるからです。

　話を進めるため、一点だけ補足しておきます。

　『広辞苑』における〝変化〟の表記が漢字表記ではなくひらがな表記になっているのは、「変化」の二文字を「へんか」と読むのが一般的になってきたからに他なりません。「へんか」と読んだ場合は、ただ単に「変わること」を指し示すだけの言葉になります。

　しかし「へんげ」と読んだ場合の意味は違います。

「へんげ」は、「権化《ごんげ》」同様に「神仏が姿を変えて現れること」を指し示す言葉だったようです（ただし「妖怪変化」と繋げた場合には、意味が変わります）。

　しかし『大辭典』が出版された昭和十一年の時点において「へんげ」と読む〝変化〟は、概ね〝化け物／お化け〟を指し示す言葉になっていたものという推測ができます（詳しくは『妖怪の理　妖怪の檻』をご参照ください）。

　それでも、昭和十年代にはまだ「転じて」という一言を冠する必要があったのでしょう。平成五年にはそれすら不要になっていた――ということになるでしょうか。

　それでは、それらの予測を検証してみるためにも、もうひとつ、別の辞書を引いてみることにしましょう。

> ばけ‐もの【化物】［名］①ばけて怪しい姿をするもの。自己の本来の姿を変え、人に怪異の情を起こさせるもの。怨念を持った人間は死んでからばけるといわれ、狐・狸・猫などもばけて人をたぶらかすとされる。おばけ。変化。妖怪。（用例略）②くわせ者。いんちきな奴。（用例略）③（医者の姿になって行ったところから）遊廓で遊女を買う僧侶のこと。（用例略）④人形浄瑠璃社会で、専門家としての楷梯を通らず、素人として年季を入れた人が玄人に転じた者をいう。必ずしも軽蔑した称呼ではない。⑤本筋の修行もしていない芸人で、何かのはずみに一躍人気を得た者。⑥詐欺賭博、または詐欺師をいう。盗賊仲間の隠語。（用例略）［方言］❶どぶろく。濁り酒。山形県西置賜郡139❷地酒。長崎県対馬039❸植物、ぶんたん（文旦）。山口県一部030（発音略）［表記］天化（文・饅）妖化物（易・書）化物（へ・言）化・捏（玉）妖（文）術物（黒）老魅（書）

平成十三年発行の、『日本国語大辞典・第二版』（小学館《しょうがっかん》）からの引用です。②以降は、本稿で扱っている〝化け物〟とは直接関係のない項目と思われますが、検討のため、あえて省略することをしませんでした。

さて、記述自体は比較的長文ですが、肝心な部分はさらに簡略になっています。

❶ばけて怪しい姿をするもの。

要はこれだけです。

『広辞苑』では「正体は動物」がデフォルト属性として採用されていましたが、ここでは「動物」は後方に退けられています。平仄《ひょうそく》を合わせるなら、

❶「普通でない奇妙な容姿」に化けるモノ。

が、〝化け物〟だと『日本国語大辞典・第二版』は述べているのです。

続く文言は、ただこの一文を説明するだけのものです。「自己の本来の姿を変え」という部分は「ばけて」の説明であり、「人に怪異の情を起こさせる」というわかりにくい一文は「怪しい姿」を説明しているものと思われます。「怪しい」状態というのは絶対的なものではなく相対的なものだからでしょう。怪しさを測る明確な基準はありません。怪しさは、感じる者の主観に左右されるものです。「人に怪異の情を起こさせる」というやや迂遠《うえん》な言い回しは、そのあたりのことを考慮した上での表現であると思われます。

問題なのは、その後の一文です。

❷怨念を持った人間は死んでからばけるといわれ、

❸狐・狸・猫などもばけて人をたぶらかすとされる。

便宜上**2****3**としましたが、付け足しのように繋げられたこの文は、**1**と並び立つ項目ではなく、**1**の補足説明と考えるべきものでしょう。なぜならこの文は〝化け物〟に対する説明ではなく、〝化け物〟の正体に関する説明と思われるからです。**2****3**を**1**に反映させるなら、

1「普通でない奇妙な容姿」のモノ（正体は怨念《おんねん》を遺《のこ》した死者、あるいは動物など）

ということになります。『広辞苑・第四版』での〝化け物〟に、正体として「怨《うら》みを遺して死んだ人間」が追加された形になっているわけです。

怨みを遺して死んだ人間とは、つまりは〝幽霊〟のことです。しかし、それならなぜ、『日本国語大辞典・第二版』は普通に〝幽霊〟と書かなかったのでしょう。

『広辞苑』同様、『日本国語大辞典』もまた説明文の末尾に同義語を列記しています。

4おばけ。変化。妖怪。

ここに、〝幽霊〟と書き足すのでは、いけなかったのでしょうか。

〝幽霊〟という言葉は、「怨念を持った人間は死んでからばける」などといった遠回りな説明をしなければ理解してもらえない、あまり一般的でない言葉と判断されて、退けられたのかもしれません。

しかし、既に記されている〝おばけ・変化・妖怪〟に関しては、とりわけ何の説明もなされていません。

一概にはいえませんが、説明が必要なのは、この場合むしろ〝おばけ・変化・妖怪〟のほうなのではないでしょうか。〝幽霊〟のほうは、「怨念を持った人間は死んでからばける」などという説明を付するよりも、単に〝幽霊〟と記したほうがわかりやすいように思えます。

これはどういうことなのでしょうか。

この場合、答えは一つしかありません。

〝おばけ・変化・妖怪〟は、〝化け物〟の別称——つまり〝化け物〟そのものを表す言葉として(この文の中では)扱われています。しかし、〝幽霊〟はそうではない——ということなのでしょう。

どうやら〝ただの幽霊〟は〝化け物〟ではない、というのが『日本国語大辞典』の主張のようです。ではどんな〝幽霊〟が〝化け物〟だというのでしょうか。

それは、

❶「普通でない奇妙な容姿」のモノ

ということになります。

〝幽霊〟は、(一般的には)死んだ人間です。

現代において〝幽霊〟は「死後何らかの形をとって現出した死者の総称」として理解されることが多いようです。そしてそれは概ね生前の姿をとって現出すると（通俗的には）理解されています。

これには、生前と同様の姿をとっていなくては、それが死者だと判じられない、という事情があります（〝幽霊〟については項を改めます）。

生前と同様の姿、即ち人間の姿、ということです。

『日本国語大辞典』に倣うなら、これは〝化け物〟ではない、ということになります。普通でない奇妙な容姿に変形し（化け）ていないからです。

慣用句的に、死者が〝幽霊〟になって現れることを「化けて出る」といいます。しかし、よく考えてみれば（現在まかり通っている心霊的な言説を採用する限りは）この言い方は間違っている——ということになってしまいます。

後述しますが、「化ける」とは変形、変身するという意味です。

たしかに現代における〝幽霊〟の多くは物理的肉体を喪失しています。つまり、厳密にいうなら生前の人間そのものではありません。しかし、変質はしているかもしれませんが、変形はしていません。

化けるとは即ち、フォルムが変わること、なのです。ならば、生前と同じ容姿で現出した死者は「化けていない」ということになってしまいます。

それでは、「化ける」を同じ三種類の辞書で引いてみることにしましょう。

まず一番古い『大辭典』です。「化ける」は文語では「化く」、発音も古くは「はく」です。

ハク 化く 動下二 ㊀形を變ふ。異形のものに變ず。ばく。(用例略) ㊁本来の素性を隠して別人のさまを装ふ。(用例略)

続いて『広辞苑』を引いてみましょう。

ば‐ける【化ける】〔自下一〕文ば・く(下二)(古くはハクとも)①形を変える。異形のものに変る。②素性を隠して別人のさまをよそおう。

最後に『日本国語大辞典』を引きます。

ば・ける【化】〔自カ下一〕文ば・く〔自カ下二〕①異形のものに姿をかえる。狐、狸、年老いた動物、また妖怪などが種々に姿をかえる。(用例略)②その道で年功を積む。(用例略)③人を欺こうとして、本来の素性を隠して、別人の恰好や、素振りをする。別人のさまをよそおう。(用例略)④全く違ったものに変る。他のものにすりかわる。また、急に変化する。(用例略)⑤博打に負けることをいう、賭博者仲間の隠語。(以下略)

前の二つと較べる限り、かなり詳しく書かれているといえるでしょう。一般での使用頻度はかなり低いものと思われる賭博《とばく》者仲間の隠語までが採用されています。でも、「死後に幽霊となる」的な記述は一切ありません。

その隠語⑤と、②の「その道で年功を積む」ことを除けば、三つの辞書の記述はいずれも大差ないものといえるでしょう。「変形／変身／変装」――これは、いずれも外見の変化に他なりません。

繰り返しますが、化けるとは即ち、フォルムが変わること、なのです。

形が変わらないのなら、化けて出るとはいわないはずです。

それでは、なぜ〝幽霊〟は「化けて出る」といわれるのでしょうか。

これは〝幽霊〟を扱った芸能、文芸、絵画などに拠《よ》るもの――と考えられます。

いうまでもなく、〝幽霊〟の発生には芸能が深く関わっています。例えば、演劇は「現実を模したもの」と捉《とら》えられがちですが、こと〝幽霊〟に関しては、まったく逆といわざるを得ません。

〝幽霊〟は、「演劇を模して」現れるのです。

演劇の中には、生前の姿とは異なった形に「変形」して現れる〝幽霊〟が登場します。そうしなければ、舞台の上で「生者」と「死者」の区別がつかないからです。

「死んでいること」を表す「記号」をわかりやすく観客にプレゼンテーションすることが敵わなければ、〝幽霊〟芝居は成立しません。

経帷子《きょうかたびら》にしろ額烏帽子《ひたいえぼし》（頭につける三角の布）にしろ、スタンダードな芝居の中の〝幽霊〟コスチュームはすべて死に装束です。それらは生前の姿を再現したものではなく、死後に着せられた衣服の再現なのです。それは決して生前に着るものではありません。いわば、死者の制服なのです。

　さて、そうした芝居の〝幽霊〟たちの中で一番有名なものは何かと尋ねられた時、多くの人が「お岩《いわ》さん」を挙げることでしょう。

　お岩さんは、言わずと知れた四世鶴屋《つるや》南北《なんぼく》作の歌舞伎、『東海道《とうかいどう》四谷《よつや》怪談《かいだん》』に登場する〝幽霊〟です。舞台以外にも映画、テレビ、漫画、アニメと、ビジュアルを伴う媒体で幅広く取り上げられているので、その容姿をご存じの方は多いでしょう。

　お岩さんの顔面は生前の面影がないほど醜く爛《ただ》れて腫《は》れ上がっています。フォルムが変わっているのです。

　いや――あれは生前の姿だろう、とおっしゃる方もいらっしゃるでしょう。

　たしかに、物語上、お岩さんの顔面が崩れるのは命を落とす前――という設定になっています。お岩さんは顔面が崩れるほどの毒を飲まされ、そのうえで殺害されてしまいます。死後変形するわけではありません。

　ただ、物語のお岩さんは、醜い容姿で永らえているわけではありません。醜くなって、すぐに死ぬのです。

　結果、生前のお岩さんは「美人」として描かれ、死後は「異形」として描かれます。

　さらにいうなら、この〝醜い顔の幽霊〟は、先行する作品にもみられるもので、お岩さんの専売ではありません。お岩さんが一番有名だというだけのことです。

　死後、形相が変わってしまう――。

　幽霊画などを見る限り、近世の〝幽霊〟はみな、生前の面影が見てとれない程に恐ろしげな形相に「変化」した形で描かれています。髪がざんばらにほどけていたり、骨と皮ばかりにやせ細っていたり、目を血走らせ歯を剝《む》き出していたりと――それは様々な趣向が凝らされています。「醜く爛れて腫れ上がる」というシークエンスも、その延長線上にある「演出」に他ならないでしょう。

　そう――この「形相が変わる」ことこそが「化ける」ということだったのです。

　どうやら「霊として現世に留《とど》まる」ことをして「化ける」と称するわけではないようです。生きているか死んでいるかという差異は、実はどうでもいいことだったのです。

　生者でも「化ける」ことはあります。ただ、生きた人間が「変形」することは簡単なことではありません。生きた人間が「化ける」場合は、「変装」するしかないのです（それも「化ける」と呼ぶわけですが）。

　一方、死者の姿が「変形」していたとしたならば、それは「変装」ではありません。

　さらに、「深い怨みを遺して死んだ者」のほうが、演出のヴァリエーションが豊富であることは間違いないでしょう。怨みを遺して死んだ者のほうが、「化けさせやすい」のです。

「怨みを遺して死んだ者は化けて出る」というのは、元々そういうことだったのです。

そうすると、やはり単純に〝幽霊〟＝〝化け物〟とすることはできない――と、いうことになってしまいます。

〝幽霊〟は〝化け物〟の別称として〝おばけ・変化・妖怪〟の後に並べられるモノではなかったようです。

したがって『日本国語大辞典』の、

❷怨念を持った人間は死んでからばけるといわれ、

という記述は、次のように読み替えることができるでしょう。

❷怨念を持った人間の〝幽霊〟は、「普通でない奇妙な容姿」に変形することが多いと思われ、

普通でない奇妙な容姿をしている場合に限って、〝幽霊〟も〝化け物〟である、〝化け物〟と呼ばれる資格が得られる、ということです。

逆に生前の姿そのままに現れる〝幽霊〟は、〝化け物〟ではないということになります。

昭和十一年発行の『大辭典』の〝化け物〟の項目にあった、

❷「動物」が「人間」に化けたタイプ

が、平成五年発行の『広辞苑・第四版』の段階で既にフェードアウトしていたことを思い出してください。

『広辞苑・第四版』には、

❶「普通でない奇妙な容姿」のモノ（正体は動物）

が、〝化け物〟である、と記されていました。

そこから、平成五年の段階で、「普通の人間の姿に変形した動物」は、怪しいモノではあったとしても〝化け物〟とは呼ばれなくなっていたのではないか――と筆者は予測しました。

その昔、民俗社会では、普通でない奇妙なシチュエーションや普通でない奇妙なリアクションが〝化け物〟の構成要素として重要な条件となっていました。

しかし、ある時点（それがいつなのかという考察は後に譲ることとします）から、シチュエーションやリアクションがどれだけ怪しかろうと、フォルム／ビジュアルが怪しくない限りは〝化け物〟とは呼ばない――という暗黙のルールが成立してしまったようです。

辞書の記述の変化は、そうした通俗的諒解《りょうかい》がある程度浸透してきたことを反映したものである――と捉えることができるでしょう。

『広辞苑・第四版』からさらに時代を下った『日本国語大辞典』においては、「普通の人間の姿をした〝幽霊〟」さえも〝化け物〟から排除されてしまっているわけです（なぜこの時期になって〝幽霊〟が〝化け物〟の説明に加えられなければならなかったか――ということについては、節を改めて考えてみたいと思います）。

いずれにしろ（近代以降の）〝化け物〟は「化ける＝変形する」こと自体より、「どのように変形するか」のほうが重要となるように思われます。

と、いうよりも、（現段階においては）「普通でない奇妙な容姿」こそが、（近代以降の）〝化け物〟の第一条件だ――ということができるかもしれません。

そうすると、続く、

❸狐・狸・猫などもばけて人をたぶらかすとされる。

という記述についても、

❸ある種の動物も「普通でない奇妙な容姿」に変形して人をたぶらかすとされる。

とすることができるように思われます。『日本国語大辞典』の〝化け物〟の項目①を書き改めるとすると、

❶「普通でない奇妙な容姿」に「変形」したモノ。怨念を持った人間の〝幽霊〟は、「普通でない奇妙な容姿」に「変形」することが多いと思われ（正体①）、ある種の動物も「普通でない奇妙な容姿」に「変形」して人をたぶらかすとされる（正体②）。

と、なるでしょう。

やはり、「普通でない奇妙な容姿」が〝化け物〟を理解する重要なポイントになっているようです。

たしかに、穏やかな顔をして現れる〝幽霊〟がいたとしたなら、それを〝化け物〟と呼ぶ者は少ないでしょう。例えば――。

次の引用文をお読みください。

○群馬県新田《にった》郡藪塚本町。平ちゃん（大原の近所の人）のおっかさんが死んでね、いくんちかたって、ブタの子ができるんで、平ちゃんがブタ小屋でブタのせっちょ（世話）をしてたんだって。そしたら、おっかさんがきてね、平ちゃんのうしろで、「いくつできたや」ってゆうんだって。そいで、（平ちゃんが）うしろ振りかえったら、ブタ小屋のさくのところに、腕組みしながら、ほんとにいたんだって、おっかさんが。

話者・星野《ほしの》たつ、出典・高井《たかい》恵子《けいこ》編『星野たつ女昔語り』（民間伝承研究・カケスの会）

昭和六十一年刊行の『現代民話考Ｖあの世へ行った話・死の話・生まれかわり』（松谷《まつたに》みよ子《こ》編／立風書房《りっぷうしょぼう》）からの引用です。

この中に登場する「おっかさん」は、死者です。つまり、現代では多く〝幽霊〟として理解されるモノといって良いでしょう。多くの人は、この逸話を「平ちゃんのお母さんの幽霊が出たらしい」と要約することでしょう。

しかし「平ちゃんのお母さんの化け物が出た」――とは、たぶん言いません。

でも、もし文中の「おっかさん」の顔が醜く変貌《へんぼう》していたり、あるいはスケールが変わっていたり、いずれ生前とは違う普通でない奇妙な容姿になっていたとしたら――それは「おっかさんの〝化け物〟」と呼ばれるかもしれません。でも、生前の「おっかさん」の姿を留めている限り、それは〝幽霊〟ではあっても〝化け物〟ではないのです。

ところが――。

不思議なことに「平ちゃんのおっかさんが化けて出た」という言い方に、違和感はないようです。

前述のとおり、「化ける」に「幽霊になる」という意味はありません。

これも前述のとおり、芸能などで〝幽霊〟を表現するため、「生きていない」ことをことさらに強調する「演出」がなされ、その結果としての「変形」があったが故に、「化ける」という言葉は採用されたものと考えられます。

生者から「記号化された死者」へ「変形」するからこそ、「化ける」ことになるのです。

この場合、「おっかさん」は生前のままです。

どうやら「化けて出る」という言葉のほうには〝化け物〟という概念とはまた違った通俗的理解がある――と考えたほうが良いようです。「化けて出る」という表現は、無条件で「幽霊になる」という意味に転じて使用されている可能性があるからです（この点については〝幽霊〟の項で詳しく述べたいと思います）。

そのあたりのことを考える作業に入る前に、もうひとつだけ検証してみなければいけない言葉があります。

それは、〝お化け〟です。

〝お化け〟は、『広辞苑・第四版』『日本国語大辞典・第二版』において〝変化・妖怪〟とともに〝化け物〟の別称的な扱いとして記載されている言葉です。

その三つの別称を、先程の例に当てはめてみることにしましょう。

Ⓐ平ちゃんのおっかさんの変化が出た。

Ⓑ平ちゃんのおっかさんの妖怪が出た。

Ⓒ平ちゃんのおっかさんのお化けが出た。

ⒶⒷは、〝化け物〟同様あり得ないでしょう。

「おっかさんの変化」は、まあ怪しいモノではあるのでしょうが、死者という意味合いを持ちません。

「おっかさんの妖怪」に至っては、既におっかさんではない可能性すらあります（〝妖怪〟〝変化〟が何を指し示す言葉なのかということに関しては、前掲の『妖怪の理 妖怪の檻』をご参照ください）。

しかし、Ⓒに違和感はありません。

これはどうしたことなのでしょう。

辞書に従うなら、これらの三つの言葉は、〝化け物〟と（概ね）同義であるはずです。

もしかすると〝お化け〟という言葉に限っては、〝化け物〟〝妖怪〟〝変化〟にはない、〝ただの幽霊〟という意味を併せ持っているのでしょうか。

それでは、三度《みたび》辞書を引いてみることにします。

まず、『大辭典』を引きます。

オバケ　お化　㊀化物《ばけもの》・妖怪・變化《へんげ》に對する婦人小兒語。㊁お化暦の略。又それを賣る者。㊂お化貝の俗稱。㊃隱語。㈠蒟蒻。㈡官名・身分を僞稱し、或は官公吏の制服を不正に着用して、他人を欺き金品を騙取する者。

とても明確です。

〝お化け〟とは〝化け物・妖怪・変化〟のことをいい表す「婦人小児語」であると、書かれています。

魚を「おとと」、衣服を「べべ」と言い換えるのと同じく、〝化け物・妖怪・変化〟をやさしく（幼稚に）言い換えれば〝お化け〟になるのだ、ということでしょう。

つまり「指し示すものは同じ」ということです。

これは、〝化け物〟の別称として〝妖怪・変化・お化け〟を挙げている『広辞苑』『日本国語大辞典』とも整合性のある記述だということができるでしょう。これらは「ほぼ同義」だということです。

しかし、〝幽霊〟とは書かれていません。

続いて『広辞苑・第四版』を引きます。

> **お‐ばけ【御化け】**①ばけもの。へんげ。妖怪。また、奇怪なもの、ばかでかいもの。「―屋敷」「―煙突」「―カボチャ」②「御化け暦」の略。

「奇怪なもの」「ばかでかいもの」という項目が追加されています。これは非常に重要なポイントではあるのですが――やはり〝幽霊〟という記述はありません。

最後に『日本国語大辞典・第二版』を引きます。

お‐ばけ【御化】［名］（「お」は接頭語）①ばけもの。妖怪（ようかい）。変化（へんげ）。また幽霊。（用例略）②（比喩的に）㋑異様なもの。奇怪なもの。人間離れをしたさまなどをたとえていう。（用例略）㋺（「おばけかぼちゃ」「おばけきのこ」のように熟した形で）奇形であるもの。同類の中で異常に大きいものをいう。③つぎはぎの多い衣服。生地（きじ）のいたんだ古着。ばけもの。（用例略）④小袖のふちを二重に見せたものか。めおと小袖。（用例略）⑤「おばけがい（御化貝）」の略。⑥「おばけごよみ（御化暦）の略。また、それを売り歩く者。⑦京阪地方の風習で、節分または年越しの日に老女が結った娘風の髪形、あるいは娘が結った人妻風の髪形。また、近頃は若い娘の結う日本髪や少女が頭上に着ける髷（まげ）。（用例略）⑧隠語。（以下略）

ようやく〝幽霊〟が出てきました。

しかし――この文は、何も説明していません。

〝お化け〟は、〝化け物・妖怪・変化・幽霊〟である――と記されているだけです。

つまり、〝お化け〟はそうしたものの「総称」だということなのでしょうか。すると〝お化け〟は、〝化け物・妖怪・変化・幽霊〟などの上位概念だ――ということになるのでしょうか。

加えて、②の記述も見逃せません。〝お化け〟は、「異様なもの、奇怪なもの、人間離れをしたさま」などの比喩《ひゆ》として、「熟した形で奇形であるもの、同類の中で異常に大きいもの」の比喩として使われる言葉なのです。

さて、本稿の前段に当たる『妖怪の理　妖怪の檻』において、筆者は〝化け物〟という言葉を便宜的に「江戸期の娯楽シーンに登場したキャラクター＝通俗的妖怪のプロトタイプに対する呼称」として使用してきました。

実際、江戸の文芸や芸能において、そうしたキャラクターは〝化け物〟と呼ばれ、また、現在でもそう呼ばれています。

しかし、〝化け物〟には別の相があるようなのです。

どうやら〝化け物〟という概念も〝妖怪〟同様一筋縄では行かない「深さ」を持っているようです。

日常語の化け物を渡り歩く

さて、ここで辞書から離れて、日常生活の中の〝化け物〟を眺めてみることにしましょう。

辞書には、普段あまり使わない言葉もたくさん載っています。今では使われなくなった用法や、今は失われてしまった語意も載っています。改訂される度に書き加えられたり書き換えられたりしますから、その都度その時代の民意を（ある程度）反映した内容にはなっているはずですが、とりわけ日常語に特化して書かれるものではありません。

言葉は縷々《るる》変化する――というようなことをいいますが、言葉自体が変わるわけではありません。

使われ方や捉《とら》えられ方が変わるだけです。

そうした変化は、日常語の中でまず起きるものです。

しかし、変化しても定着するまでには時間がかかりますし、定着せずに廃れてしまう変化もあります。定着したところで辞書に載るまでには、相当長い時間がかかるのです。

例えば、「新しい」は本来「あたらしい」だったようなのですが、現在は「あたらしい」が正しいとされています。変化が定着し、正式に（何を以《もっ》て正式・公式とするのかは意見の分かれるところでしょうが）採用されたということです。

一方で、いわゆる「ら」抜き言葉といわれる用法などは、発生してから（少なくとも）半世紀以上は経っているはずですし、日常生活の中ではほとんど当たり前のように使用されているわけですが、そうした状況にも拘《かかわ》らず、いまだに文法的には間違いとされます。

辞書（的なもの）は明らかに時代を反映して作られています。それでも、通俗や日常との乖《かい》離《り》が少なからずあることは認めざるを得ません。

特に、〝妖怪〟や〝化け物〟のように、わかりにくい上にどうでもいい（きちんと定義する意義が社会の中で見出《みいだ》せない）言葉について、辞書（的なもの）は冷淡かつ鈍感です。

結局、それらどうでもいい言葉は、辞書を引いただけではよくわからない——言葉となってしまっています。

前節でも述べたとおり、辞書は言葉／概念を理解する上で大変役に立つツールとなり得ますが、辞書的記述のみに終始してしまったのでは、やはり不十分となる場合も多いのです。

そこで次に、日常の中で使われる〝化け物〟という言葉について考えてみることにしましょう。

※

〝化け物〟という言葉は元々通俗語です。漢語から移植され、特殊な過程を経て通俗語となった〝妖怪〟よりも、日常生活の中で使用されてきた歴史は古いものと考えられます（言葉としての歴史は〝妖怪〟のほうが古いということになるのかもしれません）。

本来の語意や言葉の成り立ちは一旦《いったん》置いておくとして、〝化け物〟という言葉が私たちの暮らしの中でどのように扱われているのか考えてみることにしましょう。

例えば――。

〝妖怪〟は、実在しません（形而下《けいじか》において物理的に質量を持つ存在としてない――ということです）。〝妖怪〟は概念としてあるだけのものです。

それは現状、キャラクターとして認識され、キャラとして（絵画や立体物となって）日常の世界に存在するに過ぎません（『妖怪の理　妖怪の檻』参照）。

妖怪キャラは至る処で目にすることができますし、また、妖怪に似たヒトという言い方も耳にします。妖怪みたいなモノ、妖怪っぽいモノゴトは、沢山あります。

しかし、日常生活の中に〝妖怪〟は、いません。

もし「いない」という言い方が誤解を招くというのであれば、「〝妖怪〟は見ることができない」と言い換えてもいいでしょう。

妖怪に似たヒト、というのは、正しくは〝妖怪キャラに似た〟人のことです。妖怪みたいなモノは〝妖怪キャラの属性を持った〟ものでしょう。妖怪っぽいモノゴトというのは、〝妖怪キャラの属性となり得る〟事物であると思われます。

〝妖怪〟そのものは、現実世界にはいません。

もし実際に「それらしいモノ」が現れ、存在が確認されてしまったとしても、それは〝妖怪のような〟何かと呼ばれてしまうことでしょう。それ自体は決して〝妖怪〟とは呼ばれないはずです。

日本の代表的ＵＭＡとして挙げられるツチノコは、槌蛇《つちへび》や野槌《のづち》という古い別名で語られる場合――いわゆる「文化モード」において（現在では）、しっかり〝妖怪〟としてカウントされるモノです。

「文化モード」を離れたとしても、ＵＭＡというのは未確認動物、つまり「いるかいないかわからない」生き物なのですから、非常に〝妖怪〟的なモノとして通俗の間で諒解《りょうかい》されているもの、ということができるでしょう。

妖怪図鑑に「ツチノコ」が載っていても、違和感を持つ人は少ないでしょう。しかし。

ツチノコが捕獲されてしまったとしたら――。

それは、ただの「新種の蛇」に過ぎません。どんなに奇態な習性を持っていようと、どれだけ奇妙な形をしていようと、それはそういう生き物だというだけのことなのであって、〝妖怪〟ではありません。いいや、それこそが妖怪だ――と言い張ったところで、それは受け入れられないでしょう。

例えば、ゴリラやオランウータンも発見されるまではＵＭＡだったわけですし、発見されたのもそう古いことではありません。でも、動物園に〝妖怪〟がいるとは誰も思いません。

せいぜい、「昔は妖怪のように思われていた」「妖怪の素《もと》になった」と知っている人がいるという程度のものです。

つまり、〝妖怪〟は実在し得ない、のです。

〝妖怪〟は、もともと「怪しい」というだけの意味しか持たない言葉でした。

その「怪しさ」という概念を、キャラという形あるものに昇華したものが、現在私たちが知る〝妖怪〟（通俗的妖怪）です。

私たちは、抽象的な概念を具象物に置き換えて理解するという作業を無意識のうちに行っているのです。

同じようなプロセスを以て理解されているものは他にもあります。

例えば、ハートマークは、心臓や心を表します。転じて、愛情や恋愛感情を（複雑な説明抜きで）伝える記号となっています。

しかし、♡の形をした隕石《いんせき》が降ってきたとして、私たちは果たして「恋愛感情が降ってきた！」と思うでしょうか。中には「外宇宙からの親愛のメッセージだ」などと解釈するお調子者もいるかもしれませんが、それにしたってその隕石を地球外生命体の「心そのもの」だと考える者はいないはずです。

具体物である限り、それは何であろうと「ハートの形をしたモノ」に過ぎません。ハートそのものではないのです。形而上において♡は心そのものであり愛そのものとして理解されますが、形而下での♡は、それを象《かたど》ったもの、あるいはそれに似たものでしかないです。

〝妖怪〟も同じです。

一方、〝幽霊〟は多少事情が違います。

幽霊は（あくまで現代における通俗的幽霊、ということになるのですが）、いる／いないという二元論的な捉えられ方をしています。

「いる」と主張する人たちにとって幽霊は（物質的質量を持たなかったとしても）現実世界に存在します。

いないと考える人にとっては、存在しません。

本来、〝幽霊〟も〝妖怪〟同様、「抽象的な概念を具象物に置き換える」というプロセスを経て生成され理解されていたと思われるのですが、ある時期からそうではなくなってしまったようです（幽霊については項を改めます）。

いると証明されない限り、〝幽霊〟はＵＭＡ同様に日常社会において〝妖怪〟的なモノとして諒解されるでしょう。

また「文化モード」においても、〝幽霊〟は〝妖怪〟同様に一定量以上のボリュームを以て諒解されています。

ただし、〝幽霊〟が〝妖怪〟やＵＭＡと違う点がただひとつだけあります。

〝幽霊〟は、縦《よし》んば存在が証明されてしまったとしても「ただの動物」になったりはしないのです。〝幽霊〟は、〝幽霊〟として存在が証明されない限り、「いる」ということにならないからです。

これは――百パーセントとは言いませんが、ほぼ確実に無理でしょう。

ただ、いないことを証明することはいることを証明するより遥《はる》かに難しいわけで、現在〝幽霊〟の実在が日常の中で許容されているのは、まさにこの「いないと証明しにくい」という一点に全面的に依拠しているに過ぎない――ということができるでしょう。

つまり、〝幽霊〟は、実在することが確認できないが故に実在するかもしれないと諒解されているモノ、ということになります。

そういう意味ではUMAと同じです。

しかし――UMAは「発見された途端にUMAでなくなってしまう」という宿命を背負っているわけですが（当たり前なのですが）、〝幽霊〟は違うということです。

〝幽霊〟は実在すると証明されてはならないのです。

〝妖怪〟は、形而下には存在し得ないと諒解されつつ、様々な形に仮託されることで日常世界に「具体物」として姿を現しています。

〝幽霊〟は実在しないと証明できないということを根拠として、「実在するかもしれない」という形で日常的に諒解されているわけです。

さて。では〝化け物〟はどうでしょう。

前段『妖怪の理　妖怪の檻』において、筆者は〝化け物〟を〝妖怪〟のプロトタイプとして位置づけ、現代においては「ほぼ同義」で使用されていると、便宜的に規定しました。

ただ、〝化け物〟という言葉／概念は、もう少し複雑な相を持っています。

それでは、私たちは日常生活の中で〝化け物〟をいったいどのように扱っているのでしょうか。結論から述べるなら、〝化け物〟は——います。

「妖怪なんかいるかよ」

「幽霊なんかいないよ」

そうした物言いはよく耳にします。しかし、

「化け物なんかいないよ」

は、どうでしょう。先に述べたとおり、妖怪は「実在しない」ことを前提として諒解されています。幽霊は「実在する／しない」という二者択一的な諒解のされ方をしています。化け物は、どうもそのどちらでもないようです。

化け物は実在するものとして諒解されているのです。

前節で筆者は、〝化け物〟を理解するための重要なポイントとして、「普通でない奇妙な容姿」という属性を挙げました。

そう——たとえそれが何であろうと、「普通でない奇妙な容姿」のモノは、〝化け物〟と理解され得るし、そう呼称され得るのです。

これは、実在する／しないというレヴェルの問題ではありません。証明するまでもなく、私たちは「それに当てはまる具体物」を〝化け物〟と認識し、そう呼んでいます。だからといって、〝妖怪〟のようにキャラとして認知しているというわけでもありません。

どんなものでも、〝化け物〟として認知されてしまう可能性はあるのです。

私たちは〝化け物〟をそうした言葉／概念として、日常の中で使用しているのです。

これは、非常にデリケートな問題を孕《はら》んでいるということになります。

ある種、差別的なまなざしについて触れなくてはならなくなるからです。〝化け物〟は、人格を持った対象に当てはめるなら、決してその対象を褒め称《たた》える言葉とはなり得ません。褒め言葉（に近いニュアンスの言葉）として使用されるケースもあるのですが、少なくとも「容姿」に関して使用される場合、それは確実にマイナスの言葉となります。

いや——そうした意味合いで使用される場合の「バケモノ」は、明らかに差別用語であると言ってもいいでしょう。

したがって——以降の文章は、決して差別的な感情を助長する意味合いで書かれるものでないことを、予《あらかじ》め記しておくことにします。

人であれ動物であれ、「普通でない奇妙な容姿」をしたモノは〝化け物〟と呼ばれます。必ず呼ばれるわけではありませんが、呼ばれてしまうことがあるのです。

これは、前述の「妖怪に似ている」「妖怪みたい」「妖怪っぽい」という物言いとは多少ニュアンスが違っています。

「妖怪に似ている」というのは、要するに水木《みずき》漫画のキャラクターを初めとする〝妖怪〟キャラに容姿が似ているというだけのことなのです。これは「バカボンのパパに似ている」や「芸能人の誰々に似ている」というのと、大きな違いはありません。

一概に悪口とは言いきれないものです。

「妖怪みたい」「妖怪っぽい」の場合は、妖怪キャラが妖怪として認知されるために備えている属性と同じモノを持っている場合に多く発せられる言葉です。

例えば、蓑《みの》を纏《まと》っている、杖《つえ》を持っている――それだけで「なんか妖怪みたい」「妖怪っぽいよね」と言われてしまうことはあるでしょう。

〝妖怪〟キャラは、妖怪であろうとするために（半ば意図的に）そうした意匠を施されているわけですが、図らずもそれらの属性と一致してしまった場合、その人個人の資質云々《うんぬん》とは無関係に〝妖怪〟ふうに見えてしまう、というだけのことです。

一方で「幽霊のような」という比喩《ひゆ》もあります。

これは、間違いなく比喩です。

「幽霊のようだ」という言葉を発する人は、対象が「死んでいる」と思うからそういうわけではありません。また、「死にそうだ」と思うからそういうわけでもないでしょう。

いる／いないという不毛な議論とは無関係に、幽霊が「文化モード」の中で獲得した「幽霊的属性」は、厳然としてあるのです。顔色が悪い、白い着物を着ている、髪の毛が長くてざんばらである――そうした属性です。

それと合致してしまった場合、その人がどれだけ健康であろうと「幽霊のような」という比喩は成立してしまいます。要するに文化的表象としての幽霊と通ずる部分がある、というだけのことで、「死後に生前の姿で現れた人」みたいだから「幽霊だ」と認識しているわけではないのです。

その証拠に「幽霊のような」と形容される人は、（これも当たり前なのですが――）どんな場合でも、確実に生きています。

「幽霊のような死人」という喩《たと》えは聞いたことがありません。

縦《よし》んば病に罹《かか》っている人を（甚だ失礼な話ではあるのでしょうが）「幽霊のように」と形容する場合があったとしても、それは決して、その人の容体による判断ではないものと思われます。それはあくまで「見た目」の判断であるはずで、病状の重い軽いは（実のところは）あまり関係がありません。重篤な患者をして「幽霊だ」というかといえば、それは間違いなく否でしょう。

前述の「幽霊的属性」に合致する属性を、その人が備えているかどうか――というだけなのです。

完全に備えていなかったとしても、それに近い何かがある場合は、「幽霊みたい」「幽霊っぽい」という言い方になります。

「～みたい」「～っぽい」というのは、「似ている」というよりも雰囲気が近い、というようなニュアンスです。

ちなみに、「幽霊に似ている」という言い方は、あまりしません。〝妖怪〟と違って〝幽霊〟には個別のキャラがないからです。稀《まれ》にお岩さんのような有名なキャラ（現在だと貞子《さだこ》ということになるでしょうか）もいますが、その場合は「お岩さんに似ている」「貞子に似ている」という言い方になるでしょう。

いや――そもそも現代において〝幽霊〟のキャラクターは生前の個人のそれに全面的に左右されてしまうものとなってしまっているのです。一方「幽霊的属性」は文化の中で培われてきたものですから、パーソナリティと無関係に幽霊全般に対してあるものです。従って「似ている」という表現は、〝幽霊〟に関してはしっくりくるものではありません。

さて、「〜のようだ」「〜に似ている」、または「〜みたいだ」「〜っぽい」と、こうしてみると、どれも形容や比喩であることがわかります。〝妖怪〟の場合も〝幽霊〟の場合も、対象そのものが〝妖怪〟や〝幽霊〟にされてしまうことはないようです。

ただ――。

例外的に「あいつは妖怪だよ」「あの人は幽霊だ」と断定的に言う場合があります。

そういう場合は、外見ではなく内面、性格や行動様式に対する比喩であると考えられます。〝妖怪〟の場合は、捉えどころがないとか、したたかだとか、怪しげだとか――そうした対象の性格、または社会的な在りようが喩えられることが多いようです。

有名なところでは、「昭和の妖怪」と謂《い》われた総理大臣・岸信介《きしのぶすけ》、天保《てんぽう》の改革を推し進めた南町奉行・鳥居甲斐守《とりいかいのかみ》（燿蔵《ようぞう》）などが挙げられるでしょうか。

ただし、両名ともその時代の妖怪に喩えられているわけですから、現在の〝妖怪〟（通俗的妖怪）観とはかなりズレがあると考えるべきでしょう。特に鳥居甲斐守の場合は、耀蔵の耀と甲斐守の甲斐を合わせた語呂《ごろ》合わせであり、「大変に厳しい」ことに対する、ただの悪口ですから、妖怪に喩えたという言い方は正確ではないと考えるべきかもしれません。

一方で〝幽霊〟の場合は、存在感が薄いとか、陰気だとか、不健康そうに見えるとか、生命力が希薄そうだとか——対象がそうしたイメージを持つ場合に適用されます。

これは外見が「幽霊的属性」と必ずしも一致していなくとも適用されるようですから、やはり内面の比喩と考えるべきでしょう。いずれ、これらはそうした抽象的なイメージを表しているに過ぎません。本来「具体物に置き換えられた抽象的な概念」なのですから、これはむしろ正しい使い方に近いといえるのかもしれません。

では、〝化け物〟はどうでしょう。

まず、

「化け物に似ている」

これは、あまり聞きません。

「化け物のようだ」「化け物みたいだ」「化け物っぽい」

こちらは耳にします。

すると〝化け物〟は日常生活の中で〝妖怪〟より〝幽霊〟に近い諒解のされかたをしているのでしょうか。

江戸時代、見越《みこ》し入道《にゅうどう》、河童《かっぱ》、ろくろ首《くび》、一《ひと》つ目《め》小僧《こぞう》などはみな、〝化け物〟と呼ばれていました。これらは現代ではみな、〝妖怪〟として捉えられるモノです。

近代以降、通俗的な〝妖怪〟概念が確立し、浸透するまで、そうしたモノどもの総称として一番多用されていたと思われるのが、〝化け物〟です。つまり〝化け物〟は私たちの知る〝妖怪〟の直系の祖先ということができるでしょう（ただ、江戸期においては、〝幽霊〟もまた見越し入道や河童と同じ、〝化け物〟の一品目であったわけですが――）。

しかし。

例えば「河童に似ている」人がいたとして、「河童に似ている」と揶揄《やゆ》することはあったとしても、「化け物に似ている」とはまず言いません。

まして「河童に似ている」からといって「化け物のようだ」「化け物だ」とは決して言わないでしょう。

その場合はいずれも、「妖怪みたい」「妖怪っぽい」と言われてしまうはずです。

河童は、現代においては〝化け物〟である以前に〝妖怪〟なのです。そして〝妖怪〟である以前に、河童なのです。

江戸期の〝化け物〟は現代の〝幽霊〟と違って、個々のキャラクターがしっかりと確立されています。しかし、それら江戸のキャラクターは、キャラとして〝妖怪〟に吸収されてしまった――と考えるべきなのでしょう。

江戸期の〝化け物〟に関して言えば、〝化け物〟というカテゴリが先んじてあったわけではありません。それぞれのキャラクターを包括する形で、総称として〝化け物〟が選ばれたというだけです。一方、〝妖怪〟はそうではありません。

〝妖怪〟は、江戸期の〝化け物〟を雛型《ひながた》としてでき上がったカテゴリではあるのですが、単純に〝化け物〟キャラクターを「名付け直す」ことででき上がったものではありません。〝妖怪〟は、民俗学的妖怪を始めとする種々雑多な要素で構成されています。しかし、構成要素の多くはキャラクターとしては未完成なものでした。そこで、条件＝属性を付与することで〝妖怪〟は、構成要素のキャラ化を徹底しました。

キャラ化を徹底することで〝妖怪〟は完成したのです。

〝妖怪キャラ〟の持つ属性とは、〝妖怪〟というカテゴリ全体を支える属性でもあるのです。だからこそ、その属性に合致するものは「妖怪に似ている」と言われるのです。固有名詞を挙げて「妖怪○○に似ている」と言う場合、その「○○」はかなりメジャーな（キャラ認知度の高い）〝妖怪〟ということになるでしょう。

そして――さらにいうなら、江戸の〝化け物〟からの繰り越し組は、〝妖怪〟概念確立以前から個々の属性を有しているということになります。

当然キャラ認知度も後発組よりずっと高いことになりますし、それら固有の属性は、後付けでない分、数多《あまた》の〝妖怪〟キャラの中でも際立って明確なものなのです。カテゴリ全体の属性を付与するまでもなく、それぞれの名称で独立して語られるに足るモノ、ということになるでしょう。

　つまり「河童は河童、天狗《てんぐ》は天狗」なのであり、そうでなければ〝妖怪〟だ、ということです。

　そうすると、「河童は〝化け物〟の一種です」は成り立ちますが、「〝化け物〟といえば河童です」は（日常生活の中では）成り立たないということになります。「化け物に似ている」という言い方を耳にしないのは、そうした事情に依《よ》るものと考えられます。

　それでは、「化け物のようだ」「化け物みたいだ」「化け物っぽい」——と言った時の〝化け物〟は、いったい何を示しているのでしょう。

〝妖怪〟においても〝幽霊〟においても、それは「属性の一致」という点に依って立つ物言いだったはずです。

　しかし〝化け物〟の場合はどうも違うようです。

　前述のとおり、江戸の〝化け物〟キャラクターの属性は、個々のキャラクターか、そうでなければ〝妖怪〟に還元されてしまうものです。

　見越し入道のように僧衣を纏い、鉄棒《かなぼう》を持っている人がいたとして、「化け物のようだ」と言うでしょうか。

明らかに見越し入道のコスプレをしている人がいたとしても、「化け物みたいですね」とは言う人はいないはずです。

それはやはり、（ややマニアックに）「見越し入道ですね」と言うか、さもなくば「妖怪っぽいですね」と言うことになってしまうでしょう。

どうやら――個々の〝化け物〟たちの属性から〝化け物〟という言葉は喚起されにくいようです。いや、されにくい――というよりも、そうしたケースは、ほぼ百パーセントないといっていいでしょう。

現代において、〝化け物〟という言葉は（日常語としては）個別のキャラをほとんど指し示さないものなのです。

河童も見越し入道も立派な〝化け物〟ですが、その属性を備えているからといって、「化け物のようだ」と言われることはありません。

もちろん、「化け物のようだ」という以上、比喩であることに違いはないのですから、〝妖怪〟や〝幽霊〟の場合とそう変わりはない用法のように思えます。

ただ――。

大きく違う点があるのです。

前節で述べたとおり〝化け物〟を理解しようとするにあたっては、「普通でない奇妙な容姿」というファクターが重要なポイントとなります。

日常語においても、それは同様のようです。

とはいえ、「普通でない奇妙な」という条件は、とても曖昧《あいまい》なものであり、明確な基準とは到底なり得ません。「普通でない」というのは、要するに「平均値から逸脱している」という意味なのでしょうが、当然すべてのモノゴトに対して「平均値」が出されているわけではありませんし、出されていたとしてもそれが数値化されて広く徹底されているということは考えられませんから、この「普通」は多く判断する人の印象、ということになってしまいます。

個々人の経験則や性質、置かれた環境に大きく左右されることになりますから、これは普遍的・絶対的な基準とはなり得ない、ということになります。

要するに、「普通でない奇妙な」という条件は、判定者の「日常的な経験則から大きく逸脱していた」というふうに理解するしかないでしょう。

日常生活において、江戸の〝化け物〟キャラを目にした時、私たちは即座に〝化け物〟という言葉を想起するでしょうか。見越し入道や河童の絵を見た時、「あ、化け物だ」という反応をする人は、少ないものと思われます（「お化けだ」は、あるかもしれません）。

それが〝化け物〟であると（または過去にそう呼ばれていたと）知っていたとしても、最初に〝化け物〟を思い起こすことはほとんどない――といってもいいのではないでしょうか。前述のとおり「河童は河童」、さもなくば〝妖怪〟のほうが先んじて喚起されてしまうからです。

ところが、日常的な経験則から（ある方向に）大きく逸脱しているモノを目にした時、人は多く〝化け物〟というキイワードを想起してしまうようなのです。

ただ、これも前述のとおり、〝化け物〟は差別的な意味合いを強く含む、罵倒《ばとう》語であると考えられます。それ故に、日常的にそうそう耳にすることのない言葉だとは思います。ここで問題にすべきなのは、それが差別的であるかどうかということではなく、なぜそれが罵倒語となり得るか、ということのほうです。

〝化け物〟が〝妖怪〟や〝幽霊〟と大きく異なる点は、まさにそこにあるのです。

具体的な例を挙げて考えてみましょう。

例えば――何かにかぶれるなどして顔面が腫《は》れ上がってしまった、としましょう。

「いや、顔が化け物みたいになっちゃってさ――」

鏡に映った自分の姿を見て、そんなふうに説明することはないでしょうか（女性の場合はあまり言わないのかもしれませんが）。

これは、もちろん自分の容姿が「見越し入道や河童みたいになってしまった――」という意味ではありません。腫れ上がった顔が何か特定のキャラに似ているからそう言った――ということは、この場合考えられないでしょう。そうなら、発言者はそのキャラの名前を引き合いに出すはずだからです。

似ているわけではないのです。

では、属性が一致しているということなのでしょうか。

〝妖怪〟や〝幽霊〟の例に倣うなら、〝化け物〟には「顔が腫れる」という属性がある――ということになってしまうでしょう。

しかし、これも否というよりありません。『四谷怪談』のお岩さんや『累《かさね》』など、それに近い例を挙げることもできなくはありませんが、それは〝化け物〟全般の属性とはおよそ言いがたいものです。そちらを想起した場合は、やはり「お岩さんみたいになっちゃって」と言うはずです。〝化け物〟を喩えに選んだ場合はお岩キャラを知らないか、お岩キャラには似ていないということです。キャラの類似性や属性の一致による判断がなされたわけではないのです。

では「化け物みたい」な状態とは、いったいどういう状態なのでしょうか。

まず、自分の容姿が「普段と違ってしまった」ということを示していることは間違いありません。

平素の自分というものがデフォルトとしてあり、そこから逸脱してしまった――という事実が、発言の前提としてあるわけです。

この場合、「普段と違う」＝「普通でない奇妙な」ということになるでしょう。

加えて発言者は、変わってしまった部分（この場合は腫れ上がった箇所）をして、〝化け物〟と規定しているわけではありません。

発言者は「その部分が化け物だ」ではなく、「そうなった自分が化け物のようだ」と述べています。変わってしまった自分自身を〝化け物〟（みたい）だと、発言者は説明しているわけです。

どうやら「化け物のようだ」という場合、「従来の姿」が「普通でない奇妙な形」に変形してしまった「モノ」そのものを指しているように思われます。

「妖怪のようだ」の場合、その根拠は限定的な属性の一致に求められます。その属性の多くは付帯物です。

「幽霊のようだ」の場合は、付帯物ではなく対象そのものの変化を指し示しますが、それはやはり限定的属性の一致による判断になります。

〝化け物〟の場合は、どうやら「対象そのものが日常的な経験則から大きく逸脱する形に」変形することに、まず重点が置かれているようです。

類似性や属性の一致と違って、変形というのは厳然たる事実です。

したがって、「ようだ」が抜けてしまうケースもままみられます。

「まるで化け物だ――」

と、ほとんど断定的に使用されるようなケースもあるでしょうし、「まるで」さえ抜けてしまう――つまり「化け物だ」と完全に断定してしまう使い方もされます。

「あいつは化け物だ――」

これは、（容姿・外見に対して発せられた言葉であるのなら）多く問題発言とされてしまうことでしょう。

先程、〝妖怪〟や〝幽霊〟の場合、こうした断定的な言い方で用いる場合は「内面に関する比喩」である、と述べました。〝化け物〟の場合も、内面的なものを指し示すケースはあります（後述します）。しかし〝化け物〟に限っては、外見のみを指し示す使い方をされることのほうが多いようです。もちろん統計などは取れませんから数値化はできないのですが、「内面に関する比喩」として使用されることのほうが、むしろ例外的であると思われます。

ただし。

繰り返しますが〝化け物〟は罵倒語です。

「あいつは化け物だ――」

は、逆説的な使い方でない限り、罵倒語なのです。

そう、日常語の中の〝化け物〟の普遍的属性とは、まさにこの「罵倒語である」という性質にこそ、端的に表されているといっていいでしょう。

日常生活の中で〝化け物〟に喩えられてしまうモノは、概《おおむ》ね「醜い」モノなのです。「普通でない奇妙な容姿」とは、この場合「普段と違う醜い容姿」と言い換えることができるでしょう。

〝妖怪〟や〝幽霊〟と決定的に違うのは、実にこの部分なのです。

もちろん、〝妖怪〟も〝幽霊〟も、褒め言葉にはなりにくいモノです。しかし、いずれも美醜にその基準をおくものではありません。

〝妖怪〟キャラの数は大変に多いので、その中には醜悪な容姿のモノも少なからずいるわけですが、そうでないモノもたくさんいます。〝妖怪〟である基準はあくまで〝妖怪〟としての属性——民俗学的イメージや郷愁——を備えているかどうかにあるわけですし、キャラとして徹底されているせいもあって「可愛い」という評価を得ることも多いようです。

〝幽霊〟のほうは、健康的なイメージこそ一切ないものの、醜くなくてはいけないという決まりは（現代においては）まったくありません。美しい幽霊は、とりわけ珍しいものではないのです。

前節において、筆者は、「死者であることを知らしめるために／生前の姿と差別化するために」演劇や絵画などにおける死者は「変形」すると記しました。同時に、「死者であることを示す記号」を付帯させられる、とも記しました。

しかし現代において（特に日常生活の中において）この〝幽霊〟の「文化的属性」は、後者に一任されてしまった感があります。前述のとおり、「幽霊のようだ」という比喩の中に「醜い」というファクターは（ほとんど）含まれていません。

「醜く変形する」という属性は、どうやら〝化け物〟にまるごと譲渡されてしまったようなのです。

　平均を極端に上回る美しいモノも「普通でない」モノであることに変わりはありません。可愛らしいけれど少し変わった「奇妙な」モノもあるでしょう。

　しかしそうしたモノは、「普通でない奇妙な」モノであっても〝化け物〟とは呼ばれにくいようです。

　いや――ほぼ呼ばれません。

　良い方に「変形」した場合は、それがどんなに常態とかけ離れていても、どれ程奇妙であったとしても、〝化け物〟にはならないのです。

「化け物のような」という比喩表現は、「妖怪のような」や、「幽霊のような」という時とは異なり、言外に「醜い」と述べているに等しいということになります。

「バケモノのような顔」とは、即ち「醜い顔」に他ならないのです。だからこそ〝化け物〟は罵倒語となるわけです。

　日常生活の中において、私たちは〝妖怪〟〝幽霊〟〝化け物〟をこのように「使い分けて」いるようです。

※

　それでは、〝お化け〟はどうでしょう。

　前節で説明したとおり、〝お化け〟は〝化け物〟の婦人・幼児語です。つまり、本来は同じ意味を持つ言葉であるはずです。ですから、当然同じ使われ方をします。

「もう、顔がお化けみたいになっちゃって――」

顔面がかぶれてしまった時、女性ならこう言うほうが多いかもしれません。この使い方の場合は〝化け物〟と全く同じ意味合いでしょう。

ただ、〝お化け〟は、〝化け物〟にはない、別の意味を持っています。

前節で述べたとおり、〝お化け〟には〝幽霊〟という意味もあるのです。

したがって、

「もう、顔がお化けみたいになっちゃって――」

という言葉は、「幽霊みたいになっちゃって」という意味合いで使われることもあるということです。

とりわけ「醜く変形」などしていなくとも、顔色が悪くなったというだけで〝お化け〟は適用されてしまいます。〝幽霊〟の属性（〝化け物〟に引き継がれなかった記号的属性）と合致する何かがあるだけで、〝お化け〟は使われてしまうのです。

一方で〝化け物〟が〝幽霊〟の代わりに使われることはあまりありません。全くないとはいえませんが、ほとんどないといってもいいでしょう。

先に示したとおり、「醜く変形」した〝幽霊〟をして〝化け物〟と呼称することはありますが、それは〝幽霊〟だからそう呼ぶのではなく、「醜く変形」しているからそう呼ぶと考えた方がいいようです。

さらに、〝お化け〟は〝妖怪〟の言い換えとしても機能する言葉です。

「お化けみたいな顔」

と、いう物言いは「妖怪のような顔」と言った時のニュアンスにかなり近いものである、ということもできるでしょう。

本来、〝化け物〟が含み持っていた〝妖怪〟的なニュアンスや〝幽霊〟的な属性は、どうやらその婦人・幼児語である〝お化け〟のほうに、主に引き継がれてしまったようです。

こうしてみると、〝お化け〟は〝化け物〟より罵倒語としてのインパクトがかなり低いということがわかります。

バケモノにはどこか差別的なイメージが付きまとうのですが、オバケにはそうした印象は希薄です。

『オバケのQ太郎』『おばけのキャスパー』など、子供向けのアニメや漫画のタイトルに採用されるのは、主にオバケのほうです。もちろん、『バケモノのQ太郎』というタイトルが、かの名作に相応《ふさわ》しくないものであるだろうことは、いうまでもありません。

同義であるはずの〝化け物〟と〝お化け〟は、明らかに違う用途で使用される、異なった言葉なのです。

さて。

〝お化け〟には、もうひとつ違った意味があります。

とりわけ大きい、という意味です。

「お化けカボチャ」

と言った時、いったいどのようなカボチャを思い描くでしょう。当然、見越し入道のようなカボチャを思い描く人はただの一人もいないはずです。

それでは、幽霊のように下の方がうっすらと消えていて、色の青白い、何だか美味《おい》しくなさそうなカボチャでしょうか。

それとも、醜く変形した、とても食べられそうにないカボチャでしょうか。

たぶん、どれも違うはずです。

ほとんどの人は、「とても巨大なカボチャ」を思い描くのではないでしょうか。

〝お化け〟がカボチャなどの名詞の頭（前）に付く場合、概ね「巨大」なという意味になるようです。お化けキュウリもお化けマグロもお化けイカも、大きなキュウリであり大きなマグロであり大きなイカです。

ただ、例外的に〝幽霊〟の意味になるケースもあります。犬の幽霊、カナリアの幽霊、という意味でお化けイヌ、お化けカナリア、という使い方をする場合もあるからです。

図らずも、植物、魚類／哺乳類《ほにゅうるい》、鳥類で使い分けられているように思えてしまうような例を挙げてしまいましたが、これはそうした生物学的差異に準ずる使い分けではないものと思われます。

厳密に区分けされているわけではないと思われますが、どうやら「食材として扱われているもの」は生き物であっても「大きい」という意味になることが多いようです。例えば、お化けオオカミに大きな狼という印象はありませんが、お化けイノシシは大きい猪の意味で使われます。ただし、モグラはまず食用にしない生き物ですが、お化けモグラなどはモグラの幽霊の意ではなく大きなモグラの意になると思われますから、厳密な線引きはできないようです。

前節で引用した『日本国語大辞典・第二版』の〝お化け〟の項目には、

> ㋺（「おばけかぼちゃ」「おばけきのこ」のように熟した形で）奇形であるもの。同類の中で異常に大きいものをいう。

と、ありました。この「熟した形で」という表現はとてもわかりにくいのですが（きのこが熟すというのもしっくりきません）、成熟／成長しきったというような意味なのでしょう。熟すというのは一般的には果実などに使われる言葉なので、やはり食材との関連性が窺《うかが》えます。

『日本国語大辞典』に倣うなら、おばけかぼちゃは奇形のかぼちゃということになってしまいますが、一般的には巨大なかぼちゃの意とされることが多いようです。

また『広辞苑・第四版』の〝お化け〟の説明の後半には、

【奇怪なもの、ばかでかいもの。「―屋敷」「―煙突」「―カボチャ」

という文言がありました。

お化け屋敷は大きな屋敷ではなく「奇怪な」屋敷なのでしょうが、お化けカボチャは「ばかでかい」カボチャでしょう。お化け煙突については、どちらとも言えるかもしれません。一方で〝お化け〟が名詞の下に付く場合は、また事情が違ってしまいます。〝お化け〟が下に付く場合は、上に載るのがどんな名詞であっても〝妖怪〟的なモノ、不可思議な「キャラクター」という意味になってしまうようです。

「カボチャお化け」

と言った時、多くの人はハロウィンで作られるカボチャのランタン（目鼻口が刻まれています）を頭にしたキャラクターを思い浮かべるのではないでしょうか。これは極めて〝妖怪〟的なキャラクターです。

キュウリお化け、マグロお化け、イカお化け、イヌお化け、カナリアお化け、イノシシお化け――どれも〝妖怪〟的です。大きいというイメージは一気に減少してしまいます。

ズバリ「からかさお化け」「提燈《ちょうちん》お化け」という〝妖怪〟もいるくらいです。これはもちろん、大きな傘や大きな提燈ではありません（お化け提燈と言った場合は、その判断は曖昧になるでしょう。大きな提燈の意と取れないこともありません）。

なぜ、そうなるのでしょうか。

いや、なぜそうなってしまったのでしょうか。

そもそも〝化け物〟という言葉は「巨大」という意味を持っていたのでしょうか。

たしかに「スケールの異常」も「普通でない奇妙な状態」ではあるでしょう。しかし、なぜか「小さい」ほうに〝お化け〟は適用されないようなのです。

日常生活の中において、〝化け物〟は主に「醜さ」を担い、〝お化け〟は往々にして「巨大さ」を示す――それはいったいなぜなのでしょう。

化け物からお化けへ

さて、〝お化け〟という言葉は、再三述べている通り〝化け物〟の婦人・幼児語です。

「おんなこども」は、現在においては差別的な用途以外に使い道のないカテゴライズと言えるのでしょうが、過去においては必ずしもそうではありませんでした。私たちの文化は過去、階層や性別によって話し言葉にずいぶんと違いがあったからです。武士と町人、男性と女性で言葉遣いは大きく異なっていました。そして、男女ともに子育てをする現代と違い、その昔の子供たちは女性の言葉を多く耳にして育ったのです。

現在では「赤ちゃん言葉」などと呼ばれる言葉——「おとと」（魚）や「おぶう」（湯）なども〝お化け〟と同じ婦人・幼児語といえるでしょう。

そのあたりのことを踏まえて、〝お化け〟という言葉を見てみましょう。

まず、〝お化け〟の「お」は、「おとと」や「おぶう」の「お」と同様に、接頭語の「御」です。

この「御」は、主に体言の上につけることで丁寧な言い方にする機能を持っています。また現在ではあまりポピュラーではないのかもしれませんが、女性の名前や男性の幼名の上につけることで親愛の情を表現する接頭語でもあります（お菊《きく》、お岩、お露《つゆ》などの「お」です）。

〝お化け〟の場合は、丁寧に言うというよりも親しみやすく言い換える——ということなのでしょうから、後者の用法に近いのでしょう。

つまり、下に付く「化け」は、（当然）名詞ということになります。

「化け」は、動詞「化ける」の連用形の名詞化と考えられます。

今ではほとんど使われなくなったようですが、「化けが見えた（化けたことを見破った）」などの用例があったようです。「化けの皮が剝《は》がれる」は、慣用句として現在でも使われています。また歌舞伎の台詞《せりふ》や黄表紙などの読本では、ズバリ〝化け物〟の意味でも使用されているようです。こちらの場合は、〝化け物〟の「物」が省略された形、と考えるべきでしょう。

つまり〝お化け〟は、

「お・化け（物）」

と——いうことになるのでしょう。「お」を冠するようになってから、調子を合わせるために「物」を省略したのか、あるいはその逆なのかはわかりません。いずれにしろ「親しみやすく」呼び慣《なら》わしたものではあるようです。

ただし〝化け物〟に「親愛の情を表現」する必要などまったくないと思われますし、〝化け物〟が「親しみを込める」対象になり得るとも思えません。

まず以て、少なくとも〝化け物〟が畏怖《いふ》の対象であったのなら、こうした呼称は生まれなかったはずです。

もちろん、畏怖の対象に対して「尊敬の念」を表すために「お」を冠するケースもあるわけですが、その場合は名称自体を「省略」してしまうということは考えにくいでしょう。縦《よし》んば省略したとしても（発音しにくいなどの理由で省略されるケースもないとはいえません）、その場合は必ず後ろに「様」などをつけて呼称するものと思われます。「お化け様」という用例は（皆無ではないにしろ）極めて少ないものと思われます。名詞の後ろに「さん」を付けて呼称する地域もあるわけですが、これは慣例的なものですし、「お化けさん」と言う場合は、やはり「親愛の情」に近い用例と考えた方が良いでしょう。

では、その「親愛の情」「親しみ」という感情の正体は何なのでしょう。

これは要するに「一段低いもの（見下すべき対象）なのだけれども、嫌ってはいない（好意を持っている）」ということと思われます。

「犬」と「わんちゃん」の違いと考えればいいでしょうか。「わんちゃん」と呼ぶのは、別に犬を尊敬しているからではないはずです。

尊敬する（せざるを得ない）ような場合は、それこそ御犬様のような呼び方になってしまうのでしょう。「わんちゃん」と呼んだところで別に犬を崇《あが》め奉っているわけではありません。

どれだけ可愛がっていたとしても、犬は犬なのであって、家畜であることになんら変わりはありません（ちなみに「ペット（愛玩《あいがん》動物）」という概念が一般的でなかった時代、犬は「畜類」で猫は「獣類」であったようです）。

最近では犬や猫をなかば擬人化して情愛をそそがれる人も増えているようですが、その場合は個体名（熱烈な犬猫好きの方にとっては個体などという言い方さえも抵抗があるのかもしれませんが――）で呼ぶことでしょう。要するに人間と同等の扱いをしているわけで、その場合は「犬」とすら（あまり）呼ばないでしょう。

「犬は犬なんだけれども（つまり人間扱いはしていないのだけれども）、可愛らしいし嫌いではない」という立場だからこそ、「わんちゃん」などという呼び方は生まれるわけです。

この「わんちゃん」は、幼児語である「わんわん」の「わん」を一つ省略して「ちゃん」を付けたものです。言うまでもなく「わんわんちゃん」は長いうえに発音しにくいので、愛称としては不適格です。〝化け物〟の「物」が削られたのも、「お化け物」が言いにくかったからなのかもしれません（反対に単に「化け」だけでは語呂が悪いので「お」を付けたという考え方もできるかもしれません）。

どうであれ、〝お化け〟は〝化け物〟の「ニックネーム仕様」のような呼称として考えるべきなのでしょう。ニックネームが付くくらいですから、「真剣に怖がられていなかった」ことは間違いありません。

ただ、完全に怖がられていなかったのかというと、それも違うようです。

柳田國男の記した『おばけの聲《こえ》』という小文に、次のような一節があります。

私はある時同志の青年を集めて試みに「ばけ物は何と鳴くか」を比較して見たことがあつた。東京などの子供は戯れに人をおどす時、口を大きく開き尖らせた十本の指を顔のそばへ持つて來て、オーバーケーとうなるやうに發音するのが普通のやうだが、これは近頃になつての改造かと思はれる。といふわけはオバケといふ日本語は、さう古くからのもので無いからである。

（昭和六年八月「家庭朝日」掲載・昭和三十一年二月刊『妖怪談義』収録）

今でこそあまり見かけなくなりましたが、その昔、子供たちはお化けの真似をする際、指を開いた両手を顔の横に掲げ、本当に「おーばーけー」と言ったものです。大人が幼児を威《おど》かす時も、同じようにしていたはずです。「東京などの子供は」と記されているところから、柳田がリサーチした当時は東京近郊限定だったものと思われますが、後に全国的に広まったものと考えられます（現在は廃れてしまいましたが）。

柳田國男の時代からそう時を経ずして通信・交通の手段は飛躍的に発達し、マスメディアによる情報伝達は驚くほど迅速になりました。

幼児語としては東京ローカルであったらしい「オーバーケー」は、メディアに乗り、そうした関連情報と共に急速に広まったもの——と考えられます。

柳田が『妖怪談義』を出版した八年後の昭和三十九年、「少年サンデー」（小学館）誌上において藤子《ふじこ》不二雄《ふじお》（当時）の漫画『オバケのQ太郎』がスタートします。『オバケのQ太郎』は翌年アニメ化され、「オバQ」の愛称でまさに一世を風靡《ふうび》することになります。「オバQ」は『ドラえもん』『怪物くん』『パーマン』と並び、藤子不二雄（『オバケのQ太郎』は現在、藤子《ふじこ》・F《えふ》・不二雄《ふじお》の著作か、作品によっては藤子不二雄Ⓐ《えー》との合作としてカウントされています）の代表作と呼んでも差し支えのない大ヒット作品でした。

少なくともその段階で「オバケ」は東京ローカルの幼児語ではなくなっていたのでしょう。また、「オバQ」のキャラクターデザインが、頭からシーツを被《かぶ》った西欧のオバケ（というより記号化された幽霊）をある程度意識して作られたものであることは、まず間違いのないことでしょう（ハロウィンの仮装で、定番の魔女のコスプレなどに交じって、白いシーツ状のものをすっぽり被った恰好《かっこう》を目にすることがあります。あれは要するに西欧の〝幽霊〟記号なのです）。

布のようなものを被り、「オーバーケー」と言いながら威すという行為は、頻繁に行われていたとは言いがたいまでも、当時ある程度ポピュラリティを持った遊戯ではあったと思われます。

これは、もちろん子供たちの中で行われていた「遊び」ではあるわけですが、子供たちが考えたことではありません。子供たちは、同じようにして大人に威かされたからこそ、それを遊びに転換したのです。

「オーバーケー」は、いわゆる「子威し」のヴァリエーションだったのです。

「子威し」とは、「悪いことをすると○○が来るよ」「○○に食べられちゃうよ」「○○に攫《さら》われるよ」といった、教育的脅迫（そんな言葉があるのかどうかは知りませんが）のことです。

この○○に当たる部分には、種々雑多な「怖いモノ」が代入されます。

時代や地域によってその「怖いモノ」は様々に変化するわけですが、ただ、洋の東西を問わず、怪物、精霊、妖精、幽霊の類《たぐ》いが採用されることは殊の外多かったようです（ただし、不思議なことに私たちの謂ういわゆる〝妖怪〟＝近代以降の妖怪だけは、この○○の部分に入れられることがほとんどありません。キャラクターとして人口に膾炙《かいしゃ》する以前の「妖怪の素」のほうは、むしろ積極的に子威しに使われている節があるのですが――）。

「オバケ」は、かつて幼児を威すことぐらいはできるモノではあったわけです。

大人にとっては「真剣に怖がる対象」ではなかったらしい「オバケ」も、年端もいかぬ幼子にとっては「怖いもの」ではあった――ということでしょう。ただ、子威しという行為は文字通り子供騙《だま》しではあるわけで、長じるにつれその「怖さ」は薄れてしまいます。子威しの恐怖は程なくして「遊び」に転じる運命にあるのです。

※

さて、それでは〝お化け〟が子威しに使用された理由（延《ひ》いては〝妖怪〟が子威しに使われない理由）を考えてみましょう。

先の引用文において、柳田國男は「ばけ物は何と鳴くか」という質問をしています。それに答える形で、「オーバーケー」は挙げられたのです。しかし、改めて言うまでもないことですが〝お化け〟は「オーバーケー」と鳴くわけではありません。これはいわゆる「名乗り」であって、鳴き声とはいえないでしょう。

同じく『妖怪談義』に収録されている柳田の論文に「妖怪古意――言語と民俗の關係《かんけい》」（昭和九年四月「國語研究」掲載）という一文があります。

柳田はその中で、秋田県のナモミハギ（いわゆるナマハゲ）の言い伝えを皮切りにして、各地に伝わる「恐ろしいモノ」（柳田は定義をせずに〝妖怪〟や〝化け物〟という呼称を混用しています）の古い呼び方を探って行きます。

当該文章における柳田の思考の過程には大変興味深いものがあるのですが、本稿の主旨はあくまで〝お化け〟という言葉について考えることにありますので、検証などはせず、概略だけを紹介することにしましょう。

柳田は各地の方言の中に見える「同じような意味」を持つ「似た発音」の言葉をピックアップして行きます。そして「モウ・モウコ・モンモ・モモンガ・モモンジ」など、「ｍ」で始まる名称群を便宜的に「ｍ系」、「ガゴ・ガンゴ・ゴンゴ・ガンゴジー・ゴンゴジー・ガゴジ」など「ｇ」で始まる名称群を「ｇ系」に分類します。

そして双方のルーツを考察しつつ、「ｇ／ｍ」の折衷である「ガモ・ガガモ・ガモージー・ガガマ」などの「ｇｍ系」に着目します。

柳田は「m系」と「g系」が伝わる地域が隔絶していること、また「gm系」の分布が「一段と廣汎であり、これを調理する母音の傾向が、かなり顕著に前二者と共通」していることから、gm系がg系、m系の二つの系統が「混じり合って」でき上がったものではなく、むしろg系、m系の両者が「gm系」から「分裂」発生したものではないかと予測します。

つまり「gm系」のほうがより古い呼称である――という仮説を立てたわけです。

柳田は「鳴き声」に足がかりを求めます。

> （前略）彼の自らを表示する聲から、そのまゝ付与せられた名稱であつて、犬をワンワンといつたのと同じ態度だと思つて居る。
> そのワンワンを又化物の名として居る地方がある。（中略）もし化物がワンといつて現れるので無かつたら、かういふ名稱は新らたに生まれることは出來なかつたらう。
> （前掲文）

たしかに、「g系」「m系」ともに、名称＝鳴き声という地域がほとんどのようです。モモンガーは、「モモンガー」と言いながら現れるモノなのです。そうでなかったとしても、そうした「怪しい怖いモノ」は「モー」、または「ガー」と鳴くことが多いようです。

これらは、それまで「g系」「m系」それぞれに別の起源が想定されることが多かったようです。

◎元興寺（鳥山石燕／画図百鬼夜行・風）

例えば、「モウコ」は蒙古《もうこ》になぞらえられますし、「ガゴゼ」には元興寺《がごぜ》という当て字が割り当てられます。

柳田は（結果的に）これらの巷説《こうせつ》・俗説（元興寺の場合は伝説／説話とすべきでしょうか）に疑義を唱えていることになるでしょう。二系統の言葉が本来一つの言葉から分かれたものであるとするならば、それぞれの系統が別個にルーツを持つことは考えられません。それは単に、「発音の類似」によるこじつけとなってしまいます。

柳田はg／m双方の祖型に当たる（と――柳田が想定している）「gm系」の起源を、「咬《か》もうぞ」という言葉＝鳴き声《ボイス》に求めます。柳田によれば、「オバケは口を大きく開けて、中世の口語體に『咬まうぞ』といひつゝ出現した時代」があった、ということになります（「咬もうぞ」というのは、「咬むぞ」つまり「食べちゃうぞ」という意味です）。

柳田の説を全面的に支持するかどうかは別としても、「モー」「ガー」という単純な発声がそうしたモノの名称の起源となっているという着想自体は説得力を持っています。少なくとも大和元興寺《やまとがんごうじ》の鐘楼に現れた鬼をして元興寺《がごぜ》と呼び慣わすようになり、やがてそれが「化け物全般」を指す言葉に敷衍《ふえん》された――という説よりは、ずっと真実味があるように思えます。

この元興寺の鬼の話は、『日本霊異記《にほんりょういき》』や『扶桑略記《ふそうりゃっき》』などにも載る有名な逸話です。それをして子威しの「ガゴゼ」の起源であるとする巷説が、果たしていつ成立したのかは不明ですが、少なくとも江戸の後期には流布していたものと思われます。

江戸時代の分類体風俗事典として知られる喜多村信節《きたむらのぶよ》編纂《へんさん》の『嬉遊笑覧《きゆうしょうらん》』（文政《ぶんせい》十三年の自序あり）巻六・翫弄《がんろう》編に、「べかゝう」（あかんべえのこと）と並んで「がごじ」が紹介されています。

引いてみましょう。

○「見聞集」の跋に或時は顔をしかめてがごうじとおどせども問やまず、又「籠耳」といふ草子に小児の啼を止る時、むくりこくり鬼が来るといふこと、後宇多院弘安四年北条時宗が執権のとき元の世祖せめ来る、元は蒙古なれば鬼がくるとは夷賊を云なり。蒙古国裏といふことのいひ誤りなり［割注］均庭云此説わろし、蒙古高句麗《ムクリコクリ》の二賊をいふなり「吾吟我集」に「鬼ぐるみわがそこなひて手の皮をむくりこくりと身は成にけり」顔をしかめてがごじといふは大和の国元興寺の鬼の事「本朝文粋」に見えたり、又手をくみ顔にあて手々甲《ゼヽガヽウ》といひて小児をおどす事もあり、子が幼き時乳母どもが姑獲鳥《ウブメ》が来るといへば身にしみて恐ろしき夜多かりし云々あり、行風が「古今夷曲集」の序、土佐の手々甲大和の元興寺《カヾウジ》といへり（後略）

引用底本『日本随筆大成《にほんずいひつたいせい》・別巻9』（吉川弘文館《よしかわこうぶんかん》）

「ガゴジ」と並ぶ典型的な子威しのヴァリエーションとして「ムクリコクリ」（これはm系の例として柳田も取り上げています）と「ウブメ＝産女」が挙げられています。ウブメを使った子威しに関する記述は大変に興味深いものなのですが、残念ながらウブメは単に「怖いモノ」の代表として名前がエントリーされていただけのようです。動作や声を伴った威しとしては、やはり当時から「m系」（ムクリコクリ）と「g系」（ガゴジ）がポピュラーだったものと思われます。

さて、編纂者の喜多村はこの文の中で〝化け物〟の話をしているのではありません。「あかんべえ」同様、顔を顰《しか》めたり手で隠したりして幼児を威かす際の文言＝鳴き声《ボイス》について解説を加えているだけです。

もちろん、そうしたポーズ自体が「お化け（的なもの）」の形態模写なのであり、その時発する声も「お化け（的なもの）」が発するだろう声の真似なのだ――と考えることはできるでしょう。同じく挙げられているウブメが、化け物（後の〝妖怪〟）の一品目として当時から知られていたものであることも間違いないでしょう。

しかし喜多村は、「むくりこくり鬼」や「がごじ」が「化け物の一種」だと言っているわけでもないのです。そういう「子供を威す時に言われるよくわからない言葉《ボイス》」の起源を、蒙古襲来や元興寺縁起に求めている――というだけのことです。

柳田國男はこれらをやんわりと退けているわけです。

実際、蒙古襲来や元興寺縁起が、その本義を失いながらも子威しの言葉として後世に伝わった——という説明は、やや無理があるもののように思えます。完全に退けることはできないまでも、語感の類似から来るこじつけと考えたほうが妥当でしょう。

ただし、だからといってこうした「こじつけ的な説明」を簡単に排除してしまうことは、少なくとも「妖怪的なもの」を考えるうえでは、賢明でないとも言えるのです。語感が似ているだけでなく、形が似ている、字面が似ている、雰囲気が近い、何となく通じるものがある、果ては誤記や誤認、洒落《しゃれ》や冗談までもが——後の通俗的〝妖怪〟概念の形成に一役買っていることは間違いのないことだからです。

例えば「m系」の「モモンガ」なども良い例になるでしょう。モモンガ／モモンジは、キャラクターとして黄表紙などでも活躍した「江戸の化け物」の一品目です。後に形を変えて近代的〝妖怪〟にもシフトしました（ただ、ろくろ首や大入道など、他の〝化け物〟たちに比べてキャラ属性が固定化していなかったせいか、あまりポピュラリティは獲得できなかったのですが——）。

ところが、江戸時代、モモンジ屋といえば獣肉料理を出す店のことでもあったのです。このモモンジ屋の名称は、明らかに子威しのモモンジに由来するものと思われます。

一説に——多毛四足で尾のある動物を忌み嫌い、化け物になぞらえて「モモンジ」と呼んだため、その肉を料理する店もモモンジ屋と呼ばれた——とも謂われます。ただ、この説明には疑問を挟む余地が大いにあります。

たしかにその時代、獣肉食は（表向き）タブーだったわけですから、モモンジ屋という商売が「あまり宜《よろ》しくない」ものとして捉えられていたことは事実なのでしょうが、四足獣そのものを忌み嫌ったとは考えにくいですし、ましてそれを化け物になぞらえる必要はありません。これはむしろ、「正体不明のものを喰《く》わせる店」という意味なのでしょう。

モモンジ屋は、猪を「山鯨《やまくじら》」、鹿を「紅葉《もみじ》」などと称して提供していました。いわゆる隠語の類いではあるわけですが、モモンジ屋が「何を喰わせているのか明らかにしない」店であったことは確かです。正体不明＝モモンジという図式は、大変にすっきりとします。

しかし――どうであれ、獣肉料理店の名称として使用された段階で、モモンジという言葉には「獣」という属性が付与されてしまったことになります。黄表紙に登場するモモンジキャラが、毛むくじゃらの容姿で描かれることが多いのは、そのせいだと思われます。

また、モモンジの語尾を伸ばして発音した時の語感（モモンジー）が、「爺《じい》」＝老人を連想させるところから、「ももん爺」というキャラも誕生しました（ただそれは「毛むくじゃらの老人」というだけでよくわからないキャラクターではあるのですが――）。

このももん爺は、「百々爺《ももんじい》」という名で鳥山石燕《とりやませきえん》も描いています。この石燕の百々爺が、後に〝妖怪〟としてカウントされることになります。

妖怪・百々爺は、『ゲゲゲの鬼太郎《きたろう》』や大映の妖怪映画最終作『東海道《とうかいどう》お化《ば》け道中《どうちゅう》』にも登場します（『ゲゲゲの鬼太郎』では「ももん爺《じじい》」、『東海道お化け道中』では「百々《もも》爺《じじい》」と、表記や読み方が若干違っています）。

◎百々爺（鳥山石燕／今昔畫圖續百鬼・明）

◎野衾（鳥山石燕／今昔畫圖續百鬼・明）

また一方で、モモンガというのは動物——ムササビの仲間のことでもあります。鼯鼠《ももんが》は、現在でも動物の名前として一般に使われている言葉です。

最近ではムササビよりもモモンガのほうが露出は多いようですし、可愛らしいモモンガの姿を見て、「妖怪だ」と思う人はいないはずです。

しかしその昔、ムササビ類は「飛んで来て顔に覆い被さる怪」の正体とされる「怪しい動物」の一つでした。野衾《のぶすま》などと呼ばれるこの「怪しいでき事」は、絵画的に表現される場合はムササビの形で表現されたのです。

石燕はこの野衾も描いていますが、詞書《ことばがき》に野衾はムササビのことである、と記したうえで、ムササビはコウモリににているが毛が多く、翼にも肉がある、と動物的特徴を書き連ねています。

一方、百々爺のほうに付された石燕の詞書は次のようなものです。

百々爺《もゝんぢい》　未レ詳
愚《ぐ》按ずるに山東《さんとう》に摸捫窠《ももんぐは》と称するもの　もゝんぐはとがごしと　ふたつの
一名野襖《のぶすま》ともいふとぞ
京師《けいし》の人小児を怖しめて啼《なき》を止《とゞ》むるに元興寺《がごち》といふ
ものを合せて　もゝんぢいという歟
原野《げんや》夜ふけてゆきゝたえ　きりとぢ　風すごすとき　老夫《らうふ》と化《け》して出て遊ぶ　行旅《こうりよ》の人
これに遭《あ》へば　かならず病むといへり

石燕は、こちらではモモンガ＝ノブスマである、と記しています（こちらでの表記は野襖となっています。同じノブスマでも、覆い被さるタイプは夜具の衾、前に立ち塞《ふさ》がるタイプは建具の襖と記されます。石燕は混同しているわけではなく、知っていて記した＝書き分けた可能性が高いと思われます）。

さらに、子威しのガゴジを引き、ガゴジとモモンガのハイブリッドがモモンヂイであるという説を披露しています（これは、もちろん動物や植物のように「交配させる」といったような意味ではありません）。

未詳としながらも、（私見とはいえ）ずいぶん詳しく書かれているわけですが、これは石燕一流の韜晦《とうかい》であろうと考えられます。

妖怪研究家・多田克己《ただかつみ》が、『怪』第七号（一九九九年十二月刊）掲載の「絵解き画図百鬼夜行の妖怪」で、この百々爺を取り上げています。

多田は獣肉を巡る種々の隠語、さらにはそれらから連想される様々な語句、慣用句を網羅的に並べることで石燕の絵を読み解く作業をしています。

石燕は、後の狂歌にも通じる隠喩や見立てを多く作中に取り込み、「多重に意味が汲《く》みとれる絵《イコン》」として〝化け物〟を描いた絵師です。ただ、そうした作業は作者が意図した以上に深読みしてしまうケースもあるでしょうし、時に「こじつけ」「牽強付《けんきょうふ》会《かい》」としか受け取れないものともなるでしょう。それが果たして正解なのか否かは誰にもわからないことです。

石燕の施した仕掛けは、石燕が生きていた時代の人々――しかも特殊な知識を持った一部の階層の人々――にとっては、容易に謎解きができるものだったはずです。ただ、謎解きの先に浮かび上がるのは諧謔《かいぎゃく》や風刺でこそあれ、畏怖でも怪異でもなかったはずです。

しかし、私たち現代人にその解答を知ることは不可能です。私たちにはせいぜい予測することしかできないのです。その代わり、私たちはそこに、本来の解答を超えた雑多なものを感じ取ってしまうことになります。多田のように明文化することはないまでも、いずれ誰もが意識下で多くの印象を持ってしまうはずです。

そうした意味の連鎖や、イメージの連鎖こそが、近代的〝妖怪〟のキャラクターを形成するための重要な要素となっているのです。

従って多田の絵解きは、「鳥山石燕の研究」としては過剰かつ暴走気味なものとなっているのかもしれませんが、「妖怪研究」としては意義のある作業ということができるでしょう。

いずれにしても、モモンガはムササビであり、立ち塞がるモノであり覆い被さるモノでもあり、蒙古であり獣の肉であり、老人でもあるのです。そして、「子威し」としてガゴジと結び付きます。

鳥山石燕は、「モモンガ＝m系」と「ガゴジ＝g系」が融合して「モモンヂイ＝gm系」になったのだと記しています。これは先に挙げた柳田國男の見解とは正反対の結論です。

ただ、柳田の場合は言語学的な「説」を述べているわけですが、石燕は違います。

石燕はg＋m＝gmという系統を示しているわけではないようです。石燕は、そもそも関連性の見出せないよくわからない複数のモノゴトが、子威しによって結び付き、結果的に「モモンヂイ」というキャラを生み出してしまった——ということを述べているだけです。

未詳と断っているのはそのためです。

そう——よくわからないというのが正解なのでしょう。いや、子威しに使われる、gやmで始まる何ものかは、正体不明でなくてはならないのです。

たしかにモモンガ（Pteromys momonga＝ニホンモモンガ）はムササビの一種です。正確には哺乳綱ネズミ目リス科モモンガ属に分類される齧歯《げっし》類《るい》の一種というべきでしょう（ムササビの亜種という分類ではありません）。それは怪奇現象のノブスマの正体とされる（あるいはそのものとされる）動物ではありません。

しかし顔に覆い被さったり前を塞いだりする現象を引き起こすと謂われている動物は、ニホンモモンガだけではありません。ムササビも、タヌキも同じように捉えられています（その昔はムササビとモモンガは同じモノと考えられていました）。また、現在ではただの〝妖怪〟の一種として捉えられることが多い、モマやモミ、マミなど、同じ現象（や、その正体）に与えられた名称は多くあります。

ちなみに、モマやモミはムササビ・モモンガを指し示す古語（方言）でもあります。

こうした名称の混乱は、「事件」まで引き起こしています。

大正十三年、禁猟とされているムササビを捕獲した猟師が、狩猟法違反で告訴され、有罪になっています。被告は「獲《と》ったのはムササビではなくモマである」と主張しました。それが同一のものであると知らなかったわけです。

同年、タヌキ／ムジナでも同じような事件が起きています。

こちらは無罪判決となっています。大陪審は、タヌキとムジナは「動物学上は同一」であるとしながらも、二つの名称は「全国的に広く混用」されており、双方が同じものであるという認識が「一般に徹底していなかった」ため、無罪としたようです（法律施行日と事件発生日が微妙だったという点も考慮されたようです）。一方、ムササビ／モマのほうは、「単なる方言であり同一」として有罪になったわけです。

マミはモマ・モミと名称も似ており〝妖怪〟としては同類と考えていいのでしょうが、実はムササビ類の別称ではなく、むしろタヌキとされることが多いようです。

マミ＝猯《まみ》はタヌキの一種（またはタヌキそのもの）とも、アナグマのこととも謂われ（狸穴と書いてマミアナと読む地名もあります）、また、現在では〝妖怪〟としてカウントされてしまう豆狸や野鉄砲などもマミ（またはそれに類するもの）であるとされます。そうした場合はムササビやモモンガとも同一視されることになります。手繰《たぐ》るだに混乱は極まります。まるで違うものが、名称の異同（類似／非類似）によって同じものとされたり別のものとされたりしてしまうわけです。

当然、獣肉料理店のモモンジ屋と動物のモモンガは何の関係もありません。もちろん、蒙古襲来もモモンガとは無関係です。子威しのガゴジとノブスマも、何の関係もないのです（ただしモモンガーと言って子供を威す際に、袖《そで》を羽状に広げる様がムササビに似ていた——というのはあるかもしれません）。

これらの事象はすべて「実際にはほとんど関係のないモノゴト」なのです。それらを結び付けているのは「gで始まる意味不明の言葉」と「mで始まる意味不明の言葉」だけです。

柳田國男はg系とm系をgm系に統合した上で、そのルーツを「咬もうぞ」という言葉（鳴き声）に求めました。その「咬もうぞ」が、やがてg系、m系の二系統に分裂したのだというのが柳田の主張です。つまり、柳田説を支持するならば、蒙古襲来も元興寺縁起も無関係である——モウコにもガゴジにも本来は意味がないのだ——ということになるでしょう。

柳田によれば、それは本来言葉＝鳴き声なのです。しかも分裂した後は、意味さえ失われた鳴き声の一部、ということになります。

では――。

そのような声で鳴くモノは、何なのでしょう。

「モー」と鳴き「ガー」と鳴き、「咬もうぞ」と言って出て来るモノは、何ものなのでしょう。

それは、何ものでもないということになってしまいます。

ガモやガモジの起源が「咬もうぞ」であるのなら、そう呼ばれるｇｍ系のモノどもは、出て来て「名乗る」のではなく「そう鳴くからそう呼ばれた」だけ――ということになります。

ワンワンは、名前通りにワンワン鳴く――これが無意味な物言いであることに異議のある方はいないでしょう。ワンワンは、ワンワン鳴くからワンワンと呼ばれるようになったのです。

しかしワンワンに犬という実体があるのに対し、ガモやガモジには実体がないのです。

実体にあたる部分が空欄であるが故に、各々がそれぞれの時代、それぞれの場所で、その空欄に勝手な名称を書き込んだのです。その結果、混乱状態が発生しているということです。

オリジナルが「咬もうぞ」であるかどうかということは、この場合大きな問題とはなり得ません。ｇ系、ｍ系、ｇｍ系いずれもが明確な実体を指し示さない名称――意味を持たない「鳴き声」であることは明白だからです。

それらの名称に関わる事象は膨大であり、さらに無秩序かつ不整合な関係性しか見出せないということが、それを如実に証明しています。

モモンガにしろガゴジにしろ、そうした名称に付帯する具体的な事象の数々は、すべて後付けです。語呂合わせやこじつけや後講釈や、洒落や冗談なのです。

そうした後付けされた事象が持つ脈絡のない具体性が連鎖し、統合されて、本来実体のないモノをキャラクター化してしまった——と、石燕は述べているのでしょう。

さて、そうしてみると、「ガゴジ」やら「モモンガ」などを子供にして見せる際のポーズやリアクションは、はたして何の真似なのでしょう。

手を広げたり、顔を顰めたり、口を大きく開けたり——。

そうした行為は、実は何の真似でもなく、要するに単なる威嚇のポーズであり、強《し》いていうならば「人が人でないことを示す」ためのポーズだと考えられます。何かになぞらえたものではなく、「普通の人間じゃないぞ」ということを示しているだけと考えるべきでしょう。子威しの「何か」——特にポーズと発声を伴う子威しの「何か」は、具体的な何かであってはいけないものなのです。

一方で、「具体的な何かを利用した」子威しもないわけではありません。「悪いことをすると狼が食べに来るよ」「遅くまで遊んでいると人さらいに攫われるよ」といった類いの子威しはポピュラーなものではあるでしょう。

先に挙げた『嬉遊笑覧』の記述を思い出してください。子威しに「ウブメ」が使用されていた——と、喜多村信節は記しています。このウブメも具体的な何かの一つといえるでしょう。ウブメはご存じの通り「お産で死んだ女性の無念」が、様々な形をとって現世に現れるという「化け物／妖怪」です。ならばモモンガやガゴジと同じではないかと言われそうですが、それらとウブメは、明らかに違います。

まず、ウブメという名には明確な「意味」があります。そこは実体を持たない「化け物／妖怪」ですから、錯綜《さくそう》気味ではあるのですが、それでもモモンガやガゴジと違って、キャラクターはある程度明確です。

図像などを見る限り、江戸後期には「子供を抱いた女幽霊」という現在のスタイルが定着しつつあったようです。さらに付け加えるなら、ウブメには「夜啼く鳥の声」という（実際に起きている）事象がガジェットとして用意されていました。ウブメという言葉（名称）が指し示すモノは、漠然とした「怖いモノ」以上の具体的なモノであったのです。

こうした「具体的な何かを利用した」子威しというのは、一定年齢以上の子供＝言葉の意味を理解する年齢に達した児童に向けて行われたものと考えるべきなのでしょう。だからこそ奇妙な「ポーズ」も不気味な「鳴き声」も付けられないのです。ただ言葉で言うだけなのですから、「狼」や「人さらい」や「ウブメ」が何なのか理解できなければ効果はありません。

翻って言葉を理解しない幼児に向けては、やはり奇妙なポーズで「モモンガー」と不気味な声を出すよりない、ということになります。

※

ずいぶん回り道をしてきましたが、漸《ようや》く〝お化け〟に戻ることができます。

ポーズと鳴き声を伴った幼児向けの子威しをＡ群、言葉で示すだけの子威しをＢ群とするならば、「オーバーケー」は明らかにＡ群に分類されるでしょう。

柳田の「ばけ物は何と鳴くか」という質問に対し、「オーバーケー」という回答が挙がった理由は、それ以外のA群の子威しが「鳴き声そのものが名称になっている」ものばかりだからに他なりません。

さらに言うなら、それらA群の代用として〝お化け〟が採用された以上、〝お化け〟もまた具体的な形象を伴わない「正体不明のもの」として受け入れられていた――と考えられるのです。

一方、〝妖怪〟が子威しに使われない理由もこれで明確になるでしょう。

〝妖怪〟は、A群にもB群にもなり得ません。〝妖怪〟は、〝妖怪〟としてカウントされた段階でキャラができ上がっているわけですから、その段階ですでに正体不明のモノではなくなっているのです。

しかも、〝妖怪〟は、独立・分化したキャラクター群に与えられた名称なのであって、〝妖怪〟というモノがあるわけではありません。〝妖怪〟として見るならば、「モモンガー」も「ももん爺」も「モマ」も、全部「別の妖怪」ということになってしまいます。〝お化け〟が「正体不明のもの」であるのに対し、〝妖怪〟はキャラクターの総称なのです。

総称だからといって、「ヨウカイー」と「鳴く」わけにはいかないでしょうし、剰《あまつさ》え「スナカケババー」「ヌリカベー」などが威し文句になるとは思えません。それは鳴き声ではなくやはり「名乗り」でしかないからです（アニメのヌリカベはよく「名乗り」をしますが、それをして「威し」に使うことは余計に難しいでしょう）。

〝妖怪〟の場合は、個々のキャラクターについて、どんな形でどんな特徴なのか、みな詳《つまび》らかになっているのです（アニメ化された場合は声までわかってしまいます）。そうした具体的な情報を、子供たちは――子供たちのほうが――よく知っていることになります。

そうなると、〝妖怪〟キャラを「具体的な対象」として子威しに使用することにも無理が生じてきます。「そんな悪いことをするとコナキジジーが来るよ」は、「そんな悪いことをするとボヤッキーが来るよ」とあまり違いがなくなってしまうからです（ただし、妖怪・子啼き爺の元になった「コナキヂヂ」は立派な子威しアイテムでした。それは「山中を徘徊《はいかい》する老人」という実体を伴った、その地域の子供たちにとってはリアルに「怖いモノ」だったからです）。

前述の通り、〝お化け〟は婦人・幼児語です。

それは、何か明確なキャラクターを指し示す名称ではなく、漠然とした「モノ」を示す言葉だったのでしょう。他方、その元となった〝化け物〟のほうは、細分化し、より具体的なキャラクターに変貌《へんぼう》して行きます。

一つ目小僧、大入道、ろくろ首、化け猫、河童――それら江戸の化け物の多くは、「一定年齢以上の」者にとってはキャラの一種でしかなくなって行きます。

これも前述の通り、〝化け物〟が〝お化け〟になった背景には、〝化け物〟が「畏怖の対象として相応しくなくなってしまった」という状況があったはずです。キャラクターとして物語に登場して面白可笑《おか》しい活躍をし、絵に描かれ、玩具や見世物になって親しまれているものを怖がることはできません。

しかし――そうしたことが理解できない幼児にとって〝お化け〟はやはり怖いモノだったのです。それはほとんど具体性を伴わない「正体不明のモノ」だからに他なりません。
結果、〝お化け〟は〝化け物〟から派生した言葉ではあるものの、〝化け物〟とは違うモノゴトを領域化する「別の言葉」になってしまったわけです。

お化けから幽霊へ

さて、これまでの流れをまとめてみましょう。

化け物というのは、そのまま、「化けた（形態が変形した）モノ」でした。

過去には、人間以外のモノ（動物など）が人間に化けた（変形した）モノも、化け物と認識されていたようです（こちらの方が本来的な形だったと思われます）。この場合、化け物の外見は人間とまるで変わりがない（区別できない）ということになります。普通のヒトと違うのはリアクション（言葉、態度）と、シチュエーション（出現場所）だけです。

ところが、時代が進むにつれて化け物に対する理解は変化していきます。江戸時代後期になると、主に都市部において化け物のキャラクター化が頻繁に行われることになります。

これは、化け物を表現する際、「普通のヒト」との差別化を図るための工夫でもあったと考えて良いでしょう。

演劇などの場合、化け物であるということが明確にわからなければ、観客＝受け手は混乱してしまいます。化け物であることを伏せたまま進行するようなストーリーも考え得るのでしょうが、その場合も正体が観客に知れる瞬間というのは用意されている訳で、その際に「人でないモノ」と知れなければなりません。絵画化される場合も同様です。

そこで、様々な「記号」が考え出されることになりました。

そして、その「記号」が付帯しているモノは「人間ではないモノ」なのだと受け取るという送り手と受け手の間の「お約束」が作られていきました。

これは、例えば「文科系女子」キャラにメガネなどの「記号」が多く付帯しているのと一緒です。ネコ耳やメイド服など、それを装着しただけで（内面とは無関係に）○○キャラと認識されてしまう文化的なコードが作られた訳です。

その結果、化け物であると主張するための「記号＝コード」は、化け物をキャラに昇華させてしまいました。

例えば「盆踊りにおいて笠《かさ》を被《かぶ》って顔を隠しているモノは生者ではない」というような民俗的な「お約束」や、「異形の面を被って家々を訪れるモノは来訪神である」といった宗教儀礼的な「お約束」は古くから浸透していた訳で、そうした作法や約款も、化け物キャラクター生成においては大いに援用されたものと思われます。

こうして、化け物は現在私たちが〝妖怪〟と呼んでいるモノの祖型としてのポジションを獲得したのです。

この段階（江戸後期）で、化け物は次の二つの相に分裂したと考えて良いでしょう。

❶人以外のモノが人などに姿を変えたモノ

❷人ではないというコードで示されるキャラ

❶の定義は、甚だ曖昧《あいまい》です。人など、としたのはそのせいです。狸や狐が人の形をとって現れたものも、そうでないものも――例えば、通常ではあり得ない程に巨大である、通常とはまるで違った色である、通常とは全く違う行動をとる――そうしたものも含まれるからです。ただひとつだけ確実なことは、化け物と呼ばれるのは必ず「モノ」だ、ということになるでしょう。どれだけ怪しくとも、現象を指して化け物とは呼びません。何らかの怪しい現象を伴う、あるいは怪しい現象を引き起こすようなケースでも、現象自体ではなく現象を伴う、あるいは起こす「モノ」を化け物と呼ぶのです。

例を挙げるなら、見越し入道は「見上げるとどんどん大きくなる」化け物ですが、「見上げるとどんどん大きくなる」という「通常あり得ない奇妙な現象」を、見越し入道と呼ぶ訳ではありません。あくまで大きくなるモノの方が見越し入道なのです。ちなみに、見越し入道は大きくなる前は「ただの人間」でしかありません。そして大きくなった後は、「通常あり得ないサイズの人間」です。

❷の場合は違います。

こちらは、先程述べた「化け物コード」が付帯されているか否かだけが判断材料となる訳ですから、定義もある程度明確です。多少の異同はあるにせよ、最大公約数的なコードを有していさえすれば、それは取《と》り敢《あ》えず化け物として認識されることになります。

先程の見越し入道にしても、❷における見越し入道は、最初から「ただの人間」ではありません。うち破れた僧衣を纏《まと》った僧侶《そうりょ》として描かれることが多いようですが、その容貌《ようぼう》は魁偉《かいい》であり、「最初から大きく」描かれるのがお約束です。のみならず、描かれた見越し入道の首は蛇のように伸びているというのが決まりごとです。この長い首というコードは、元々「身長が伸びる」という通常あり得ない奇妙な現象の絵画的表現だったと思われます。

◎見越（鳥山石燕／画図百鬼夜行・風）

しかし、描き続けられることによって記号化したこの「長い首」は、見越し入道の身体的属性としてほぼデフォルトとなってしまいました。

この属性＝コードは、少なくとも❶を元にしていることは間違いありません。

しかし描かれた見越し入道は❶としての見越し入道とは完全に違う、「別物」です。

❶における見越し入道の場合は、最初からこのスタイルで出て来るのでは意味がない――ということになってしまうでしょう。

「ただの人間」が「通常あり得ないサイズの人間」に「化ける」のが❶でいうところの見越し入道なのです。つけ加えるなら、その「ただの人間」もまた、❶においては化け物に他なりません。大きくならなくとも、また「通常あり得ない姿形」でなかったとしても、道端に立ち塞《ふさ》がる僧形のモノは、そのシチュエーションだけで化け物たり得た訳です。

❶において化け物は、とりわけ奇っ怪な容姿である必要はない、ということです。

しかし❷の場合は、この形であることこそが化け物の条件になります。

筆者は前段である『妖怪の理　妖怪の檻』において、〝化け物〟という言葉を（混乱を避けるため「江戸の」と限定はしましたが——）主にこの❷の意で使用してきました。〝妖怪〟という切り口で眺めるならば、❶の〝化け物〟は「民俗学的妖怪」といったタームに吸収されてしまう側面を多く持っているからです。

しかし、「民俗学的妖怪」が「モノ／コト」双方をカテゴライズするのと違い、❶としての化け物は「モノ」のみを指し示す言葉です。〝化け物〟という切り口でみるならば、❶は「民俗学的妖怪」として捉《とら》えられるだろうモノゴトの中の「モノ」のみを指し示す呼称である、ということができるでしょう。

❶と❷は、やがて「通俗的妖怪」概念ができ上がった段階で、〝妖怪〟の名の下に統合されてしまう訳ですが——。

ただ、その大統合が行われる前に、化け物から〝お化け〟という言葉＝概念が発生しているということを失念してはなりません。

度々触れているように、〝お化け〟は化け物の婦人・幼児語です。

ただ――この〝お化け〟は、❶からではなく❷から発生した言葉だ――と考えた方が良いようです。

もちろん、分断されてしまったとはいえ❶と❷は建前上は同じモノです。いずれも化け物と呼ばれている以上、言葉としては区別はありません。

例えば、都市部で生成された❷の見越し入道は、周辺地方に伝播《でんぱ》し、都市部以外の❶の様相をも変えてしまいました。首が伸びる大入道のスタイルは、様式として受け入れられ、❶であるにも拘《かかわ》らず❷のコードを以《もっ》て表現されるケースも見られるようになりました。

◎大入道（四日市市）
首の部分が伸び、舌を出す仕掛けがある紙製の玩具。

玩具《がんぐ》や戯《ざ》れ絵などに描かれる〝化け物〟はどうあってもキャラとして描かれざるを得ないものです。コード化が徹底すればする程に、そのコードから逸脱したスタイルは「そうだ」と認識されにくくなっていくからです。

そうした「キャラ」化した化け物こそが、〝お化け〟という呼び方を生んだのだろうと、筆者は考えます。

これら化け物キャラは、縁日のからくり的《まと》（射的のような遊び）や、双六《すごろく》、絵暦、手遊び玩具などのモティーフとして、好んで使用されました。そうしたいわゆる「おもちゃ」は、やはり女性や子供に向けて作られたものだということができるでしょう。いや――縦《よし》んばそうではないという立場をとるとしても、識字率の問題なども考慮するなら、女性や子供でも親しめるだろう媒体に「化け物キャラ」が多く使用されていた、ということはできるはずです。

さて、お化けが化け物❷から発生した言葉であると仮定したとして、それでは化け物❶❷のうちの❷のみがお化けと呼ばれるようになったのかといえば、それは違います。

〝化け物／お化け〟は、それ程単純な関係ではありません。

この〝お化け〟が、いつの頃からか（少なくとも昭和の早い時期には――）子《こ》威《おど》しに使われる言葉となっていたということについては、前節で詳しく紹介しました。

正体不明の「こわいもの」の代名詞＝鳴き声として、それまで一般的だったと思われる「ガゴジ」や「モモンガー」（柳田國男によって「g系／m系／gm系に分類された民俗語《ご》彙《い》）を退け、「オーバーケー」は一般的な子威しの文言としてある時期に急速に広がりました。

前節でも指摘した通り、そうした子威しの文言は、「具体物を指し示さない」方がポピュラリティを獲得しやすいようです。その点から鑑みるに、お化けという言葉は「キャラクター化した化け物」を指し示すものではあったけれども、個別の「化け物キャラ」を具体的に指し示すような言葉ではなかったのではないか――と推測できます。

先程から例に挙げている大入道の他、ろくろ首や一つ目小僧、化け猫、河童に天狗と「化け物キャラ」のシフトは実にヴァラエティに富んでいます。そしてそのそれぞれが特殊な「コード」を持っています。河童の「皿」や天狗の「鼻」などのことと考えればいいでしょう。

しかし、〝お化け〟は、それら多種多様な「化け物キャラ」の「総称」です（総称という意味では〝妖怪〟と変わりません）。ざっくり「オバケ」と言った時、個々の属性は排除されてしまうことでしょう。

ところが、❷である化け物はコードによって成り立っています。❷から生成されたお化けには、❶が持っているような諸要素――シチュエーションやリアクションなど――は、既にしてカットされてしまっているのです。いや、カットされているというよりも、コード化＝形骸《けいがい》化されてしまっているのです。ほとんどの属性は「外見上の特徴」に収斂《しゅうれん》してしまっていると言っていいでしょう。

❷の場合、そうしたコードを排除してしまうなら、「河童」は「河童」でなくなってしまうでしょうし、「大入道」も「大入道」ではなくなってしまいます。最終的には〝化け物〟ですらなくなってしまうでしょう。

従って個々のキャラを指し示さない〝お化け〟は、「最大公約数的な化け物コード」を持ったモノ、ということになるでしょう。

一方、同じ総称である〝妖怪〟の場合は、やや事情が違います。

〝妖怪〟の場合は個々のキャラを指し示さない〝妖怪〟――「最大公約数的な妖怪コード」で表されるモノは、とても生成されにくいようです。

〝妖怪〟は〝化け物〟キャラとは比べものにならない程、格段に数が多いのです（しかも日々増殖する傾向にあります）。母数が多くなれば、共通項は減っていきます。そこから抽出された「最大公約数的」なコードは、ほとんど意味をなさないものになってしまいます。意味をなさないだけでなく、それはまったく怖くないものでもあるでしょう。

加えて〝妖怪〟は本来「モノ」だけを指し示す言葉ではありませんでした。キャラ化する際に、「コト」も含めて「モノ」化されてはいますが（『妖怪の理　妖怪の檻』参照）、〝妖怪〟が囲い込んだモノゴトは、現在では制御しきれないほどに肥大し、複雑化しています。その半面で、キャラのコード化自体は、より単純なものへと進化しているのです（そうした点がネックとなり、「ヨーカイ」は子威しの言葉に選ばれることがなかったのでしょう）。

勘案するに〝妖怪〟という総称がカテゴライズするキャラの中から「個々のキャラを指し示さない最大公約数的な妖怪コード」を持つモノを無理矢理に抽出しようとするなら、それはやはり「最大公約数的な化け物コード」を持つモノ、つまり〝お化け〟ということになってしまうのではないでしょうか。

それでは、「最大公約数的な化け物コード」とはいったい何なのでしょう。それは「必要最小限の化け物コード」と言い換えてもいいかもしれません。

それが何かを考えるヒントになるのが、「子威し」のポーズです。

例えば「べかっこう」。これは、現在でいうところの「あかんべえ」です。片目、あるいは両目を指で剝《む》き、舌を出す――そういうポーズ、あるいはその顔が、「子威しの化け物」のポーズであり、顔です。

もうひとつは「オーバーケー」のポーズでしょう。両手を高く掲げ、眼を見開いて口を大きく開ける、そうしたポーズが一般的だったものと思われます（これは、本来は「オーバーケー」ではなく「モモンガー」などという鳴き声を伴う動作であったのでしょうが）。

柳田はこれは本来「咬《か》もうぞ」、つまり「食べちゃうぞ」の意を持つ言葉だったのではないかと推測しています。それが正しいかどうかは別として、そうやって子供（とりわけ幼児）は威かされた訳です。

古くは顔を半分隠したりする場合もあったようですが、これは「人ではない」ことを示すコードと考えられます（ちなみに〝幽霊〟には「部分を隠す」というコードがあります）。

いずれも、何の道具も要りません。ちょっとした仕種《しぐさ》や表情の変化で、「自分は人ではないんだよ」と示すことができる訳です。

これらいくつかの「子威しポーズ」に共通するコードが、たぶん「最大公約数的」で「必要最小限」の化け物コードとなるはずです。

そうすると――。

眼を剝き、口を開け、舌を出す――。

これが、お化けの顔です。

そうして考えてみると、たしかに多くの化け物キャラが「そういう顔」をしていることに気付きます。大入道も豆腐小僧も、ろくろ首もからかさお化けも（それぞれのコードとはまた別に）、みな目を剝いて舌を出しています。いや――こうした顔をしているモノは、たとえ大入道や河童や天狗でなくても〝お化け〟ではあるわけです。

◎おばけの金太（熊本）
首の後ろの紐を引いた形。普段は舌は出ておらず、瞼も半分閉じている。

熊本に、「おばけの金太《きんた》」という名の郷土玩具があります。

真っ赤な顔で烏帽子《えぼし》を被った首だけの張り子で、紐《ひも》を引くと目を剝いて舌を出すという仕掛けが施されています。有名な玩具なので、見かけた方も多いのではないでしょうか。

製作販売している厚賀《あつが》人形店作成の栞《しおり》によれば、五代目当主である西陣屋《にしじんや》彦七《ひこしち》なる人形師が嘉永《かえい》年間に考案したもので、熊本では「目くり出し人形」とも呼ばれ親しまれているものなのだそうです。

名前も「おばけ」ですし、どう見てもお化けにしか見えないので、誰もがお化けだと思ってしまうのですが――これは、いわゆる化け物を象《かたど》ったおもちゃではありません。

　この「おばけの金太」のモデル（と、呼べるのかどうかは微妙なところなのですが――）は人間です。栞の説明に依《よ》れば元々は「おどけの金太」であったと記されています。

　玩具の由来として語られている「おどけの金太」は、熊本城築城の際に活躍した加藤清正《かとうきよまさ》配下の足軽《あしがる》（下級武士）であったとされます（つまり、実在の人物だ――ということです）。金太は滑稽《こっけい》な風貌で剽軽《ひょうきん》な仕種をよくし、冗談を言って周囲を笑わせる人気者、いわゆるムードメーカーであったと伝えられているようです。

　この「おどけ」がいつ「おばけ」に変わってしまったのか、それは定かではありません。

　栞には仕掛けが「びっくりさせる」からお化けと呼ばれるようになった旨が説明されていますが、その結果名前が間違われてしまったのか、それとも今でいう販売戦略のようなネーミング変更であったのか、それもわからないことです。

　しかし、この玩具に関していうならば、「おどけ」より「おばけ」の方がしっくりくるネーミングだったということなのでしょう。何より、このおもちゃが「おばけ」と名付けられてもまったく違和感のないモノだった――ということは疑いようがないことでしょう。

　金太人形はたまたま「お化けとして必要最小限のコード」を満たしてしまっていたのです。

　しかし、金太はあくまで〝お化け〟なのであって〝化け物〟ではありません。これが「化け物金太」とネーミングし直されていたのであれば、果たしてどうだったでしょう。

これは、やはり「いただけない」ということになっていたのではないでしょうか。

❶❷に分裂し、さらに〝お化け〟という呼称（概念）を生んだ〝化け物〟は、その後――三つ目の意味を獲得します（第一節参照）。

❸普通でない奇妙な容姿に変形したモノ

この❸が、現在私たちが日常生活で使用している〝化け物〟という言葉のニュアンスに一番近いものでしょう。

もちろん、この場合の「普通でない」という「判断」は、判断する主体の経験則による理解から大きく逸脱しているということなのですから、基準は判断する主体によって大きく異なります。

加えて、これは内面に対する比喩《ひゆ》として使用される特別なケースを除き、限りなく罵倒《ばとう》・侮《ぶ》蔑《べつ》的な呼称でもあります。「普通でない奇妙な容姿」には、「醜い」という価値判断が常に伴っているからです。

美醜もまた、普遍的な価値判断とはいいがたいものです。時代や地域によって基準がまるで変わってしまいますし、個人差も大きいでしょう。しかしどのような場合であっても、「美しい方」に逸脱している場合に、化け物と呼ばれることはほぼないと言っていいでしょう（第二節参照）。

化け物は、外見に関して言う限り、マイナス方向に逸脱した状態を指す言葉なのです（内面の比喩に使用される場合、美醜という「見てくれ」の判断はあまり有効なものとはなり得ません。例えば「正式な修業をせずに大成してしまった芸能者」なども化け物と呼称される訳ですが、これは貶《けな》し言葉ではなく褒め言葉となります。通常のプロセスを経ずに高い技量を身に付けるというようなあり方は、「正しいあり方＝美しいあり方」でこそないのでしょうが、「凄《すご》いこと＝褒め称《たた》えられるべきこと」とはなり得る訳です）。

この「おばけの金太」は、玩具です。

たしかに、真っ赤に塗られた首だけの形態は「普通でない」のかもしれません。また、「異形」を示すコード——眼を剝き舌を出すというコードに「変形」もするでしょう。

それでも、金太に〝化け物〟のネーミングは相応《ふさわ》しくないものと思われます。

受け手——顧客側に、それが金太という人物の内面に関する比喩であると受け取られる条件が整っていない限り、「化け物金太」という名称は、商品（特に玩具）のネーミングとして不適格なものと言えるでしょう。

たとえ金太が（本当に）実在の人物であったのだとしても、この「目くり出し人形」を手にする人はその内面——人間性を評価するだけの情報を持っていないのです。栞に書かれているような、「滑稽な風貌」や「剽軽な仕種」といったあり方を手掛かりにしたところで、そこから〝化け物〟という評価を導き出すことはやはり不可能でしょう。

〝化け物〟は「良い言葉」ではないのです。

「おばけの金太」の場合は「外見のコード」が適用されたと考えるよりありません（もっともこのケースの場合は「おどけ」「おばけ」の音の類似こそがネーミング変更の最大の理由と考えるべきではあるのでしょうが――）。

つまり金太は、

❷人ではないというコードで示されるキャラ

としての〝お化け〟なのです。

〝お化け〟は、間違いなく〝化け物〟から派生した言葉です。しかし、その使われ方にはやはりかなりの差異があるようです。

もう少し細かく見ていくことにしましょう。

〝お化け〟という言葉が生まれた時期、その元である〝化け物〟には❶❷という二つの相がありました。前述の通り、〝お化け〟は❷という相が形成されたことによってでき上がった（輪郭を整えたといった方が良いかもしれません）言葉だと筆者は考えています。

❷の成立は確実に❶より後のことです。

❶としての情報が都市部に蓄積されることなくして❷は誕生し得なかった訳ですから、これは疑うまでもありません。しかし、❷が形成された後も❶が無効化してしまった形跡は認められません。

〝化け物〟という言葉は、しばらくの間、❶と❷という二つの相を共有していたのです。

〝お化け〟が❷の形成に伴って形成された言葉＝概念であったのだとして、そうであったとしても〝お化け〟が〝化け物〟の「婦人・幼児語」として位置づけられる言葉であるということに変わりはありません。

そうであるなら、〝お化け〟にも❶的な意味合いがまったくないとはいえません。

❶人以外のモノが人などに姿を変えたモノ

この❶の相は、〝化け物〟においては❷以前にあったものです。しかし〝お化け〟に関しては、どうも先んじてあるのは❷であるように思えます。

多少わかりにくいかもしれません。

〝化け物〟に関していうならば、❶がまずあり、❶から❷が生成され、生成後は❶❷が並列して（相互干渉しあいつつも）別々に機能していました。

〝お化け〟の場合は違っています。

〝お化け〟は❷を基本として成立し、そこに❶的理解が加味された、と考えるべきなのです。

〝化け物〟の場合、❶的用法と❷的用法は相容《あいい》れないものと言えます。民間に伝わる「見越し入道」と黄表紙で活躍する「見越し入道」が違うものであることは、既に指摘しました。相容れないものであるにも拘らず、双方は〝化け物〟と呼ばれます。

つまり〝化け物〟という言葉は、相容れない二つの相を指し示していると考えるよりありません。これは動物の兎《うさぎ》とキャラクターのミッフィーの関係と考えればいいでしょう。二者は相容れないものです。動物の兎は二足歩行もしませんし服も着ていません。ミッフィーは餌を食べないし糞《ふん》もしません。でも、いずれもウサギには違いはなく、そう呼ばれます。違っていることを承知で、同じものとして（そういうお約束の上で）受容されているのです。

しかし〝お化け〟の場合は多少違います。

〝お化け〟の場合は、対象が、

❷人ではないというコードで示されるキャラ

である、という認識が先んじてあります。それが何であれ、コードが示している限りは〝お化け〟となり得るのです。然《しか》る後に、

❶人以外のモノが人などに姿を変えたモノ

という判断がなされる場合がある、ということになります。〝お化け〟の場合、❶と❷は乖《かい》離《り》している訳ではありません。ただ、乖離していないせいで大きな矛盾を抱え込んでしまいます。

❶における〝化け物〟は「人など」に姿を変えたモノです。前述の通り、姿形が「人そのもの」である場合も多いのです。

と――いうよりも、❶においては、過去確実に「ただの人」の姿をとる〝化け物〟の方が多かったはずなのです（だからこそ❶と❷はより相容れない相となるわけです）。

これは、要するに「外見的な化け物コードを有していない」〝化け物〟、ということです。

これは❷としては失格、ということです。

❷と❶を矛盾なく統合するためには、❶の条件を変えなくてはなりません。

〝お化け〟において❶は、次のように書き換えられることになります。

❶（改A）人以外のモノが姿を変えたモノ

〝化け物〟コードを持たない外見のものを対象から外した、ということです。しかし、問題はこれだけではありませんでした。

コードによって（外見から）人間以外であると認識されるにも拘らず、「人に見える」という特異なケースが、❷の生成時に発生してしまっていたのです。

それは――いわゆる〝幽霊〟です。

※

もちろん、❶における「人以外」には「死者」も含まれています。

従って❶に、いわゆる〝幽霊〟的なものは最初から織り込まれてはいるのです。

しかし、それらは「外見のコード」によって識別されるものではありませんでした。

それは、あくまでリアクションやシチュエーションによって識別されるものであり、決してコード化されたものではなかったのです。

例えば、前節でも触れた、ウブメと呼ばれる〝化け物〟がいます。これは、「産褥《さんじょく》で亡くなった女性が死後に姿を変えて現れたモノ」として理解されます。❶に当てはめるならば「人以外のモノ（死者）が人などに姿を変えたモノ」ということになります。

◎姑獲鳥（鳥山石燕／画図百鬼夜行・陽）

　民俗社会に伝わる❶としてのウブメの容姿は地域によって様々ですが、古いスタイルを辿《たど》っていくなら、やはり人型になってしまうようです。それは、生者となんら変わりのない姿です。ウブメの場合は声だけで容姿を伴わないというケースも多くありますが、それも人（主に赤ん坊）の声として認識されるようなので、想起される容姿はやはり人だと思われます。民俗社会のウブメはコードではなく、様々なシチュエーションによって死者と判断されているに過ぎないモノです。

ところが❷におけるウブメは、血に染まった下半身や、鳥のイメージでコード化されています。鳥というのは、鳥に似た鳴き声からのイメージ連鎖や、姑《こ》獲鳥《かくちょう》という中国の神霊と同定されたことに起因するものと思われます（同定したのは林《はやし》羅《ら》山《ざん》であると考えられています）。

つけ加えるなら、ウブメのコードにはそれまで培われて来た「幽霊のコード」がふんだんに援用されています。先に述べた通り、❷という〝化け物〟の相が生成された折には、それまでに培われてきた様々な「お約束」が積極的に再利用されたのです。ウブメは元来「死人」「女性」という属性を持っていた訳ですから、それを表すために作られた既存のコードが援用されることはむしろ当たり前だったということができます。

◎幽霊（鳥山石燕／画図百鬼夜行・陽）

しかし、そうしてでき上がった❷のウブメキャラは、❶のウブメとは、やはり相容れないものであったというよりありえません。

前述の通り、各地で言い伝えられているウブメの容姿は❷で作られた容姿とはまるで違っています。両腕が翼になっていたり、鳥の体に女の頭が接続していたりするキャラとしてのウブメは、民俗社会には伝えられていませんし、考えるまでもなく、そんな特殊な姿形のモノは現実世界にもいません。

そんなものはいないのです。いわゆる「リアルな」〝化け物〟の多くが、人間の形をしているか、さもなくば音声だけ――というのは至極当たり前のことなのです（ちなみに、後に〝妖怪〟としてカウントされる怪しいモノゴトの中で、一番種類が多いとされているのが「怪火・怪光」の類《たぐ》いです。しかし、怪火や怪光それ自体は「モノ」として捉えられにくいため、〝化け物〟としてはカウントされることは少なかったものと考えられます）。

　奇っ怪な容姿のキャラクターは、どうであれ想像上のものでしかないのです。ただ。人ではないと主張するために、非現実的容姿は大変に効果的です。

　コードによって識別される❷としての〝化け物〟は、まさにそれ以外の何ものでもありません。一方で❶にそれを求めることはナンセンスです。

❶のウブメにおいて、異常なのはあくまでシチュエーションなのです（ただし❷生成以降はその影響を受けてコード化された容姿を持つようになるケースも増えたものと思われます）。

　このあり方は見越し入道ら、他の〝化け物〟となんら違いのないものです。ただ、ここで問題にしなければいけないのは、ウブメのようなケースではありません。「死者」が姿を変えたモノではなく、死者そのものがキャラクターとして現れる――。

　〝幽霊〟です。

　筆者は、本書の前段である『妖怪の理　妖怪の檻』において、柳田國男によって〝妖怪〟と分離された〝幽霊〟――いわゆる近代的〝幽霊〟――も、過去においては〝化け物〟の一品目に過ぎなかったと述べました。

◎死霊（鳥山石燕／画図百鬼夜行・陽）

◎生霊（鳥山石燕／画図百鬼夜行・陽）

この場合の〝化け物〟は、前述の通り「江戸の化け物」——つまりキャラクターとしての〝化け物〟である❷を指し示しています。

これは、現在一般的と思われる〝幽霊〟の定義とはかなり異なったモノです。

平安時代の〝怨霊《おんりょう》〟や、その怨霊を矮小化《わいしょうか》させた〝もののけ〟、あるいは鬼や天狗など、私たちの文化は数多くの〝幽霊〟的なモノを創造し装置として活用してきました。

にも拘らず、私たちが日常的に理解している近代的〝幽霊〟概念が形成されたのは、それ程古いことではありません（幽霊——死後、個人が生前の姿で現世に立ち現れるモノ——については、項を改めて詳述します）。

❶における〝幽霊〟的なものも、現代人が考える〝幽霊〟とは微妙に異なっています。この場合は「人以外のモノ」の部分に「死者」が代入されると考えればいいでしょう。

つまり、

❶死者が人などに姿を変えたモノ

と、いうことになります。

人の形をとることが絶対条件ではありませんし、人の形をとる場合も特別な容姿である必要はありません。また生前の容姿をキープする必要すらないのです。

これは、ひどく漠然としたモノです。

例えば、人が立ち入らぬような山中で女を見掛けた、深夜川の中に人が立っていた——それを「死んだ誰か」だと理解する、ということです。この場合は、その「誰か」の容姿との同一性さえも要求されないものと思われます。さらにいうならば、それは、「誰々の幽霊」ではなく、〝化け物〟と呼ばれてしまいます。

しかし、❷になるとまるで違ってしまいます。

❷における〝幽霊〟は、〝幽霊〟というキャラに過ぎません。それは〝幽霊〟コードのみで構成される、「死人キャラ」です。コードの要件さえ満たしていれば、「死んだ誰か」である必要もありません。

ただ〝幽霊〟という名前の〝化け物〟だということになるでしょう。

さて、それを前提に、〝お化け〟を考えてみましょう。

〝お化け〟の場合、❶は、

❶（改A）人以外のモノが姿を変えたモノ

となります。

ここに、同じように「死者」を代入してみましょう。

❶（改A）死者が姿を変えたモノ

これは、少々変だと言わざるを得ません。見越し入道にしてもろくろ首にしても、「何かがそういうキャラに化けているんだ」と考えることは容易にできるでしょう。〝お化け〟の場合はコード優先なのですから、狸が化けていようと鼬《いたち》が化けていようと、そういう容姿である限りは〝お化け〟だ、ということになってしまいます。また、何かが化けているのでなくても、〝お化け〟ではあるということになるでしょう。

ただ、〝幽霊〟の場合は少々具合が悪いことになってしまいます。もちろん「狸が幽霊に化けている」はアリでしょう。それは〝お化け〟です。しかし、そうでない場合（何か別のモノが化けているのでない場合）〝幽霊〟はどうであっても「死者＝人間」が正体となるのです。

そしてそのケースにおいて、〝幽霊〟はほとんど「姿を変えていない」ことになります。
〝幽霊〟を示すコードは、極めて「人間としての原形を留《とど》めた」形で作られているからです。
経帷子《きょうかたびら》や額烏帽子《ひたいえぼし》などの特殊なコスチュームや、有名な「足がない」など、〝幽霊〟には様々なコードがある訳ですが、決定的に人の形から離してしまうようなコードはほとんど存在しません。

そうなると――コード優先の〝お化け〟において、〝幽霊〟は、

❶（改B）人以外のモノ（この場合は死者）

とするしかない、ということになります。

〝化け物〟❷としての〝幽霊〟は、〝化け物〟キャラのひとつとして黄表紙などで活躍します。
ただ、容姿が人間に近いため、美醜の価値観が反転している〝化け物〟界においてはやはり異端で、肩身の狭い思いをしたりもしています。

〝幽霊〟は、〝化け物〟としては、

❶死者が人などに姿を変えたモノ
❷人ではないというコードで示されるキャラ

となります。

〝化け物〟としての〝幽霊〟は、齟齬《そご》を来すことなく諒解《りょうかい》されていたはずです。

しかし〝お化け〟として見た時、❶は、

❶（改B）人以外のモノ（死者）

ということになってしまいます。

これを見る限り――〝お化け〟は、「化ける＝変形する」という本来の意味を失っています。その半面、〝お化け〟はとても単純なあり方を獲得してもいます。❷と❶（改B）から導き出される〝お化け〟とは、人ではないというコードで示される、人以外のモノ、ということになってしまうからです。

つまり、

お化け＝人以外のモノ

と――いうことです。婦人・幼児語として、この単純さは「受け入れられやすい」あり方ではあったのでしょう。と、いうより、婦人・幼児語としてはこうした単純なあり方でなくてはならなかったともいえます。

◎化皮太鼓傳（十返舎一九・歌川國芳）
恨みを晴らすため現世に迷い出てきたものの、誰にも怖がられず、あげくのはてに道にまで迷ってしまった「幽霊」。助けを求めた「ももんじい」の周旋で「白たわし」の嫁になるのだが、美人＝化け物としては不細工であったために、化け物どもに一騒動おきる。　アダム・カバット校注・編『江戸化物草子』（小学館）収録

後に、〝お化け〟＝〝幽霊〟という認識が持たれるようになった背景にはこうした事情があったものと思われます。

後世において〝妖怪〟からパージされ、結果〝化け物〟の品目からもはずされた〝幽霊〟が、それでもなお〝お化け〟とだけは呼ばれ続けているのはその単純化された図式に負うところが大きいといえるのではないでしょうか。形が変形せずとも、人ならぬモノということがわかるなら、それは〝お化け〟ではあるのです。

また死者が〝幽霊〟となって現れることを「化けて出る」と言い習わすようになったことにもそれは関係しているかもしれません。

さて、〝お化け〟が〝幽霊〟と接続し、半《なか》ば同化して行くそのかたわらで、〝化け物〟のほうは徐々に〝幽霊〟との距離を開けていくことになります。

〝お化け〟という言葉は〝化け物〟とは異なったパラダイムで〝化け物〟的モノゴトを領域化していくことになります。その結果、〝化け物〟という言葉が獲得した新しい条件が、

❸普通でない奇妙な容姿に変形したモノ

である――と、筆者は考えています。

変形・変身・変装

さて、前節まで〝化け物〟〝お化け〟という言葉に関わる様々な事象を微細に検討してきたわけですが、ここで「化ける」ということについてもう少し考えてみたいと思います。

これまでにも述べてきたことですが、「化ける」というのは「フォルムが変わる」ことに他なりません。

丸いものが四角くなる、ということです。しかしただ形が変わっただけならば、それは「化ける」と呼ばれはしません。

○→□は、ただの変形です。

形が変わること即ち「化ける」——ではないということです。

では、どのように変わった時に「化ける」と呼ばれるのでしょうか。

変化《へんか》が大きい時でしょうか。たしかに、元の形象とあまりに掛け離れたスタイルに変形した時に、多く「化ける」と称されるようにも思えます。

では、「大きな変化」をして「化ける」と呼ぶのでしょうか。

そう――とも限りません。

例えば、完全変態をする昆虫を考えてみましょう。蟬《せみ》であれ蝶《ちょう》であれ、卵→幼虫→蛹《さなぎ》→成虫という変化は、「大きな変化」に他なりません。

しかし、人は「青虫が揚羽《あげは》蝶に化けた」とはあまり謂《い》いません。

それはなぜでしょう。

理由は簡単です。青虫が揚羽蝶に変化することを、私たちは知っているからです。

もし芋虫が蜻蜓《とんぼ》になったりしたら、これは「化けた」と謂われてしまうかもしれません。

しかし、蝶になる分には「化けた」と謂われることはないでしょう。

ただ、そうした生物的特性をまったく知らない観察者にとっては、これは「化ける」ことに他ならないのかもしれません。

昆虫の生態をまったく学習していない子供なりが芋虫を観察し、それがやがて雀蛾《すずめが》に羽化するところを見てしまったならば、その時は「化けた」と思う可能性はあります。ただ、残念ながら「昆虫の変態」を知らないような幼子は「化ける」という言葉もまた知らないかもしれません。その場合は、ただ「形がすごく変わった」と驚くだけでしょう（しかし、この「驚く」という感情が「化ける」という言葉を喚起するという考え方もできます）。

加えて、変態の場合、形だけでなく生物的機能も特性も何もかもが変わってしまいます。

これは「化ける」というより「生まれ変わる」という方が良いものでしょう。

昆虫に意識や記憶といった反応／機能がどの程度あるのかということについては未知というよりありませんが、水蠆《やご》の記憶を蜻蜓が継承しているとは考えにくいでしょう。水中生活のノウハウは、蜻蜓としての生活に何一つ役立ちません。応用すらできないでしょう。同じ個体であるというだけのことで、人間で謂うところの自我のようなものは、生物にとってどうでもいいものなのです。

大きな変化それ自体は、とりわけ「化ける」と判断される条件にはならないようです。

冬虫夏草《とうちゅうかそう》というキノコがあります。

これは、日本では虫の幼虫などに寄生するキノコ類（子嚢菌門《しのうきんもん》バッカクキン目の菌類）の総称（的に用いられる名称）です（ただし、それらすべてにこの名称を用いることに疑義を称《とな》える向きもあるようです。分類学的に冬虫夏草は子嚢菌門核菌綱ボンタンタケ目のバッカクキン科の一属名でしかなく、それ以外の種類も多くあることから、類似する菌全体の俗称として用いることは混乱を招くおそれがあるという理由からです。中国には古来「虫草」という総称があり、総称としてはそちらを用いるべきだという意見もあります）。

冬虫夏草はその名の通り「冬はムシであり夏にはクサとなる」生き物——と考えられていました（これはチベットの俗信で、冬虫夏草はチベット語の漢訳です。従って冬虫夏草はチベットに棲息《せいそく》するコウモリ蛾の幼虫に寄生する菌に限定して使用すべき名称だ——ということになるでしょうか）。

もちろん、そんなハイブリッド生物はいません。

ムシの背中からにょきにょきと生えたキノコがそうした俗信を生んだ、というだけのことです（日本にもセミタケやハチタケなど冬虫夏草類の菌類はありますが、それらはとりわけ「ムシがキノコに変化する」と考えられていたわけではないようです）。

大陸から渡来した冬虫夏草は、チベットの俗信をそのまま受け継いでいました。しかし、それでも別段不思議なものとして捉えられることはなかったようです。冬虫夏草は、単に「珍しいもの」でしかなかったと思われます。

実に、「昆虫が植物に変態する」という――現代の常識からは考えられない――とびきり奇異な存在として紹介されても、「そういうものである」という説明が施されているならば、それは怪異でも何でもなかった――ということです。

もちろん、「ムシがキノコに化けた」と謂われることもなかったようです（明治になってから、これは「俗信だ」とする言説が多く発信されましたが、識者に啓蒙《けいもう》されるまでもなく、大衆は諒解していたものと思われます）。

そもそも、日本にも「山芋は鰻《うなぎ》になる」「貝が鳥になる」などという、これまた現在では考えられないような突飛な俗信が伝えられていました。

しかし、これらは今でこそ突飛としか言いようのない与太話でしかありませんし、信じるに値しない俗信でしかないわけですが――考えてみれば、毛虫→蛾の変化と山芋→鰻、貝→鳥の変化は、「変わりよう」という意味では大差のないものでしょう。もちろん自然科学的には正しくないものなのですが、自然科学を無視するなら、毛虫→蛾も充分突飛な変化です。

地を這《は》う毛虫が色鮮やかな蛾になるんだから、海中の貝が水鳥になったっておかしくはないという考え方は、非論理的なものではないのです。生物学的にはもちろん「大間違い」ではあるのですが、系統分類ではなくアナロジーを基本とした博物学的分類に従うなら、それほど大きな誤謬《ごびゅう》ではなくなってしまうのです。

そして、これらはいずれも「変ずる」「成る」なのであって「化ける」ではありませんでした。要するに変態の一種として理解されていたのです。

一方、変態しない動物は成長します。

厳密にいえば、成長もまた変形に他なりません。

子供と大人は、形が違います。同じ個体であってもまるで違っています。ただ、こうした変形は概《おおむ》ねサイズの変化に一元化されてしまいます。細部に目を投じれば、もちろんサイズの変化以外にも大人と子供には様々な差異があります。成長の過程において生理的機能にも変化が生じることは、ご承知の通りです。しかし子供が大人に「化ける」とは謂いません。

成長は、どれだけ速くとも「目に見える」ようなものではありません。「見る見るうちに大きくなって」というのは、あくまで比喩です。それは、ひどくゆっくりとした変化なのです。

ならば――速度の問題なのでしょうか。

しかし、子供が一足跳びに老人になってしまったとしても、これは急激に「成長した」「老化した」というだけのことなのであって、やはり「化けた」とは謂われないでしょう。

どうやら変形＝化けるというわけでもないようです。

それでは——同じように姿形を変える、変装はどうでしょうか。

変装とは「装う」ことで「変わる」という意味でしょう。

本来の容姿とは違う容姿を「装う」——つまり化粧をしたり衣装や髪形を替えたりすることで別人になること——です。

小説やドラマに出てくる探偵や怪盗などは、よく変装をします。シャーロック・ホームズも明智《あけち》小五郎《こごろう》も変装の名人です。片岡千恵蔵《かたおかちえぞう》が演じた「七つの顔の男」多羅尾伴内《たらおばんない》などという変装キャラクターもいます。怪人二十面相も、怪盗アルセーヌ・ルパンもよく変装します。海外の人気連続テレビドラマ『スパイ大作戦』（映画『ミッション：インポッシブル』のオリジナルと言ったほうが通りが良いでしょうか）のメンバーの中にも、自在に他人になり代わる変装の名手がいます。それは、素性を隠すためだったり誰かになりすますためだったり——要は世間の目を欺《あざむ》くためにされるものです。

最近は様々な技術が発達したので、まるで肉体が変化したかのような「変装」ぶりで描かれることが多いようですが（特に映像作品の場合はCGやVFXが用いられるのでその傾向は顕著です）、実際のところは衣装を着替えたり、かつらやつけ髭《ひげ》をつけたり、ドーランを塗って顔色を変えたりする程度なのでしょう。

どうであっても、本体が変形してしまうわけではありません。

外見上の変化は、山芋→鰻よりもはるかに「小さい」といえるでしょう。人間は、概ね人間にしか変装しません。

稀《まれ》に動物に変装するようなケースもないわけではありませんが、その場合も、当然ながら本体（人間）より大きなものにしか変装できません。また、骨格構造までは変えられないので完全になりきることは不可能です。いずれほとんどが、着ぐるみを着る――という恰好《かっこう》になってしまうわけです。どうみても（多くは）ホンモノに見えないでしょうから、これは変装なのかどうか微妙なところです。

また、これもごく稀に郵便ポストなどの無機物に変装するようなケースもないわけではないのですが（現実にはまず考えられないことですが、江戸《えど》川乱歩《がわらんぽ》のジュブナイル小説など、フィクションの中ではないこともありません。作中ではそれも変装のヴァリエーションとされることがあります）、これは変装ではなく、その中に潜んでいるだけ、と考えた方が良いようなものでしょう。

いずれにしても動物や無機物を「装う」場合は、変装というより仮装と呼んだ方が良いのかもしれません（変装と仮装の差は後述します）。

人が変装するのは、ほぼ人なのです。

形自体はあまり大きく変わっていません。

たとえば、サングラスをかけてマスクをするだけでも、一応変装としてはカウントされるでしょう。さすがに服を着替えただけでは変装とはいえないでしょうが、たとえば一般人が制服を着て何かになりすました場合、たとえ素顔のままであったとしても、それは変装として捉えることができるでしょう。

変装の場合、要するに「A」が「B」になりすますことが一義的に優先されるのです。

なりすます、ということは「A」が「A」でなくなる、ということです。

マスクにサングラスという当たり前の姿でも、Aさんは「Aさんであることをくらます」ことが（ある程度は——）できるはずです。

この場合のBは、「A以外」ということになるでしょう。「A以外」になりすますことで、Aさんは「Aさんであることを隠蔽《いんぺい》」することができるからです。

他方、「対象B」に完全になりすますためには、AはAであることを徹底的に隠蔽しなければならなくなります。正体がバレてしまったのではなりすましは失敗ということになるからです。

つまり変装は、「他のモノになる＝正体を隠す」ことが何よりも最優先される——ということになるでしょう。その部分を最優先しない変装を、仮装と呼ぶのです。

文字通り「仮」の装いです。

仮装大会は変装大会と呼ばれません。どんなに上手に扮装《ふんそう》をして、元が誰なのかまるでわからなくなってしまったとしても——それは変装ではなく、あくまで仮装です。

それは、「他のモノになる＝正体を隠す」ためにするものではないからです。「他のモノになる」ところまでは一緒ですが、仮装の場合正体を隠す必要はまったくありません。「上手に扮装」できているなら、誰が扮装しているのかわかってしまっても全然構わないものでしょう。

それは、変装ではありません。

しかし、仮面舞踏会のようなケースは、変装に近いニュアンスになると思われます。

仮面舞踏会の場合は「身分や素性を隠す」ために仮面が着用されます。

仮面は「他のモノになる」ためにつけられるというわけではありませんが「正体を隠す」ためにつけられることは間違いありません。目の周りを覆うだけの小さな仮面で身分や素性が隠せるとは到底思えないのですが、そういうお約束なのですから、ここはそう考えるより仕方がありません。

これは、先程のサングラスにマスクと同じようなものといえるでしょう。完全に隠蔽することは不可能なのですが、仮面は「正体を隠している」のだ（というお約束）を表しているに他ならないからです。

そのお約束を掲げている以上、正体は隠されます。Aは仮面（というよりもお約束）によって「A以外」を装っていると考えることができるでしょう。従って、仮面舞踏会は完全に「変装」とはいいがたいものの、「仮装」としてしまうこともできない――ということになります。

先程の動物の着ぐるみのような場合はどうでしょう。

動物に変装する場合、どうしたってなりきることは不可能なものと思われます。

虎やライオンなどの着ぐるみを身につけた人間が、縦《よし》んば動物園の檻《おり》の中に入って動物のふりをしていたとしても――それは、九分九厘バレてしまうことでしょう。精巧に作られた大型類人猿の着ぐるみであれば（骨格などが類似しているため）多少はごまかせるのかもしれませんが、それでも騙《だま》し通すことは無理だろうと思われます。

ただし——。

この場合、バレてしまったとしても、Aが誰なのかはわかりません。

しかしBがニセモノであることだけは露顕してしまいます。

従って、Aを完全に隠蔽することはできなくなってしまいます。少なくとも「人間だ」ということはバレてしまうわけですから、正体が「誰か」だという暗黙の諒解がなされてしまうことになります。「動物に変装する」という行為は、どんなに変装だと主張しても、限りなく仮装に近づいてしまうのです。

無機物の場合も同様です。と——いうより、無機物の場合は仮装とすら（本来的には）呼べないでしょう。

テレビ番組の「仮装大賞」的な企画で、出場者がいろいろなものに扮するようになって、仮装という言葉がそれ以外にも敷衍《ふえん》されるようになったのかもしれません。

いずれにしろ、無機物を装う場合、ほとんどが装うというより「自分より大きなもの」の中に潜むという恰好になるわけですから、いずれ変装とは言いにくいでしょう（「仮装大賞」の場合は何かの中に潜むのではなく、肉体を使って「演じる」という行為に対するウエイトが大きいようなので、仮装とするのは正しいのでしょうが、いずれ変装ではありません）。

変装と仮装は、微妙に違います。

ちなみにコスプレ（演劇用語であるコスチューム・プレイとは違います）は、どちらかといえば仮装に近いものであり、変装とはいえないでしょう。

そもそも架空のキャラクターに扮するという行為は、どれだけなりきったとしても「そのもの」には成り得ないからです。

その部分だけ剔出《てきしゅつ》するなら動物への変装＝着ぐるみを着るのに近い行為、ということにもなるのでしょうが、より身体性に依存する度合いが強い（この場合のコスチュームは着ぐるみではありません）ということと、動物の場合のように「ホンモノ」自体が存在しないという点において大きく異なっています。

コスプレは、現在では概ねオタク（的な趣味の一ジャンル）として認識されることが多いものと思われます。

アニメーションやコミック、ゲーム、映画や小説などのキャラクターのコスチューム（衣装や小道具など）を自ら身につけることで、再現する行為のことをいいます（主に扮装するだけで、演じたりすることはほとんどないようですが）。

オタクというだけで日本的なものと思われがちですが（もちろん日本的だといえないことはないのでしょうが）、コスプレのルーツは海外に求められることが多いようです（ＳＦファンが集うSF大会などがよく引き合いに出されます）。

さらに遡《さかのぼ》るなら、それはハロウィンの仮装パーティに行きつくことでしょう。

ハロウィンは、その昔は「外国のお祭」というだけのものでしたが、近頃では日本でも祝われるようになった（別にお祝いをしているわけではないのでしょうが――）ので、ご存じの方も多いと思います。

ここ数年は、時期が近づくとカボチャやガイコツなどの飾り物や、イメージカラーであるオレンジ色と黒のグッズなどが売り出されるまでになりました。

ハロウィンは、元々カトリック教会の祝日である万聖節《ばんせいせつ》（諸聖人の日）の前夜祭として行われる伝統行事でした。ただ、その起源はカトリック教会の歴史よりも遡れるようで（ケルトの収穫祭が原型であるとも謂われます）、キリスト教圏全般で行われる催しというわけではありません（キリスト教とは無関係なものとしてハロウィンを禁じている地域もあります）。

このハロウィンは、「聖なる」イメージが強いクリスマスとは違い、やや土俗的な「死」のイメージを強く持っています。

日本でいうお盆の行事に近いものと考えていいでしょう。

登場するのは「妖精」や「怪物」、それから「魔女」や「死者」などです。

それらの仮装をした子供たちが家々を巡って物乞《ご》いをするトリック・オア・トリートという催しも、本邦における祖霊やマレビトの訪問を思わせます。

この魔女や幽霊の仮装は、本来は伝統的な民間信仰に依ったスタイルだったものと思われますが、やがて想像上のモンスターなども含む「お化けキャラ」の「コスプレ」へとシフトしていきました。子供たちはハロウィンの夜に、記号化され、完全にキャラクターとなった〝お化け〟の扮装をするようになったのです。

そうした伝統が、やがて「フィクションであるキャラクターの扮装をする」文化を作り上げたという考え方は、それなりに説得力があるようにも思えます。

真偽の程はともかくとして、コスプレが変装ではなく、やはり仮装から派生したものであるという考え方は正しいのでしょう。アニメのキャラクターになりきることはできますが、それはどうしたってアニメのキャラクターそのものとはなり得ないからです。

さて。

この変装と仮装を、化ける――という観点から眺めてみるとどうなるでしょう。

シャーロック・ホームズが貧しい馬丁《ばてい》に変装したとします。

「ホームズは馬丁に化けていたんだ――」

これは、通用します。

怪人二十面相が浪越《なみこし》警部に変装して現場から逃走したとします。

「あの警部は二十面相が化けていたのだ――」

これも、通用するでしょう。

変装は、どうやら「化ける」と言い換えられそうです。では――サングラスにマスクの男はどうでしょう。

「彼はサングラスにマスクで化けている——」

これは、どうもいけないようです。

正体を隠すだけでは「化ける」とは呼べないのかもしれません。しかし、サングラスにマスクの不審な男が他にも複数いた場合、

「奴はサングラスとマスクで不審者に化けていたのだ——」

これは、通用しそうです。

先程述べた通り、変装は「他のモノになる＝正体を隠す」という行為です。

サングラスにマスクのようなケースにおいて、その「他のモノ」は「自分以外であれば何でもいい」ということになります。なるモノが特定されていなくとも、「正体が隠蔽」されているならば、変装は変装として成立します。

ただ、化けるとなると、どうもいけないようです。化けるといった場合は、対象が特定されていなくてはいけないのかもしれません。

仮面舞踏会の仮面は、お約束によって「正体を隠す」という変装のヴァリアントでした。しかし、仮面を被ったとしても「化ける」ことにはならないでしょう。「正体を隠蔽する」お約束は効いていたとしても、どうやら仮面で化けることはできないようです。

では、変装としてはギリギリでアウトな感じだった、動物の着ぐるみはどうでしょう。

「あいつは着ぐるみに入ってクマに化けた」

これは──意外にもおかしくありません。

繰り返しますが、動物に「変装」することは難しいと思われます。バレるからです。顔が隠れていますから着ぐるみを着ているのが誰かまではわからないでしょうが、それでも誰かが着ていることだけはわかってしまいます。個人は特定できずともニセモノであることはわかってしまうのです。ニセモノであることが知れてしまう以上、やはりそれは仮の装いということになります。

着ぐるみは、仮装に近いものなのです。

しかし、そうであるにも拘らず、それを「化ける」と呼ぶことに対しての違和感は少ないように感じます。

では、仮装のほうはどうでしょう。

「仮装大会で猫娘に化けたわ」

これは、少し変です。通じないことはありませんが、違和感は残ります。

コスプレはどうでしょう。

「アキバで、メイドに化けた娘に会ったぜ」

やはりちょっと変です。

どこが変なのでしょう。

答えの鍵《かぎ》は、ニセモノにあります。

仮装は、あくまで「仮」なのです。

つまり、最初からニセモノであることが前提となっています。仮装は、ホンモノであることを一切主張しないのです。どれだけホンモノっぽくなっていたとしても——仮装は「仮」でしかありません。

コスプレも同様です。鬼太郎のコスプレをしている人を指して、「鬼太郎のニセモノだ」と思う人はいません。コスプレの場合は衣装が純正品か手作りかで真贋《しんがん》を定めることもあるようですが、それはあくまでコスチュームの問題でしかありません。メイドのコスプレをしている人は、どんなにメイドっぽく振る舞ったとしてもメイドではないのです。

仮面をつけて踊っている人や、サングラスにマスク姿でこそこそしている人をして、「何かのニセモノだ」とは思いません。

しかし。

クマの着ぐるみに入ってクマの真似をしている人は、どうであれクマのニセモノなのです。

着ぐるみがどんなに良くできていようとも、逆に粗悪な作りの安っぽいものであったとしても、それはクマのニセモノには違いありません。

変装は仮装とは違い、ニセモノではないことを主張します。なりすます、なりきることが変装の基本だからです。

つまりホンモノを装うわけです。

ホームズは馬丁の仮装をしているわけでも馬丁のコスプレをしているわけでもなく、馬丁そのものになっている——つもりなのです。事実、正体を明かすまでホームズが変装した馬丁はホームズではなくホンモノの馬丁です。

二十面相も同様です。警部のコスプレで逃走を図ったりしたら、まず間違いなく二十面相は逮捕されてしまうでしょう。警部本人が現れるまで、二十面相の変装した警部は周囲にホンモノとして認識されていたはずです。

だからこそ——。

正体が顕《あらわ》になった時、あの馬丁は馬丁ではなかったのだと——つまりニセモノの馬丁だったのだということになるわけです。

警部もまた、ニセモノの警部であったということになるのでしょう。

馬丁も、警部も、クマもニセモノです。

ニセモノであること——どうやらそこがポイントとなるようです。

馬丁は自ら正体を明かすことでニセモノであることを知らしめました。警部の場合は本人が現れることによってニセモノであることが露顕しました。クマは——おそらく最初からバレていました。それぞれに違いはありますが、それは時間的な差異に収斂することができるでしょう。バレるまでのインターバルが違う、というだけのことです。

そう、バレなければニセモノだということはわからないのです。そして、バレることによってニセモノと知れる扮装は、

「化ける」

と呼ばれるのです。

クマの着ぐるみの場合は、要するに「化けるのが下手」ということになるのでしょう。

さらに突き詰めて考えてみましょう。

ニセモノというのは、ホンモノを装うモノでなくてはなりません。これはつまり——扮装する方に「騙す」意志があるかないかということになるでしょう。ちなみに、

「化かされる」

と、言った場合、騙される、欺かれるとほぼ同義になることはご承知の通りです。

サングラスとマスクで正体を隠した男は、何かに「化けた」わけではありませんが、正体を隠すことで周囲を「化かした」ことにはなるわけです。

仮装やコスプレに「騙す」ような要素はまったくありません。

変装の場合は、周囲を「騙す」という要素を多分に持っています。その、「騙し」の部分こそが「化ける」「化かす」に呼応するようです。

さて。

次に、変身について考えてみましょう。

変身というと、文系の方はフランツ・カフカの中編小説を思い出されることでしょう。そして特撮ファンなら、『ウルトラマン』や『仮面ライダー』を思い浮かべるのかもしれません。

カフカと特撮を並べて論じるようなことをすると、双方の信奉者からお叱りを受けてしまうかもしれませんが――本稿は『変身』の文学的な読み解きをするものでも、変身ヒーローの哲学的解釈をするものでもありませんので、ここはお赦《ゆる》しいただきたいと思います。

三者とも――「変身」します。

小説『変身』の主人公ザムザは、朝起きると毒虫（害虫、虫――どんな虫かは不明）に変身しています。意識は人間だった時と連続していますが、生理機能はどうやら虫のそれになってしまっています。

科学特捜隊のハヤタ隊員は、ベータカプセルを使ってM78星雲から来た宇宙人（地球外生命体のこと）ウルトラマンに変身します。

悪の秘密結社ショッカーに拉致《らち》され、人体改造手術を施された本郷猛《ほんごうたけし》は、ベルトの風車に受けた風圧をエネルギーに変換して改造人間・仮面ライダーに変身します。

どれも、変身するのです。

理由はそれぞれですが（ザムザには理由さえないのですが——）、三者とも肉体の構造が変化し、容姿が完全に「変わって」しまいます。

ザムザは、大きな虫になります。容姿についての描写は作中ほとんどありませんが（甲虫であるとする研究者はいます）、たとえどんなものであろうと、これは人間の形をしていないものと思われます（それが文学的比喩なのであったとしても、「虫になっていた」とテキストに書かれている以上、そうした読み方は誤読とは言えないでしょう）。

ハヤタは、銀色の巨人になります。フォルムこそ人間に似ていますが、スケールはまるで違います（身長四十メートル、あるいは五十三メートルと作中ではアナウンスされ、設定では可変であるともされます）。目、口などは人間のそれとは掛け離れた形態であり、鼻梁《びりょう》にあたる部分から頭部にかけて三日月状の隆起があり、皮膚ともコスチュームともつかぬ体表で、胸には発光する装置らしきものがついています。これはもう人間ではありません。

本郷猛の場合、スケール自体はそれ程大きく変化しません。サイズは同じです。ただ、見た目は大きく変わってしまいます。バッタをモティーフとした異形のデザインです。ただし、仮面ライダーなのですから、頭部を包むヘルメットとクラッシャー（顎《あご》の部分）は装着すると考えるべきなのかもしれません。

実際、石森章太郎《いしもりしょうたろう》（石ノ森章太郎）の原作漫画においては、衣服を脱ぎ去りヘルメットを装着することで「変身」します（これは厳密には変身ではありません）。しかしテレビドラマにおいては「変身」の掛け声（途中より）とともにポーズを取ることで、見た目も完全に変わるという演出になっています（ドラマの設定においては、大きく変わるのは容姿よりも身体能力であるようです）。

変身するヒーローは山のようにいますが、こと「変身」というところにこだわるならば、概ねこのウルトラマン（初代）と仮面ライダー（初代）のヴァリエーションと考えることができるでしょう（複数の人物が「合体」するようなケースもいくつかはありますが）。

さて。

「ザムザは、虫に化けた」

という表現はどうでしょうか。同じように、

「ハヤタはウルトラマンに化ける」

「本郷猛は仮面ライダーに化ける」

と、言うでしょうか。

言いません。彼らは、少なくとも「化け」てはいないものと思われます。

しかし、変化の度合いでいうならば、これらのレヴェルはもの凄く高い――ということになるでしょう。青虫→揚羽蝶よりも、変形の度合いは大きいものと思われます（仮面ライダーだけは微妙なレヴェルなのですが――）。それに、彼らの「変身」は、変態でもなければ成長でもありません。自然界における当たり前の変化とは、到底思えないものです。それでも、彼らの「変身」は、「化ける」という呼び方とそぐわないもののようです。

なぜなのか、考えてみましょう。

ザムザは、突然虫になってしまいます。

どうやら、大きな虫のようですから、これは普通に考えれば〝化け物〟でしょう。また、下《げ》衆《す》な読み方をするならば、いわゆる「怪異」として捉えることも可能なできごとでしょう。

しかし、これは「怪異」ではありません。どうして虫になったのか、どうやったら元に戻れるのか――そうした思考が作中で巡らされることはありませんし、読者の中にその手の疑問が涌《わ》くこともありません（と、いうより、そもそもそういう作品ではないわけですが――）。

ザムザはただ虫になってしまったというだけなのです。

そこにザムザの意志は介在していません。同様に第三者の意志も介在していません。ザムザは決して望んで虫になったわけではありませんし、誰かに虫にされてしまったわけでもないのです。虫になることでザムザの人生は破綻《はたん》してしまうことになるのですが、そうした成り行きに抗《あらが》うことは一切できません。

そうした余計なものを一切排除した純粋な「変身」によってもたらされるストーリーこそがザムザの物語です。

だからこそ、『変身（Die Verwandlung）』という題なのでしょう。

小説内で起きるザムザの「変身」は、「ただの変身」です。

身体の形が変わってしまうというだけのものなのです。生理的機能の変化はそれに伴って起きる副次的なものであり、些《さ》細《さい》な事項に過ぎません。

生き物であるという点を除けば、これは最初に挙げた○→□と同等の、ただの形象の変化ということになってしまうでしょう。

それは、やはり化けるとは呼ばないのです。

では、ウルトラマンはどうでしょう。

ザムザの場合と違って、ハヤタの「変身」には理由があります。

作品の冒頭、人間であるハヤタは操縦する戦闘機が飛行中のウルトラマンと衝突し、死んでしまうのです。

ウルトラマンはその死を自分の過失とし、また未来ある若者の前途を閉ざしてしまったことを大いに憂えて、自らの命をハヤタに与える決心をします。と、いっても自分が死んでハヤタを生かすというわけではなく、地球に留まりハヤタと一心同体になることで生かす、というアクロバティックな方法をとるわけです。

最終回でハヤタはウルトラマンと分離します（この際にスペアの命を貰《もら》います）。

それまでの間、ハヤタはウルトラマンでもある存在としてありつづけていたようです（ただし、ウルトラマンと分離した後のハヤタが、その間の記憶を一切持っていないことから、ハヤタの肉体の中にウルトラマンが寄生するような形を取ることで、死人の肉体だけを生かしていた――と考える方が良いのかもしれません）。

ハヤタは、時に「ウルトラマンの正体はハヤタなのではないか」と、疑われます。

しかし、これはあくまで、人間ハヤタを主体と捉えた場合のみに有効な考え方です。

ちなみに、顔を隠した正義のヒーローはウルトラマン以前にもたくさん存在します。

たとえば月光仮面《げっこうかめん》の正体は、探偵・祝十郎《いわいじゅうろう》です。月光仮面の場合は、まさしく正体といって良いでしょう。月光仮面は祝十郎の変装なのです。祝十郎は正義の人としての活動を行いやすくするため、顔を隠して（ある意味で）世間を欺いているのです。

しかし、ハヤタの場合はどうでしょう。

ハヤタがウルトラマンになるのか、ウルトラマンがハヤタになっているのか、それは定かではありません。一心同体というのがどういう状態なのかは定かではありませんが、少なくとも人間ハヤタが己の意志でウルトラマンに「化ける」わけではないようです。主体となっているのがどちらなのか、判断はできません（視聴者はハヤタ主体と受け取るのでしょうが）。

ちなみに、ウルトラマンに続く『ウルトラセブン』の設定は大きく違っています。

ウルトラセブンは、地球人の男性の姿に「なりすまし」、モロボシ・ダンと名乗って生活しています。この場合はセブンがダンの正体です。

つまり、ダンはセブンに「変身」しますが、そのセブンはダンに「化けて」いるということになるでしょう（三作目にあたる『帰ってきたウルトラマン』以降は、この「化ける」設定はあまり採用されていないようです）。

仮面ライダーはどうでしょう。

仮面ライダーの場合は、敵となる「怪人」もまた、ライダーと同じように改造人間であるという設定です。彼ら怪人も、任務遂行の際に人間の姿をとることがあります。しかし、そうした場合は、怪人が人間に「化けて」いると捉えられます。

また、平素は人間の姿で過ごしていると思われる大幹部と呼ばれる構成員の場合は、改造人間の姿になった際に「正体を現したな」などと言われてしまいます。どうやら彼らの真実の姿は奇怪な容姿をした怪人の方であるようです。

仮面ライダーも改造人間です。怪人や大幹部と条件は同じのはずです。ならば、ライダーの姿こそが真実の姿であり、人間の姿は日常生活を送る上での仮の姿である——と考えるべきなのでしょうか。

しかし、どう考えても仮面ライダーが本郷猛に「化けて」いるのだという物言いはピントがずれているように思えます。ゾル大佐という名の大幹部の正体は狼男という改造人間だったわけですが、怪人であるにも拘らず、狼男がゾル大佐に「化けて」いたと言ってしまうと、かなりの違和感があることは否めません。

この違和感は——どちらも同じ人間だから発生するものなのでしょう。

ハヤタはウルトラマンにしかなれません。そしてウルトラマンもハヤタにしかなれません。仮面ライダーも同じです。変身することで形態や能力は大きく変化しますが、それはどちらも「同じ人間の別の一面」に過ぎないのです。

これは、「化ける」とは言いません。

月光仮面の場合も同様です。祝十郎は世間を欺いていますが、月光仮面以外の何かになることはありません。

作中人物は二者が同一人だということを知りませんが、心情的に同一人であって欲しいと考えていたり、素行や言動などから同一人ではないかと疑っていたりします。

そして何より、受け手である視聴者は両者が同一人であることを最初から（たぶん）知っています。

ウルトラセブンはダンに「化けて」いるという設定ですが、そうした設定は毎回示されるわけではありません。なおかつ、セブンは作中、ダン以外の人間に姿を変えることは（できるのでしょうが）しません。また、ダンはオリジナルである人間とは別人格で、名前も違っています。つまりモロボシ・ダンはウルトラセブンの別名に過ぎず、二者の同一性はより強いものと考えられます。

仮面ライダーの敵である怪人の場合は、人間の姿と怪人の同一性が著しく希薄です。のみならず、時に改造前の姿とはまるで違う人物になることもあります。

こちらのケースは、明らかに「化けて」いると言えるでしょう。

また——ウルトラマンの敵である宇宙人（ザラブ星人）は、ウルトラマンの地球での評判を落とすために、ウルトラマンそっくりの姿に「変身」して街を破壊します。

これも、明らかに「化けて」いると言うことができるでしょう。ウルトラマンとザラブ星人の間に、同一性は一切認められません。

容姿も、人格も、まったく別のものです。

ちなみにザラブ星人が「化けた」ウルトラマン（ニセウルトラマンと呼ばれます）は、概ね本物と同じような姿形ではあるのですが、細部のディテールはかなり違っています。作中人物は悉く《ことごとく》騙されてしまうのですが、視聴者はひと目で見抜けるようになっています。ただしザラブ星人の元の形状とニセウルトラマンの形状は、まったく違うものです。変形の度合いでいうなら、かなり大きいといえるでしょう。「化けの皮が剝《は》がれる」までは（たとえウルトラマンではないということが見抜かれたとしても）、元の姿形まではわからないでしょう。正体を隠蔽することには成功しているのです。

これは、要するにクマの着ぐるみと同じです。

「化け方が下手」で最初から贋物《にせもの》とバレているということになるわけですが、それでも「正体を隠蔽」し「他者になりすます（なりすまそうとする）」という行為には変わりありません。

だからこそ、「化ける」と呼べるのです。

※

やはり――。

ただ形が変わるだけでは、「化ける」とは言わないようです。

「化ける」と呼ぶか否かという判断には、どうやら変形前Ａと変形後Ｂとの関係性が大きく影響するようです。どれだけ形象が大きく変化しようとも、ＡとＢとの間に強い同一性が認められる場合は、「化ける」とは呼ばれにくいものと思われます。

だからこそ、「騙す」というファクターが重要になってくるのです。

ＡとＢに同一性がまったく認められないような場合――ＡとＢは関連性のない別のモノとなるでしょう。

その関連性のない別のモノがイコールで結ばれることは、本来的にあり得ません。にも拘らず、それでもＡがＢに変化するというのなら――そこには必ずや何らかの「欺瞞《ぎまん》」があるはずなのです。

化けるということ

さて、前節では「変形」「変装」「変身」という言葉を手掛かりにして、「化けるとはどういう状態を示すのか」ということについて考えてみました。

その結果――どうやら（外見の）変化の度合いは「化ける」ということに関して、あまり重要ではない、という予測を立てることができました。

AがBに変化したとして、その変化の度合いが大きい（ものすごく形が変わっている）場合をして「化ける」と呼ぶ――というわけではないようです。

○が□になったとしても、そうなる（正当な）理由がある場合、また○と□が（形は変わっても）同じものだという認識がある場合は、「化ける」という言葉は適用されにくいようです。

外見上の変化が小さくても（ほとんどなかったとしても）、AとBとの間に「同一性」がまったく認められない場合、さらにBはAであるということが露顕するまで「本物の」Bとして認識されている場合に、どうも「化ける」は適用されるようです。

そうでない場合には、「化ける」以外の言葉が選ばれることが多いようです。

そうはいうものの、正確には「変形して化ける」「変装して化ける」「変身して化ける」というケースはあり得ます。即ち「変形・変装・変身」は、変わり方のヴァリエーションでしかなく、「化ける」ことの本質とは、実は関係が薄いものと思われます。

記号ではわかりにくいので、具体的に記してみることにしましょう。

狸や狐はよく「化ける」と謂《い》われます。

狐狸《こり》は、人間や、器物、果ては建物や汽車などにまで「化け」ます。

常態は中型の動物なのですから、人間であれ機関車であれ、この変形は大変に「大きな外見の変化」ということができるでしょう。

しかし、狸が犬や猫になりすました場合はどうでしょう。お話の中の犬は狸の天敵という役回りです。デフォルメされた狸は犬にも猫にも似ていません。でも、現物の狸はネコ目イヌ科タヌキ属に分類される動物ですから、大きさも形も、実はわりに近いものです。見間違うこともあるかもしれません。外見の変化はそう大きくないものといえるでしょう。

ところがこの場合も、狸が犬や猫に「化けた」と謂われてしまいます。のみならず、オスの狸がメスの狸に変じたとしても――これは「化ける」と呼ばれてしまうことでしょう。外見の変化はほとんどないに等しいのに、です。

AとBの外見が似ているかかけ離れているかは、まるで問題にならないということがわかります。むしろBにどれだけ「なりすまし」ているかが問題となるのです。

外見が変化しようとしまいと、人間や機関車や犬や猫やメス狸そのものであると（一時的にでも）第三者に思い込ませるということが、「化ける」の基本となるようです。AとBの間に同一性が認められるような場合には、この「なりすまし」という概念は破綻《はたん》してしまいます。

同一性というのは外見の類似ということではありません。

前節でも触れた月光仮面を例にとるとわかりやすいかもしれません。視聴者はその正体が探偵・祝十郎であると（ある程度は）知っていますが、劇中ではわからないことになっています。

しかし。

月光仮面は月光仮面なのであって、それ以外の何者でもありません。月光仮面のコスチュームは何かに「なりすます」ためにされるものではないのです。月光仮面はオリジナル――つまり月光仮面としては本物です。

別に正体がある、というだけのことです。

つまり誰かが月光仮面に「なりすまして」いるわけではなく、月光仮面＝正体Xだ、ということになるでしょう。

正体Xは、条件に当てはまりさえすれば誰でも構わないことになります。当然、その正体Xリストの中に祝十郎は入っています。と、いうよりも（証拠はないまでも）最も正体Xに近い人物として作中でも諒解《りょうかい》されているのです。

正体X＝祝十郎という式は、正解かどうかわからないというだけで、不正解とされるわけではありません（もちろん、そうではないというアリバイ工作的な小細工はその都度行われるわけですが）。

可能性が残っている以上、月光仮面と祝十郎の間に「同一性がまったくない」ということはできません。

一方、オス狸とメス狸は、形態こそ非常に似ているのでしょうが——というより同じ狸なのですが——同一のものではあり得ません。性別が違うのですから、確実に「別物」です。その「別物」が「別物」に「なりすまし」た時に初めて、「化ける」と呼ばれることになるのです。

これは平たくいうなら「騙《だま》す」という意志があるかないか——ということになるでしょう。

しかし「騙す」というニュアンスはありません。

もちろん、月光仮面は世を欺く仮の姿です。

これは正義の人だから——という理由によるものではありません。たとえどんな理由があったとしても、ウソはウソに違いありません。

しかし祝十郎は姓名身分を「隠し」てはいますが、「騙《かた》って」いるわけではないのです。

一方狸の方は、狸であることを「隠し」ているわけではありませんが、人間や機関車や犬や性別を「騙って」いるのです。正体を隠蔽《いんぺい》することは二次的なものでしかないでしょう。できるだけ完璧《かんぺき》に「なりすます」ためには、正体を隠蔽せざるを得ないというだけのことです。

ただし――中には正体を「隠す」ために「化ける」ケースもないわけではありません。しかしその場合は、「隠す」ために他のものに「なりすます」のであって、月光仮面のように「隠すだけ」ではありません。

月光仮面のような場合は、

A＝B

であっても構いません。Bは、Aであることを隠蔽するためのAの「仮の姿」でしかないからです。従ってBはA'に過ぎないことになります。

狸の場合は、

A≠B（を装う）

が最低条件となるでしょう。縦《よし》んば化け方が下手で、バレバレであったとしても、狸は「本物の人間」「本物の機関車」を装っている（つもりではある）はずです。

「化ける」場合、化ける主体に、「化けることで化けて見せる相手を騙す」意志があるかないかという点こそが、重要なファクターとなってくるわけです。

もうひとつ別の例を見てみましょう。

道成寺《どうじょうじ》——いわゆる安珍清姫《あんちんきよひめ》の説話は、『大日本国法華験記《だいにほんこくほっけげんき》』や『今昔物語集《こんじゃくものがたりしゅう》』にも記事が載る、大変に有名な説話です。能や歌舞伎の題材にもなっているので、ご存じの方も多いことと思います。

激しい恋に身を焦がした女性（清姫）が、自分から逃げる意中の人（安珍）の跡を追う途中に法力で金縛りにあい、やがて大蛇の姿に「変身」し、釣り鐘の中に身を隠した恋人を嫉妬《しっと》の炎で焼き殺してしまう——というストーリーです。

時代は延長《えんちょう》六（九二八）年、安珍は奥州《おうしゅう》白河《しらかわ》の僧、清姫は紀伊国《きいのくに》牟婁《むれ》郡《ぐん》真砂《まさご》の庄司《しょうじ》清次《きよつぐ》の娘とされており、舞台は紀伊熊野《くまの》（現在の和歌山《わかやま》県）天音山《てんおんざん》道成寺とされます。

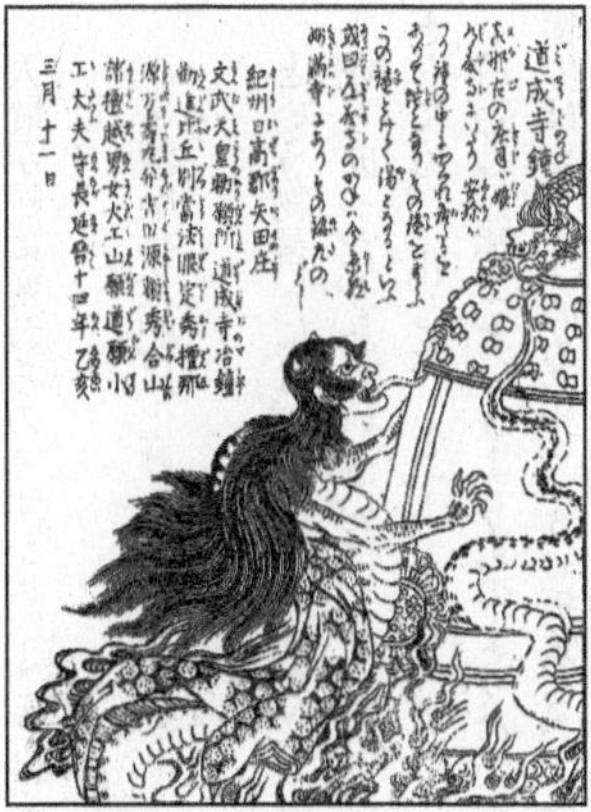

◎道成寺の鐘（鳥山石燕／今昔百鬼拾遺・雲）

年代、固有名詞、場所のすべてが特定されています。史跡も残っていますから、いわゆる「伝説」としても捉《とら》えられる説話です。

しかし、それでも清姫（清姫大蛇）は、現在では〝妖怪〟としてカウントされることが多いようです。

鳥山石燕も取り上げているところから江戸の後期には既に（キャラクターとしての）〝化け物〟のひとつ、という認識があったものと思われます。

人間が蛇に変わるのですから、これは実に大きな変化ということになります。しかし、

——清姫は大蛇に化けた。

という物言いには、やや違和感があります。

蛇と成った、あるいは蛇に変じた、といった方が通りがいいようです。「化」の文字を使うとしても、「化《か》した」とすべきでしょう。

清姫は蛇体（というより竜のような姿）で描かれますが、そもそも「蛇」というのは外見の様ではなく、「心の在りよう」である、と捉えることもできるようです。

能では、人が人でなくなる様を面をつけることで表現するわけですが、その能面の中に「なりかかり」と呼ばれる面があります。

この面は「鉄輪《かなわ》」という曲で使用されるものです。

能楽「鉄輪」は、『平家《へいけ》物語《ものがたり》』の異本として知られる『源平盛衰記《げんぺいじょうすいき》』などの読本に収録されている「剣巻」を下敷きにして作られた曲です。「剣巻」は元祖・丑刻参《うしのときまい》りともいうべき、宇《う》治《じ》の橋姫《はしひめ》伝説を元にした話で、能楽の「鉄輪」もこれをモティーフにしています（橋姫が頭に被《かぶ》っている五徳《ごとく》＝鉄の輪がタイトルの由来です）。

橋姫は嫉妬に狂い、人ならぬモノに変じてしまうのですが、完全なる異形＝鬼などに成ってしまうわけではありません。

◎般若（鳥山石燕／今昔畫圖續百鬼・雨）

◎橋姫（鳥山石燕／今昔畫圖續百鬼・雨）

橋姫は異相・異能ではありますが、厳密にいえば「まだ人間」です（しかし、この橋姫も清姫同様、江戸期には〝化け物〟キャラ的な扱いを受けて、現在も〝妖怪〟としてカウントされることが多いキャラクターではあります）。

能楽「鉄輪」で使われる「なりかかり」という能面は、有名な般若《はんにゃ》の面の角を短くしたような面です。額にある隆起は、角ではなく瘤《こぶ》のようにも見えるのですが、これは角が生えかけている状態を表しています。

この面は一名「生成《なまなり》」とも呼ばれます。その名の通り、「鬼に成りかけた」面なのです。

あくまで「成りかけ」なのです。

さらに人から離れる――人外に近付くと、般若の面が使われます。

この般若の面には「中成《なかなり》」という別名があります。この般若面が現在では一般的な鬼面と言えるでしょう。

しかしさらに角が伸びた、「本成《ほんなり》」と呼ばれる面もあります。

この面は、立派な角が生えているにも拘《かかわ》らず、鬼ではなく「蛇面」と呼ばれます。

この蛇は、爬《は》虫類《ちゅうるい》のヘビではありません。鬼が出るか蛇《じゃ》が出るかという常套句《じょうとうく》がありますが、まさに蛇は、「人ならぬモノ」として鬼と並び称されるモノ、いや、鬼よりもさらに「人から離れたモノ」を指し示す記号でもあるのです。動物の蛇には角などありませんが、人が変じた蛇には多く角が描かれます。清姫の図像はどこか竜めいて見えるものが多いのですが、それはこの角のもたらすイメージでもあるでしょう。


「生成」＝「なりかかり」は、まだ完全に成りきっていない——という意味なのです。

◎黒塚（鳥山石燕／画図百鬼夜行・陽）

当然「中成」「本成」という呼び方も、そのままの意味で受け取るべきものです。

それぞれ、人でないモノに「どの程度成ったのか」という意味です。

人は、鬼や蛇に「成る」ことはあるけれども鬼や蛇に「化ける」ことはないのです。

人が鬼に「化けた」と呼ばれる場合は、鬼の扮《ふん》装《そう》をした＝鬼に変装した時だけでしょう。

黒塚《くろづか》の鬼女も、子供を喰《く》らう青頭《あおず》巾《きん》も、ともに鬼に「化けた」わけではありません。

彼らは好むと好まざるとに拘らず、（その激しい気性や業の深さ故に）鬼に成ってしまったのです。そこに彼らの「意志」はありません。まして「騙してやろう」という心性はまるで見て取れないことでしょう。

清姫も同様です。

清姫は「意志の力で蛇に成った」わけではありません。清姫は強い意志を以《もっ》て蛇に変じたことに違いはありませんが、「蛇に成ろうと」したわけではないのです。清姫の気持ちは、あくまで安珍と添い遂げることにあったのです。安珍に対する強過ぎる思慕の情が、その心を、延《ひ》いては外見をも「蛇」に変えてしまったというだけです。

蛇の姿になって周囲を「騙そう」としたわけではありません。

蛇に「化けた」という言い方がしっくりこないのは——どうやらそのせいだと思われます。

加えて、清姫も橋姫も、黒塚も青頭巾も、自分の意志で元の姿（状態）に戻ることはできません（黒塚に至っては、たぶん姿形は元とほとんど変わっていません）。

ただし、いずれも心の持ちようが平常なものに戻りさえすれば、（必ずしも元通りではないにしても）それなりに変化はあるはずです。教化され成仏したりもします。だが、それもまた自分の自由意志ではありません。自由に成ったり戻ったりはできないのです。

さて、ここで海外の例を見てみることにしましょう。

姿形が「異形」に変わり、また戻る——そうしたモノを私たちは知っています。

例えば——狼男（ウルフマン）です。

狼男は、通俗的な〝妖怪〟概念を敷衍《ふえん》することで、現在では「世界の妖怪」として認識されているものです。『ゲゲゲの鬼太郎』や『怪物くん』などの漫画にも登場しますし、映画やテレビドラマなどでも扱われる〝妖怪〟です。

多くは、普段は普通の人間なのに満月の夜になると毛むくじゃらで牙《きば》が生えた「狼人間」に変身し、人を襲う——という設定になっています（『ゲゲゲの鬼太郎』シリーズでは主に変身はせずに最初から狼人間の姿で登場、『怪物くん』では満月のように円《まる》いものを見ると変身するという設定になっています。後者は姿が変わるだけで人格などは変身前と同様です）。

いかにも〝妖怪〟としてありそうな設定ではあるわけですが——厳密にいうなら、狼男はムービー・モンスターであり、伝統的（であることを前提とした）〝妖怪〟ではありません。毛むくじゃらの姿も、銀の弾丸で撃たれると斃《たお》れるという弱点も、みな映画の設定です。

もちろん、元となる民間伝承はあります。

人狼《じんろう》、人犬——に関する伝承は、世界各地に様々な形で伝わっています。犬頭の異形、神や聖者、犬頭人身の怪物の伝承は、ヨーロッパに限らず、エジプトやアジアにも多く伝わっています。

狼男の元となった人狼《ウァーウルフ》伝説は、人間が「何かのきっかけで狼になってしまう」という、一種の病（または呪い）として捉えるべきものです。

日本の民俗に置き換えるなら、〝妖怪〟というよりむしろ憑《つ》き物《もの》のようなものと捉えた方が近いかもしれません。

ただ、狐憑きや猫憑きが、主に「仕種《しぐさ》」や「表情」などの異常行動で表されるのに対し、こちらは「狼そのもの」に変形してしまう（と伝えられる）ことも多いようです。狼っぽい仕種をするのではなく、狼になってしまうのです。

私たちがよく知る毛むくじゃらの狼男は、当時の特殊撮影の「技術的限界」であのようなデザインになっただけであると思われます（前節にも記しましたが、人間が動物に変装するのは大変に難しいことなのです）。

後にSFXなどの技術が進歩してから製作された映画ではもっと狼らしいデザインが採用されています。最近ではCGなどで完全に狼に変わってしまう演出も可能になりました（ただ完全に狼化してしまう場合は、むしろ〝妖怪〟っぽくなってしまうのですが――）。

手塚治虫《てづかおさむ》の漫画『バンパイヤ』の主人公・立花特平《たちばなとっぺい》も、狼そのものに変身します。『バンパイヤ』は実写とアニメを合成するという（当時としては）斬新《ざんしん》な手法でテレビドラマ化されています（昭和四十三年放映／フジテレビ）。ドラマでもその手法を駆使することで狼そのものへの変形を実現しています。しかしこのドラマを観て、「トッペイが狼に化ける」と表現した人はあまりいなかったのではないでしょうか。ほとんどは「狼になる」「狼に変身する」という表現（理解のされ方）がなされていたはずです（のみならず、『バンパイヤ』は過去において〝妖怪〟漫画として位置づけられることはほとんどなかったように思われます。放映期間もアニメ『ゲゲゲの鬼太郎』第一期の後半部分と被っているにも拘らず、『バンパイヤ』は怪奇ドラマではあっても〝妖怪〟ものとして捉えられてはいなかったようです）。

いずれ――人狼も狼男も、人間が狼に「化ける」ものではありません。自由意思で変身するわけでも「なりすまして」いるわけでもなく、他者を欺く要素は少ないと思われます。

◎寝子（水木しげる／鬼太郎夜話）©水木プロ

この狼男のスタイルを元にして作られたと思われる〝妖怪〟キャラクターがいます。

他ならぬ、「猫娘」です。

鬼太郎のガールフレンドキャラとして、いまやすっかり定着した感のある猫娘ですが、猫娘は鬼太郎サーガに登場する多くの〝妖怪〟たちと違い、水木しげるの完全創作〝妖怪〟です（漫画には設定や容姿の異なる数種類の「猫娘」が登場しますが、それらすべてが水木オリジナルキャラです）。

猫娘の原型であるねこ屋の娘・寝子《ねこ》（『鬼《き》太《た》郎《ろう》夜《や》話《わ》』）は、普段は美少女ですが、どぶ鼠など猫が好む食材に接近すると「猫のような異相」になり理性を失うという「体質」であると説明されます（つまり寝子は人間であって〝妖怪〟ではありません）。

この特異体質についての病理学的説明などは作中ではなされず、原因について言及もされません。

寝子の生家の家業が「天保時代から三味線を作って」きた「ねこ屋」（三味線に張る皮は猫の皮です）であることとの因果関係が暗に示されているだけです。

◎みどり（水木しげる／怪奇猫娘）©水木プロ

さらにその祖型となる貸本『怪奇《かいき》猫娘《ねこむすめ》』の悲劇のヒロインみどりもまた、同じように鯛《たい》などの魚を見ると「猫の顔」になる「奇病」にかかっています。

この奇病については、作中「祟《たた》りである」と明言されています。猫とりを職業とするみどりの父親は生活のため「烏猫《からすねこ》」という巨大な黒猫を殺害しており、すべての不幸はその「死んだ烏猫の祟り」へと回収されてしまうのです。みどりは何一つ悪いことをしていないにも拘らず、見世物にされ、無実の罪を着せられ、揚げ句の果てに烏に喰い殺されてしまうのですが、それらもみな「祟り」とされます。

さらに遡《さかのぼ》れば、水木には紙芝居作品『にゃんにゃん娘』があります。紙芝居は現存していないため詳細は不明ですが、（『怪奇猫娘』同様）「親の因果が子に報い」というスタイルの因果ものであったと考えられています。

因果ものとしてのこうした筋立て自体は、珍しいものではありません。紙芝居などの創作以外でも、たとえば見世物小屋などにも熊娘や蛇女が登場します。

しかし見世物小屋の（芸人としての）因果娘たちは、変身することはありません。熊娘は毛深く力が強く、蛇女は蛇を巻き付けたり食べたりする――あるいは体が蛇になっている（もちろん作り物です）というだけです。

ある条件によって変身するという設定は、やはり映画の狼男からのインスパイヤによるものと考えて良いのではないでしょうか。

狼男映画の第一作とされるユニバーサル映画の『倫敦《ロンドン》の人狼（Werewolf of London）』が製作されたのが一九三五年（それ以前、一九一三年に『The Werewolf』という作品が作られているようですが、現存していません）。最も有名なロン・チェイニー・ジュニア主演の『狼男（The Wolf Man）』が一九四一年製作です。

もっとも、意外なことにこの『狼男』は日本では劇場未公開のまま終わっています（折しも太平洋戦争が始まったためだったようです。後に『狼男の殺人』のタイトルでテレビ放映されました）。

ただ、狼男はフランケンシュタインの怪物や吸血鬼ドラキュラとセットで幾度も映画化されていますし、まったく知られていなかったとも思えません。水木が紙芝居を描いていたのは一九五〇年から一九五六年くらいまでの間ですから、水木が狼男を知らなかったとは考えにくいと思われます（貸本時代の『鬼太郎』にはロンドンから来た人狼も登場します）。

猫娘は、己の意志と無関係に変身してしまう人間です。〝妖怪〟ではありません。この設定は少年サンデー版『ゲゲゲの鬼太郎』に登場する猫娘・猫子《ねこ》にも引き継がれています。作中で「妖怪の一種として」と自己紹介をしていることから、猫子もまた純粋な〝妖怪〟ではなく奇病に冒された人間（あるいはねずみ男のような半妖怪）と考えた方が良いようです。彼女たちはいずれも、猫に「化ける」のではありません。自ら望んで猫（に似た顔）に成るわけではないのです。

現在、アニメや映画などで活躍している一番有名な猫娘（のオリジナル）は、少年マガジン版「墓場の鬼太郎」にゲスト出演し、後にレギュラー化する猫娘（名前はありません）です。

◎猫子（水木しげる／釜なり）©水木プロ

この猫娘は、その他の猫娘とは違い、祟り／奇病／特異体質によって変身する人間ではありません。彼女たちと同じような習性を持った〝妖怪〟（あるいは〝妖怪〟に近い存在）として描かれているようです。しかし彼女は〝妖怪〟であっても「化け」はしません。やはり顔が変わるだけです。猫娘はたくさん生み出されましたが、いずれも化けはしないのです。

逆はあります。

いわゆる化け猫です。

化け猫は、〝化け物〟キャラクターとしては黄表紙などで活躍した「化け猫遊女」ということになるのでしょうが、物語としては、何といっても「鍋島《なべしま》の化け猫騒動」が有名でしょう。

これは元を辿《たど》れば肥前国《ひぜんのくに》佐賀《さが》藩《はん》に伝わる稗史《はいし》・伝説の類《たぐ》いだったものと思われますが、やがて舞台化され（『花《はなの》嵯峨《さが》猫魔《ねこま》稗史《ぞうし》』）、講談になり（『佐賀《さが》の夜《よ》櫻《ざくら》』）、実録本となり（『佐賀《さが》怪《かい》猫傳《びょうでん》』）、果ては映画化までされたという、人気コンテンツです。

最初の化け猫映画は一九三七年の『佐賀怪猫伝』（新興《しんこう》キネマ）だと謂われます。この『佐賀怪猫伝』を皮切りにして、新興キネマは立て続けに五本の化け猫映画を製作します。また何匹目かの泥《ど》鰌《じょう》を狙った他社も参入し、そのいずれもがヒットしました。戦前のある時期、化け猫映画はブームだったのです。

その化け猫映画ブームを牽引《けんいん》した新興キネマは、戦後になって複数の映画会社（日活《にっかつ》、大都《だいと》映画《えいが》）と合併し、大映と社名を変更します（現在はKADOKAWA／角川映画）。やがて大映は一九五三年に『怪猫《かいびょう》 佐賀《さが》屋敷《やしき》』を製作し、これが再び大当たりとなります。このヒットを受けて化け猫映画は続々と製作されることとなり、一世を風靡《ふうび》しました。

化け猫映画はブームではなく、ある時期においてはジャンルだったのです（怪談映画研究家の山田《やまだ》誠二《せいじ》によれば、化け猫映画は七十作を超えるそうです）。

『怪猫佐賀屋敷』から始まる戦後の化け猫映画の流行時期は、まさに紙芝居の最盛期とぴたりと重なります。「化け猫映画」のヒットとまったく無関係に『にゃんにゃん娘』が描かれたと考えることには無理があるでしょう。

紙芝居の場合、『キングコング』であれ『ゴジラ』であれ、ヒットした映画は確実にネタとして（時にそのまま）使用されました。水木しげる本人も「キングコングを描いたことがある」と述べていますし、後に幾度もリメイクされ、最終的に『ゲゲゲの鬼太郎・大海獣』に昇華した作品は『人間ゴジラ』という題だったようです。

　さて――それほどたくさん作られた化け猫映画ですが、筋書き自体はいずれも大同小異、どれも大差はありません。主人の怨《うら》みを晴らすために、飼い猫が人の形をとって怨敵《おんてき》の許《もと》に潜入し、悪漢を懲らすという筋立てがほとんどです。

　映画の中では美しい腰元が夜な夜な化け猫の姿に変じ、猫の仕種を真似て様々な怪事を引き起こします。

　腰元が化け猫に変わる様はたしかに猫娘の変身にとてもよく似ています。

　しかし――これはあくまで、猫が人間に「化けて」いるという設定のお話なのです。

　猫は、怨敵の目を欺くため＝明らかに騙す目的で人間に「化けて」いるわけです。

　一見猫娘と同じような美女↓猫顔の変身ではありますが、二者は大きく異なっています。

　化け猫は確実に人に「化けて」いるわけですが、猫娘の方は狼男同様、やはり変身とすべきでしょう。

　さて――。

　猫娘にしろ狼男にしろ、そして清姫にしろ、「自分の意志では変われない」というところがどうもネックになっているようにも思われます。

では、自分の意志で「変われて」しまう場合はどうなのでしょう。その場合は「化ける」といえるのでしょうか。

『宝島』などの著作で知られるイギリスの文筆家、ロバート・ルイス・スティーヴンスンの小説に『ジーキル博士とハイド氏（The Strange Case of Dr. Jekyll and Mr. Hyde）』があります。〝ジキルとハイド〟といえば一時期、二重人格（この呼称は俗称でしかなく、疾病の正式な名称ではありません。解離性同一性障碍《しょうがい》などが当てられることが多いようですが、俗称である二重人格や多重人格が、必ずしも解離性同一性障碍の症状とイコールであるということはないようです）の代名詞として、広く知られていました。何度も映画化されているので、ご存じの方も多いでしょう。

この『ジーキル博士とハイド氏』という小説は、簡単に言えば「薬物で人格を変える」というお話です。

ただ、映画化される場合は（わかりやすくするためか）人格の変化に伴って外見も変化するという設定になっていることが多く、まるで怪物のような恐ろしい容貌《ようぼう》になってしまうものも少なくありません。そのせいか、怪奇映画というよりは怪物映画としてプレゼンテーションされ、それはそのまま受け入れられました。一種の心理劇である原作の持つ善と悪との葛藤《かっとう》というテーマ性や、薬物というSF的なガジェットを押し退けて、ハイド氏はフランケンシュタインの怪物や狼男の仲間として受け入れられたのです（妖怪図鑑的なものに載ることさえもありました）。

この場合、ジーキル博士は自らの意志で薬物を使用してハイド氏に変身していますし、薬効が切れれば元に戻ります。狼男のように抗《あらが》えない変身を強いられるわけでもなければ、清姫のように元に戻れないということもありません。

しかし、ジーキルがハイドに「化けて」いると表現することには、やはり抵抗があります。

たしかにジーキル博士はハイド氏として犯罪を繰り返します。世を欺いていると言って言えないこともないでしょう。でも、「化けて」いるという表現はしっくりこないようです。

それはなぜなのでしょう。

映画におけるジーキル博士とハイド氏の外見は、同一人物とはとても思えない程にかけ離れています。また、知的で温厚な紳士であるジーキル博士と、残忍で凶暴なハイド氏は、人格的にも乖離《かいり》しています。

しかし、ハイド氏の人格はジーキル博士の人格の「悪の部分＝ある一面」に過ぎません。まるで違っているようでいて、両者の人格には実は強い連続性が認められるのです。これをして同一性と捉えることもできなくはありません。

外見の変化は人格の中の「ある一面」の激しい発露を表しているに過ぎません。ジーキル博士の所期の目的は人格の一部を抽出することだったわけで、その結果抽出した人格に支配されることに「依存」するようになってしまったというだけです。

依存症的状態になっているのですから、目的は変身することそれ自体です。変身することで結果的に世間を欺くことにはなりますが、「騙す」ことが目的でないことは明白です。

ジーキル博士が悪の魅力に目覚め、別人であるハイド氏に扮装して悪事を重ねていた——というのであれば、これは「化けた」と呼んでも差し支えないかもしれません。しかしジーキルとハイドの場合、外見の変化は副次的なものでしかありません。つまり、狼男同様、見た目の変化は（自ら望んで起こしたのだとしても）抗えないものとなってしまう、ということです。

さて。

こうしてみると、どうも「化ける」ことと「騙す」ことは密接な関わりを持っているように思えてきます。

しかし、早合点はいけません。「騙す」こととは離れた「化ける」の例を探してみることにしましょう。

話を化け猫に戻すことにします。

化け猫は、よく猫又《ねこまた》と混同されます。

猫又は、齢《とし》経《ふ》りし猫のことです。多く尾が二つに分かれると謂われます（古くは猫又という猫とは別種の動物と考えられていた時代もあったようです）。

この猫又は、猫の〝化け物〟であることに違いはありませんが、飼い主の怨みを晴らすために人間に「化け」た猫——化け猫とは違うものです。そもそも物語の中の化け猫は必ずしも齢をとった猫とは限りません。時に子猫であるケースさえあるようです。

化け猫、猫又、そして猫娘は、いずれも似たような〝妖怪〟ではあるのでしょうが、とりあえずは違うものなのです。

猫娘は化け猫同様に人↓猫という変身こそするのですが、前述の通り決して「化けて」はいません。

では猫又はどうでしょう。

猫又は、人を「化かし」はします。しかし「化け」るかといえば、微妙です。と――いうよりも、齢をとった猫が化けて猫又になるというのが正解でしょう。猫又と化け猫が混同されてしまう理由はそこにあります。

主《あるじ》の敵《かたき》を討つ化け猫の中にも齢を重ねた古猫がいるかもしれません。

そして猫又もまた、猫が化けたものであることに違いはないのです。

◎猫又（鳥山石燕／画図百鬼夜行・陰）

とりあえずは――という前置きをしたのはそのせいで、「猫又も化け猫の一種」という説明は、間違っているわけではない――ということになるからです。

加えて、〝化け物〟キャラクターとしての化け猫遊女や、魔物としての山猫（沖縄《おきなわ》・対馬《つしま》を除き日本に山猫は棲息《せいそく》していません）など、妖猫はそれぞれに違った出自や属性を持っているわけですが、これらはみな「化け猫」と呼んでも差し支えのないものではあるでしょう。

ちなみに、「狸」という字は、本来は山猫を示す文字でした。日本に伝来した段階でタヌキに振り当てられ、同時にその霊性も多くタヌキに譲られてしまったようです。

なぜタヌキに当てられたかといえば、それは日本に山猫が棲息していなかったからに他なりません。しかし山中に棲《す》む魔物としての山猫は説話や伝承にはよく登場します。この伝承の中の山猫はいわゆる家猫とは別種の動物として語られることが多いようです。

猫又も、古くはこの山猫的な動物のことを指していたと考えられます。猫の魔性は、この山猫に由来する部分も多いのです。時代が下るにつれ猫又は「化ける程に」齢をとった家猫の別称となって行きます（老猫は猫岳《ねこだけ》という山に登り修業して霊性を得るのだとも謂われます）。

これは、ただの家猫が魔物である猫又に「化けた」――と考えるべきなのでしょう。

そうなのです。

猫に限らず齢を重ねた動物は「化ける」と謂われます。動物だけでなく器物も同様です。歳経りし道具は「化ける」と謂われるのです。いわゆる付喪《つくも》神《がみ》です。

これらは一口に「化ける」と謂われてしまうわけですが、動物と器物とではその「化け」方がかなり異なっているようです。ともに怪しを為《な》すことに違いはないのでしょうが、姿形（つまり図像として描かれる場合）は、かなり違います。

器物の場合、部分が顔（のようなもの）に見立てられたり、手足などのパーツが付け加えられたりします。要は人や獣を模したような「変化」が描かれるわけです。もちろん、もともと器物は生物ではないのですから、こうした「改変」は仕方のないことです。

そう描かないと「化けて」いるように見えないからでしょう。

ただ、この形態の変化をして「化ける」と呼んでいるわけではない、ということだけは記憶に留《とど》めておいてください（付喪神については後述します）。

一方、動物の場合は形態の変化はあまりありません。猫は猫、狸は狸の形を（概《おおむ》ね）留めているようです。形が変わらないのに「化ける」と謂われるのはどうしてなのでしょう。

齢をとった動物は人間を「騙す」ようになるというのでしょうか。それにしても形態がまったく変化していないのに「化ける」と呼び習わすのは、よく考えてみると納得が行きません。

ヒントはいくつかあります。

辞書（『日本国語大辞典・第二版』）の「化ける」の項に次のような記述があったことを覚えていらっしゃるでしょうか（三二ページ参照）。

━②その道で年功を積む。

「その道」という書き方は、辞書の説明にしてはやや文学的な表現に過ぎるようにも思えるのですが、要するに専門的な仕事（職業とは限りません）ということなのでしょう。そのジャンルに長期間携わり、経験値を上げ（スキルアップをし）、その結果それなりの成果を出すことができるようになる――というような意味と思われます。要は熟達した職人技などを身に付けることを、「化ける」と呼ぶ、ということのようです。

隠語や特殊な分野で用いられるものとは書かれていませんから、一般的な用法ではあるのでしょうが、あまり馴染《なじ》みのない使い方ではあるかもしれません。ただ、辞書の説明とは多少離れますが、「予想を上回る成果を物した」人物に対して、「あいつは化けた」などと言うことはたしかにあります。また、そうなるかもしれない人物に向けて「あいつは化けるかもしれないね」などと言うこともあります。

この場合の「化ける」は、もちろん悪口ではありません。同じく、外見の変化にも無関係です。そして「騙す」ような要素も（表面上は）見受けられません。

このあたりにヒントがあるような気もします。

また、同じく『日本国語大辞典・第二版』の「化物」の項には、次のような記述がありました（二七ページ参照）。いわゆる〝化け物〟とは直接関係のない記述であるために考察を後回しにした、④と⑤です。

④人形浄瑠璃社会で、専門家としての楷梯を通らず、素人として年季を入れた人が玄人に転じた者をいう。必ずしも軽蔑した称呼ではない。⑤本筋の修行もしていない芸人で、何かのはずみに一躍人気を得た者。

この二つの用例は対象を貶《けな》していません。④のほうは「必ずしも軽蔑した称呼ではない」とわざわざ断っています（ただ⑤のほうは必ずしも褒め言葉とはいえないようですが——）。

これまで再三「マイナスの評価」でしかないと述べてきた〝化け物〟という言葉にも、どうやらプラスの使い方があるようです。

これは果たしてどういうことなのか、「化かす／化かされる」という言葉を吟味することで考えてみたいと思います。

化かすということ

前節の末尾で触れたように、

「あの人は化けたね――」

と、いう言い方をします。

元は業界用語（主に芸能などに関係する職種が使用した隠語と予測されます）だったのかもしれませんが、現在ではそれ以外の場所でも耳にすることがあります。俗語の類《たぐ》いですから厳密な定義は難しいのでしょうが、概《おおむ》ね意味は通じます。

これまで、「化けるということ」は「騙《だま》すということ」と密接な関わりを持っている可能性があるということを明らかにしてきました。

しかし、この場合の「化けた」には、騙したというニュアンスはありません。

対象となる人物が周囲を欺いたという意味ではないのです。

この「化けた」は、例えば垢抜《あかぬ》けない大根役者がいつのまにか魅力的なスター俳優になってしまっていたとか、ストリートミュージシャンが世界的な大ヒットを飛ばしたとか、そういう意味で使われます。

どちらかというと、褒め言葉となるでしょう。

ただ——素直に褒めている訳でもありません。成功した「後」については文句なしで褒めていますが、成功する「前」については、決して褒めてはいません。貶《けな》しているという訳ではないのでしょうが、認めてはいない、認められなかった——という感じでしょう。評する者（あるいは世間）が対象を過小評価していたというような意味あいもあると思われます。

つまり、この「あの人は化けたね」は、平たく言うならば「大したことない」という概ねの評価を良い意味で裏切る「大物だった」というような意味で使われるのです。

ここで、再び〝化け物〟に関する次の記述を思い出してください。

---

④人形浄瑠璃社会で、専門家としての楷梯を通らず、素人として年季を入れた人が玄人に転じた者をいう。必ずしも軽蔑した称呼ではない。⑤本筋の修行もしていない芸人で、何かのはずみに一躍人気を得た者。

先に示した「あの人は化けたね」というフレーズは、現在は様々な局面に敷衍《ふえん》されて遣われています。ただ、本来は芸能に関わる言葉（隠語）だったと思われます。

現在も、アーティストやタレントなどに使用される頻度が高いようです。

これは、④にある、人形浄瑠璃などの伝統芸能社会において正式な修業をせずに玄人はだしの腕前になったり人気を得たりする素人や、⑤にある、「修行」もしていないのに何かのはずみで一躍人気者になった芸人を、

「あいつは化け物だ――」

と言っていたことに由来すると考えて良いものと思われます。「化け物だ」、という言い方が、徐々に「化けた」に転じたのかもしれません（その逆とも考えられるのですが――）。

第二節において筆者は、比喩《ひゆ》としての〝化け物〟は一部の例外を除いて罵《ば》倒《とう》語であると述べました。

繰り返しますが、外見など形而《けいじ》下《か》に関する比喩として使用される場合、〝化け物〟はほぼ百パーセント良くない意味になるようです。ただ、内面、または行為や功績など形而上の比喩に関して使われる場合は、必ずしも悪い意味ではないケースがあるということも指摘しておきました。

その、数少ないケースが、この④と⑤、そしてそれに類する使われ方です。

〝化け物〟が（外見に対する）悪い意味に使われることが多くなった背景には、〝化け物〟という言葉が、本来の「形が変わるもの」という意味から「形が変わった後」の容姿を指し示すようになったことが関係していると思われます。

　これまで、本稿では〝化け物〟という言葉がどのようなものを指し示すのかを考えてきました。その結果をおおまかにまとめると、次の三つになります。

❶人以外のモノが人などに姿を変えたモノ
❷人ではないというコードで示されるキャラ
❸普通でない奇妙な容姿に変形したモノ

　この❶❷❸は、概ね時系列順に並べることができるものと思われます。❶から❸へという変遷があった、ということです。

　❶は、「人以外」のモノが「人など」に変化するわけですから、正体も、変形後の容姿も何でも良いということになるでしょう。

　つまり「姿を変えた」という部分こそが肝になると言えます。

　しかし❷以降はそうではありません。変わった後の姿こそが問題となるのです。

❷の、大入道やろくろ首などコードで表される〝化け物〟たちは、既に「変形する」必要はありません。コードが満たされていれば〝化け物〟と認識されてしまいます。

加えて、❷は、〝化け物〟から派生したにも拘らず、〝化け物〟とは微妙に異なる事象をカテゴライズすることになる〝お化け〟という言葉の属性を大きく規定することになりました。本来幼児語であった〝お化け〟は、

❹人以外のモノ（幽霊を含む）

という、シンプルな形に収束して行きます。

その結果、〝化け物〟という言葉が獲得した最後の属性が、

❸普通でない奇妙な容姿に変形したモノ

ということになるでしょう。

これは前節までに説明した通りです。この❸こそが〝化け物〟を罵倒語としてしまう一因となったことはいうまでもありません。〝化け物〟が多く罵倒語として機能するようになってしまった以上、一応は褒め言葉である〝化け物〟の方は、やはり使いにくくなってしまうことでしょう。従って、

「あいつは化け物だ――」

という褒め言葉が、

「あの人は化けたね――」

と、言い換えられるようになった――という予測も成り立ちます。〝化け物〟ではなく「化ける」には罵倒するという要素はありません。少なくとも、蔑《さげす》んだり厭《いと》うたりするために使われる言葉ではないでしょう。

しかし、これも前節までに述べてきたことですが、「化ける」は単に「変わる」という意味ではありません。「化ける」と言った場合、変化の度合いは関係ないのです。

「化ける」の場合、変化の度合いとは無関係に、「騙す」「欺く」というニュアンスが濃厚に含まれる変化を指す――ということは、前節でも指摘した通りです。「化けた」対象が、それ以外の者を「騙そう」「欺こう」という意志を持って形を変えた場合に、主に「化ける」が適用され、そうでない場合はそれ以外の言葉――「変わる」「成る」などが使われるようです。

それではこの、褒め言葉として使われるケースの「化ける」の場合はどうなのでしょう。

「化ける」が内包している、「騙す」「欺く」というファクターは、決して良い印象を与えるものではないと言えるでしょう。〝化け物〟のように罵倒語として機能するとは考えにくいレヴェルではありますが、マイナスイメージを持っていることは間違いありません。

それでは褒め言葉として使用される場合、そうした特性は排除されているか、あるいは無視されているのでしょうか。

その場合も「騙す」「欺く」という要素はあると——考えられないこともありません。

対象が「化けた」と評している主体は、自ら対象を過小評価していたと認めていることになります。つまり、その対象の技量や才能を「見誤っていた」ということです。

猫だと思っていたら虎だった——とか、金魚だと思っていたら鯛だった——とか、そういうことです。

虎も、鯛も、それを猫や金魚だと見誤った者を「騙そう」「欺こう」と考えている訳ではありません。観察する方が勝手に思い込み、勝手に誤った判断をしたというだけのことです。

正確には、「騙された（感じがする）」「欺かれた（気がする）」というべきでしょう。

思い込むのは観察者の勝手であり、対象の責任ではありません。しかし思い込みが裏切られた場合、観察者は「騙された」と感じてしまうものです。

しかし、そう解釈すると、ひとつ気になる点が出てきます。

この場合、対象者は実力を隠し、人目を欺いていた——ということになる（観察者にはそう感じられる）のでしょう。

それは本来は大物である対象が、大物である正体を現すまで、小物に「化けていた」ということになります。本当は虎のくせに、猫を装っていたという判断です。

そうなると、

「あいつは化けてたんだな――」

ということになってしまいます。「化けた」ではなく、「化けていた」でないと、納得が行きません。

でも、こうしたケースにおいて、「化ける」がそのような形で使用されることはありません。縦《よし》んば世間を欺いていたのだとしても、実際のスケールより小さく欺いていた場合は、どうやら「化ける」は適用されにくいようです。

逆はどうでしょう。

大物として鳴り物入りで登場してきたにも拘らず、実際は大した成果も挙げられず、実力もなかったような場合です。

これも「化けた」とは謂われません。同じように観察者は見誤っており、後にその思い込みは裏切られるわけですが、それでも「化けていた」という謂い方はしません。

こうした場合は、

「あいつも化けの皮が剝《は》がれたな――」

というような謂い方をします。

つまりこちらのケースこそが「化けていた」ということになるのでしょう。

良くも悪くも、スケールの小さいものが大きいものに変化する（あるいは小さいものが大きいものを装う）とき、「化ける」は適用されているということです。

実際の姿よりも己を大きく見せかけている場合――これは間違いなく「騙す」「欺く」という意味での「化ける」が適用されます。

しかし、同じように「騙し」「欺いて」いたとしても、実際の姿より小さく見せかけている場合に「化ける」は適用されないようなのです。

そして、決して「騙し」たり「欺い」たりしていなかったとしても、予想を遥《はる》かに上回る大きさになってしまった時には――どうも「化ける」は適用されてしまうようです。

「あの人は化けたね――」

という文言は、「対象を見誤っていた、騙されたような気になった」という意味で謂《い》われるものではなく、「対象が観察者の常識で理解できる範疇《はんちゅう》を超えて巨大になってしまった」という意味で謂われるものである――と考えるべきなのでしょう（もちろん、ここでいう「大きさ」とは、功績や技量、度量といった、実際には目に見えないものの大きさのことです）。

さて、ここで思い出してください。

〝化け物〟〝お化け〟という言葉には「とても大きい」という意味があったことを――です。

とりわけ〝お化け〟は、一部の名詞の前に冠されることによって「巨大」という意味を付加する機能を持った言葉でもありました（名詞の後ろに付いた場合は「巨大」という意味にはならず、〝妖怪〟と同じような意味合いになるわけですが）。

お化けカボチャ、お化けキュウリ、お化けマグロ、お化けイカ――のお化けです。

この「お化け○○」という謂い方は（決して厳密ではないものの）食材となる動植物に関して用いられることが多いようだということも、先に述べました。

これも多少曖昧《あいまい》なところはあるのですが、食材とならない動植物の場合は、たとえ冠として付けられたとしても〝幽霊〟という意味（お化けイヌ、お化けウマなど）になり、無生物の場合は後ろに付けた場合と同じく〝妖怪〟的な意味か、もしくはただ「怪しい」というような意味になることが多いようです（お化け机、お化け傘など）。

もちろん例外はあります。

柳を食べることはまずありませんが、大きな柳を「お化け柳」と呼ぶことはあります。

また、無機物であっても大きな蠟燭《ろうそく》をお化け蠟燭と呼ぶ場合もないことはないでしょう。

これは、どういうことなのでしょう。

組み合わせは無限に近くなりますから例外も多々あるでしょうし、軽々しく断定することはできないのですが、推測することはできます。

大きい方が好ましいものが度を越して大きくなってしまった場合に、お化けは「大きいことを表す言葉」として適用されるという推測です。

食材は、大きい方が良いのでしょう。野菜も魚も獣も、収穫される食材は大きい方が喜ばれます。もっとも、大き過ぎると味が落ちたり硬くなったりもする訳ですが——それでも、大きい方が喜ばれるものです。大きな食材は好ましいものだと言ってしまっても差し支えはないでしょう。そうしたものについては〝お化け〟を冠することで「巨大さ」を表すことができるようです。

ただ、食材ではなく料理の場合は、少々話が違ってきます。

例えば、「お化け刺し身」はあまり大きいという感じがしません。「お化け鍋」も、大きいというよりも、何が入っているのかわからない「怪しい」鍋物という印象になります。

ところが——「お化けおにぎり」や「お化けパン」は大きいおにぎり、大きいパンという感じがします。

それはなぜなのでしょう。

この問いに関しては、わりと明確に解答を出すことができます。

「大きくなるものかどうか」という基準です。

動植物は、育ちます。成長するだけでなく太ることもあります。ある程度までは大きく「変化」するものです。

おにぎりも、大きく作ることができます。パンも然《しか》りです。一方、お刺し身は元の魚より大きくなることはありません。切り方を大きくすれば一片一片は大きめになるでしょうが、元の魚の体積より増えてしまうことは絶対にありません。

つまり。

大きくなって当たり前のもので、大きい方が好ましいものが、通常の大きさよりも遥かに大きくなってしまったような場合、〝お化け〟を頭に付けることでその異常な大きさを表すことができる――ということになるでしょう（前述の通りモグラのような例外はあります）。

器物の場合も、もちろん大きく作ることは可能なのですが、大きいからといって好ましいとは限りません。大き過ぎる机は役に立ちませんし大き過ぎる傘も使えません。

蠟燭のようなものの場合は、大きい方が長持ちしますし、明るさも増しますから、やや事情が違う、と考えれば辻褄《つじつま》は合います。蠟燭は大きく作れますし、大きい方が好ましいのです。

そして。

技量や功績、名声といったものも同様です。

それは、修業したり努力したりすることで高まったり積まれたり広がったりする（つまり大きくなって当たり前の）ものですし、高まったり積まれたり広がったりした方が良い（大きい方が好ましい）ものでもあるでしょう。したがって、

あの人は化けたね――。

の「化けた」は、「お化けキュウリ」の「お化け」と同じような使われ方だ――ということです。

さて――。

それではどうして「大きくなって当たり前で、大きい方が好ましいものが、通常の大きさよりも遥かに大きくなってしまった」ものが、〝お化け〟なのでしょう。

昔話のやまんばなどは小さな豆に「化け」て喰われてしまったりもする訳ですが、「異常に小さい」キュウリを「お化けキュウリ」とは謂いませんし、前述の通り「実は大したことがなかった」人物を評する時に「化けた」という言葉は使わないのです。

「化ける」に関しては「フォルムの変化」と「サイズの変化」を分けて考えるべきなのでしょう。

やまんばが豆に「化け」たり、狐や狸が櫛《くし》に「化け」たりするのは、「フォルムの変化」です。この場合はサイズが変わってしまうことはあまり問題にならないと考えられます。

むしろ、先に述べたように「騙す」「欺く」という要素が濃厚になるでしょう。

一方で、「お化けキュウリ」はサイズが違うだけです。キュウリはキュウリであり、形は変わっていません。大きいだけです。

動植物が一定の大きさに育つためには一定の時間がかかります。人間が成人するまで十数年の歳月を要するように、キュウリもウサギもそれなりの大きさになるためには、それなりの時間がかかるのです。

異常に大きな動植物には、それだけの大きさに育つための時間がかかっていると考えることは自然なことでしょう。

巨大な魚は「主《ぬし》」などと呼ばれます。その魚が棲んでいた池なり沼なりに、それだけ長い間棲んでいた＝そのサイズに育つまでそこで成長した、という意味です。

そう。
大きいということは、劫を経ていることと同義なのです。
劫《こう》を経た動植物は「化ける」と謂われます。
器物も百年を経れば霊威を生す、と謂います。

生物のサイズは、おのずと時間を内包しているのです。突然巨大になったり、みるみる育ったりする場合は、単にサイズが大きくなるという以前に、時間の流れが速くなっていると捉えることが可能になるでしょう。

どうやら、「化ける」ということは、「形態の変化」のみを指し示すわけではないようです。

「時間の経過に伴う変化」もまた、「化ける」と称されるのです。

それでは、「時間の経過に伴う変化」とは具体的に何を指し示すのでしょうか。

まずは、最前から取り上げている「サイズの差異」が挙げられるでしょう。時間が経っているからといって必ずしも「大きくなる」訳ではありませんが、「大きい」ものは少なくともそれなりの時間を生きているはずです。

この項の中で、子供が大人になることを「化ける」とは呼ばないと述べました。実際に、順当な成長を「化ける」とは謂いません。しかし順当でない成長——いつまでも成長し続けるだとか、異様に速い成長など——は「化ける」と呼ばれるのです。

異常な「大きさ」の動植物に対して、その「大きさ」を説明しようとするならば、たしかにそのいずれかを採用するよりないでしょう。

考えられないほど大きい生き物は、それだけ長く生きている——実際の時間経過とは異なった時間の流れの中で生きている——ということになるのです。それはつまり、死なない（かもしれない）、ということにも繋《つな》がります。

もうひとつ「時間の経過に伴う変化」を挙げるとするなら、それは「劣化」ということになるでしょうか。

新陳代謝を繰り返す生物以外のあらゆるものは、時間経過とともに劣化していきます。

生物と違って、無生物は成長しないのです。

器物は汚れたり壊れたり磨《す》り減ったり、ただ劣化して行くだけです。劣化した揚げ句に、大抵は消滅してしまう運命なのです。

しかし、消滅しなかった場合——朽ちて古びてもなお往時の形を留《とど》め、機能しているものの場合は、やはり異常と見做《みな》されます。

また、人間の場合も器物同様「劣化」がポイントとなるようです。

人間の場合は、どこまでも大きく育つと考えられることはありません。巨人を「劫を経た人間」だと捉えることはまずないでしょう。

ヒトは、成人した後は育たず、育ち切れば衰えていくだけです。

もっとも、実際には動物もヒトと同様どこまでも育つ訳ではありません。

ただ、一部の生物（魚や亀など）は齢《よわい》を重ねることでかなり大きくなりますし、植物の場合は実際にある程度はどこまでも成長し続けます。

ヒトはヒト以外のモノと、やはり区別されるようです。

古くなったヒトは、言葉は悪いのですが、やはり「劣化」します。肌には皺《しわ》が刻まれ、腰は曲がり、髪は抜け、白髪になり、身長も縮んでしまうことでしょう。でも、それをして「化ける」とは呼びません。それは普通に「老いる」と謂います。お年寄りを「化けたヒト」と呼ぶことはありません。

ただし――通常の「老い」よりも遥かに「老いて」しまうような場合、話は別です。一般的な寿命を大きく超してなお健在であるような場合――齢何百歳というような極端な場合は、やはり極端に「大きなもの」と同じように扱われてしまうことでしょう。

しかし、その場合も〝お化け〟と呼ばれることはないようです。ヒトの場合、〝お化け〟と呼ぶ場合は普《あまね》く〝幽霊〟を指し示すことになってしまうからです（ただ、〝化け物〟と呼ばれるケースはあるようです）。しかし呼ばれないからといって、「化ける」と無関係ということはありません。古くなった器物の〝化け物〟を「付喪神」と呼ぶことがありますが、これは老婆の白髪＝九十九《つくも》髪が転じたものだという説もあります。またヒトはモノと違い、劫を経て「劣化」するだけではありません。肉体は成長を止めますが、精神は育ち続けるのです。

「時間の経過に伴う変化」の、最後のひとつがこの「精神のサイズの差異」ということになるでしょう。

人間は（動物も、なのかもしれませんが）学習します。経験値を積むことで人間は様々な知識を得、技術を習得します。

長く生きると賢くなるのです。

また、それは何か（技術など）を覚えるということでもあります。

知識や技術の増大は、やはり「時間の経過に伴う変化」と捉えることができるでしょう。

短い時間で何かを習得すること、きちんとした階梯《かいてい》を踏まずに上達することは、即ち、短い時間で巨大になること、通常あり得ないサイズになることと同義なのです。

それもまた、「化ける」と呼ばれるわけです。

※

ここで、少し整理してみましょう。

狸が人の姿に変わること——フォルムの変形は、完全に自然の摂理に反したできごとでしょう。生物がまったく違う形に「変形」することなど、自然界ではあり得ないことだからです。

これは「化ける」と呼ばれます。

これは、実際にはあり得ないできごとではあるのですから、そこには何らかの欺瞞《ぎまん》——「騙す」「欺く」という意志が潜んでいるはずです。騙されるのはヒトです。

これを、便宜的にタイプAとしましょう。

一方、成長すること——サイズの変化は自然の摂理に反したことではありません。

生物というのは文字通り「生きるもの」なのですから、生きること自体は不自然でも反自然でもありません。しかし、突出して長く生きることは、自然のあり方とはいえません。長く生きると、「極端に大きくなったり」「賢くなってできないことができるようになったり」します。

これも、「化ける」と呼ばれます。

この場合、欺瞞はありません。ただ行き過ぎているだけです。賢くなったヒト以外のモノにヒトが騙されることはあるかもしれませんが、賢くなること自体は欺瞞ではありません。

これをタイプBとしましょう。

タイプBは、大きかったり賢かったり巧みだったりする訳ですから、時に「褒め言葉」ともなります。

大きいことや賢いこと、巧《うま》いことは、好ましい事柄でもあるからです（猫が賢くなって悪さをするのは、ヒトにとって好ましいこととはいえないかもしれませんが、猫にとってはまた話が別でしょう）。

それでは器物など無生物が「化ける」場合はどうでしょう。

無生物は動きません。動くとしたらそれは自然の摂理に反したことです。ならばタイプAになるのでしょうか。しかし――特別な場合を除いて、それはありません。では、どう考えれば良いのでしょうか。

器物は自然の摂理に従って「劣化」して行きます。そして一定期間を超した段階で、生物と同じ属性を獲得すると考えるべきです。

一定期間というのは、俗に百年などと謂われますが、これは当然、根拠のある数字ではありません。

要は「壊れてなくなってしまうに十分な時間を経ていてなお、モノとしての形を保って」さえいれば良いのですから、それぞれのモノが「壊れてなくなってしまう」だけの時間を超していれば良い、ということになります。

ある時代において、劫を経た器物が霊威を生すという（現在の常識では考えられない）あり方は、自然の摂理に反したあり方とは考えられていなかったのです（付喪神に関しては改めて詳しく述べることにします）。

器物は一定期間を過ごすと生物と同じになるのです。

この場合はそれをして「化ける」と呼ぶことになります。

従って——器物が「化ける」と謂う時の「化ける」は、タイプBのヴァリアントと考えるべきでしょう。

それでは、ヒトの場合はどうでしょう。

ヒトが「化ける」場合も、この二つのタイプ分けは有効になるものと思われます。

タイプAの場合は、変装です。

姿を変え、周囲を欺く変装は、明らかにタイプAのアナロジーといえるでしょう。

フォルムを変えることこそ不可能ですが、何かを身に付けたりすることで人は様々なものに「化ける」ことができます（ただし、自分の体格より小さいものに「化ける」ことはできません）。

タイプＢは、褒め言葉としてのみ機能しています。

短い時間で、あるいは正式な手続きを踏まずに大成してしまった人のことを言い表す「化ける」は、前述の通りタイプＢの用法に由来するものです。

しかしヒトの場合、そうした例を除いてしまえば（これも前述の通り）、齢を重ねたというだけで「化ける」と謂われることはありません。

ヒトの場合は異形のモノに「成る」ことや〝化け物〟に「変身」することはありますが、変装以外に「化ける」と呼ばれることは大変に少ないのです。

仙人が姿を変えたり、忍術使いが大蝦蟇《がま》に変じたりするケースはフィクションなどでよく見かけますが、それは神通力や忍術など常人には使えない特殊な方法を用いたというだけで、変装の域を出るものではありません。

仙術にしろ忍術にしろ、また方術であれ魔術であれ、それなりの修業・修練・学習が必要とされるものであることは間違いありません。しかしそうだとしてもそれはタイプＡなのであって、タイプＢではありません。それは、行き過ぎたゆえに獲得してしまった技能ではなく、正当な段階を経て習得した技能だからです。

どうやらタイプＢは褒め言葉以外に当てはまらないようです。

ただし。

ヒトは、死んでから化けるのです。

「化けて出る」が死者が幽霊になって出るという意味になることは周知の通りです。

本来、幽霊は「化ける」ということとは無関係であるはずです。死後「普通でない奇妙な容姿」に変形した場合は、〝化け物〟と呼ばれることもあるかもしれませんし、「死者として認識されるコード」を満たしている場合はキャラクターとしての〝お化け〟にカウントされることもあるのでしょうが、基本的に〝幽霊〟になることは、タイプAともタイプBとも無関係であるように思えます。

〝幽霊〟は誰かを「騙す」ために出てくるものではありません。

また、既に死んでいる訳ですから、長く生きている訳でも、況《いわ》んや巨大になった訳でもありません。

肉体が失われているのだから変幻自在ではないかとおっしゃる向きもあるやもしれません。たしかに、『四谷怪談』のお岩さんなどは、提燈《ちょうちん》や蛇に姿を変えることがあります。それはお岩さんが「化けて」いる訳ではないようです。乗り移ったり取り憑いたりという表現の方がしっくりくるでしょう。百歩譲ってそれをお岩さんが「化けた」のだと規定してみたところで、お岩さん自身がまず「化けて」出ていると謂われることの説明にはなりません。

本項はこれまでに、〝化け物〟〝お化け〟そして「化ける」という言葉を巡って、あれこれと考えてきました。

しかし、どうもこの「幽霊になる」＝「化けて出る」というタームだけは納得できないように思えます。

死後、死者が現世に（たとえどんな形をとったのであれ）姿を現すということは、自然の摂理に適《かな》ったことではありません。生物が自在に形を変える以上に、反自然的なできごと――決してあり得ないこと――ということができるでしょう。

しかし、フォルムが変わるという訳ではないのですから、タイプAとはいえません。もちろん姿形が変わってしまうようなケースもある訳ですが、それも周囲を「騙す」ための変形ではありません。むしろ死んでいることを「わかりやすく」表現するために変形する（〝幽霊〟のコードに準ずる容姿になる）訳ですから、やはりタイプAに分類することはできません。

それでは、サイズの変化――タイプBと考えることはできないでしょうか。

タイプBにおけるサイズは、先にも説明した通り単に「体の大きさ」というだけの意味ではありません。それは時間のサイズにまで敷衍して考えるべきものです。

異常な時間経過を前提として、生き物は巨大になり、知恵を付け、技を習得します。器物は生物のような属性を獲得します。動物は人間に近づき、無生物は生物へと近づくのです。

それをして「化ける」と呼び習わすのがタイプBです。

しかし――ヒトだけは例外です。

動物であるのに巨大になることもなく、たとえ巨大になったとしても「化ける」とは謂われません。

また、どれだけ知識や技術を習得しても、それが順当な手続きを経た結果（つまり長生きをしたり学習をしたりした結果）であるならば「化ける」とは謂われません。

ヒトは、長く生きたなら賢くなって当然、長く練習したなら上手になって当然と考えられてしまうのです（それは、とても当たり前のことです。だからこそ、そうした手続きをショートカットして知恵や技術を習得してしまった場合に「化けた」と謂われてしまうのでしょう）。

繰り返しますが、タイプBの場合は、自然の摂理に逆らった変化という訳ではないのです。

ただ、行き過ぎているだけなのです。

行き過ぎた結果、なるはずのない大きさになってしまったり、できないことができてしまったりするようになる――それがタイプBです。

通常の時間経過を超すと、動物は人間並みに、無生物は生物並みにレヴェルアップしてしまいます。

しかし、ヒトは違います。

なぜなら。

ヒトはどれだけ長く生きても衰えるだけでどうにもならないからです。それは、人間自身がよく知っています。ヒトは、当たり前に賢くなり当たり前に何かを習得し、そして衰えて行くだけなのです。

一方、動物は稀《まれ》に巨大な個体が確認されたりします。また、時に異常行動をとることもあります。

植物はヒトよりずっと長く生きて、いくらでも大きくなります。

器物も使い方次第では通常の使用期間を遥かに超えた期間、使用することが可能ですし、ヒトの寿命よりも遥かに長い時間、同じ形で存在することができます。

ヒトだけが、ただ死んでしまうのです。レヴェルアップしようとするなら、たとえば即身成仏するなり、神として祀《まつ》られるなりしなければなりません。

ヒトの「上」には神仏しかないのです。

しかし、神仏になることを「化ける」とは呼びません。そして、ヒトが神仏になるのは、簡単なことではありません。

ヒトは、変装して姿形を変えたり、学習や修業をせずに大成したりする以外に「化ける」術《すべ》を持っていないのです。それはどちらも、真の意味での「化けること」の模倣でしかありません。

これは、とても当たり前のことです。

自然の摂理に逆らうことは不可能です。あらゆる「化ける」は実際にはできないこと、あり得ないことでしかないのです。

ヒトは、ヒト以外のモノに、そのあり得ないことを託した——押しつけたのです。

※

ここで、本項の冒頭を思い出してください。

「❸普通でない奇妙な容姿」という属性を獲得する以前、そして「❷人ではないというコードで示されるキャラ」となる以前、〝化け物〟は、

❶人以外のモノが人などに姿を変えたモノ

であったはずです。

それが、「化ける」ことの、そもそもの形なのです。

奇妙な容姿である必要も、コードによって人間ではないと知らしめる必要も、本来はなかったはずです。

そんなことをしたら、「騙す」ことができなくなってしまうからです。

〝化け物〟は、もともと人間の形をしていたはずなのです。

ただ、それでは（演劇や絵画の表現において）わかりにくかったというだけのことです。わからないから、わかりやすい記号が付け加えられ、それがコード化し、キャラクターとなっただけなのです。

人でないモノが人になること、それこそが、「化ける」ということです。例えば、不可視であるはずの神仏が人の目に見える姿をとって現れた場合も、それは「権化」「変化《へんげ》」と呼ばれたはずです。そして可視化した神仏は普く人の形をとっているでしょう。

動物も器物も、長い歳月を生きれば人に近づくのです。

そしてある種のモノは人に姿を変えて人を欺くのです。

人ではないモノが人に近づくこと、人のように振る舞い、人のように考え、人の姿に変ずることが、「化ける」ということです。

「化ける」とは、人になることなのです。

そう考えるなら、たとえば人よりも小さなもの、あるいは人よりもずっと大きなものに形を変えることは、「化ける」の原義からやや逸脱したものであるという予測が成り立ちます。それは、〝化け物〟や〝お化け〟が❷や❸という属性にシフトして行った後に考え出されたものであるという可能性があります。むしろ「魔法」のようなものに近いということができるでしょう（これについても項を改めます）。

さて。

人は、最初から人なのですから、そのままでは人になることはできません。

人は、何かになろうとするならば、人以外のモノにしかなれない——ということになってしまいます（だからこそ、他の人に変装する、立派な人になる、そういったことは「化ける」と呼ばれるのです）。

何か他のモノになるということは、人から離れて行くということです。人は、人から離れることしかできないのです。

たしかに、人は人でなくなることだけはできるようです。鬼になったり蛇になったり、心の持ちようで人はまま人でなくなってしまうことがあります。

しかし、それは「化ける」のとは違います。

鬼であれ蛇であれ神仏であれ、あるいは、仙人や方術士や魔法使いであれ、そうしたものになったとして、それは（プラスの方向であれマイナスの方向であれ）レヴェルアップではあるのでしょうが、「化ける」と呼ばれるものではないはずです。

人から離れて行くだけです。

人が、人に「化ける」唯一の方法は、レヴェルアップせずに人でなくなり、然る後に人のフリをするしかありません。

つまり。

死んだ後に生者のように振る舞うこと——です。

死人は、もう人ではありません。人でないモノが人の姿をとって現れるのですから、これはまさに「化ける」ということになるでしょう。

これはタイプBの延長上にあるとはいえ、明らかに特殊なケースです。

したがって、これをタイプCとします。次に、このタイプCを入り口にして、長く棚に上げていた〝幽霊〟について考えて行きたいと思います。

2

幽霊について考えてみる

霊という発明

さて、〝幽霊〟です。

〝幽霊〟をご存じないという方は、まずいらっしゃらないと思います。「妖怪ってどういうものですか」という質問はしばしば耳にしますが、「幽霊って何ですか」という疑問は聞いたことがありません。しかし、では〝幽霊〟とは何なのか説明しろと言われたならば、みなさんはいったいどう答えるでしょう。

簡単のようでいて、これは中々難問です。

いや、そんなことはない、幽霊とは迷える霊魂のことだよと答える方もいらっしゃるでしょう。

大方は、その説明で納得してしまうのではないでしょうか。と、いうよりも、そう言う以外にどうにも説明のしようがない——というのが正解なのでしょう。他に言い様がないのですから、それで諒解《りょうかい》するよりありません。

しかし。

それでは、その〝霊魂〟とは何なのでしょう。

それが迷っているというのは、どのような状態を指すのでしょうか。

たとえば、「迷子」は道に迷っている子供です。つまり「目的地までの経路や方向がわからなくなってしまっている」「成人前の（多くは低い年齢の）人間」です。転じて「（様々なものごとに対し）判断ができなくなっている」「（様々な年齢層の）人間」という意味にも適用されます。かなり回りくどい言い方ですが、「迷子」を知らない人にできるだけ親切に説明しようとするなら、こうなってしまうでしょう。いや、もっと詳細な説明が必要になるかもしれません。人間という言葉を知らない人には、人間とは何なのか説明しなければいけないでしょう。

まずは〝幽霊〟という言葉をこのように回りくどく説明してみようという試みです。

そうなると、〈霊魂〉とは何かを考えてみなくてはならなくなります。

もちろん、オカルト的な意味での――あるいは宗教的な意味での――〈霊〉の「有／無」を問題にするわけではありません。信じる信じないという問題でもありません。

信仰心があろうとなかろうと、また、オカルト的な迷妄に囚《とら》われていようといまいと、〝幽霊〟という言葉／概念は実際に広く一般に通用しているわけで、通用している以上は「一般的な諒解事項」というのは必ずあるはずです。

それは具体的にどのようなものなのか――ということをまず問題にするべきでしょう。

現状、〝幽霊〟という言葉は何を指し示すものとして使われているのでしょうか。

そこから考えていきたいと思います。

※

こうしたことを考える場合、「そんなの当たり前のことだろう」だとか、「改めて考えるまでもない、常識だろう」といった、問題を棚に上げてしまうような態度は、できるだけとらないようにしなくてはなりません。

どのようなことが「当たり前」だと思われているのか、そう思っているのはいったいどこの誰なのか、なぜそう思われているのか、それは果たして妥当な解答なのか――考えることはたくさんあります。

ですから「幽霊は迷える霊魂だ――」で納得してしまうことは、ある意味考えるのをやめてしまっているに等しいことになるのです。

したがって、これからしばらくの作業は、時に回りくどく、また無駄に思えるものになることは間違いありません。しかし、〝妖怪〟や〝幽霊〟のように現実には存在しないもの――形のないものを考える時には、こうした慎重な手続きが必要になるものと考えます。

何しろ対象が存在しないのですから、ある意味「言いたい放題」になってしまうのです。私はこう思う、いや俺はこう考えると、様々な意見が出て来ることでしょう。それぞれがそうした私見を述べることは、もちろん悪いことではありません。ただ、問題なのはこうした問題の場合、それが正しいかどうかを証明することが不可能だ――というところです。

どんな意見もそれなりに真実を含んではいるのでしょうし、その人にとっては紛《まが》う方なき真実でもあるのでしょうが、だからといってそれがただひとつの正解かと問えば、答えは否となることでしょう。

その見解が某《なにがし》かの信念や理念に基づく意見であったとして――その信念や理念自体は尊重されるべきものなのでしょうが、そこから導き出された結論が正しいかどうかというのは、また別の問題になります。また、検証のしようもない以上、絶対不変の真理とすることはできません。

信念や理念が信仰に置き換わったとしても同じことです。信仰を持つことは悪いことではありません。むしろ尊いことでしょう。

信仰をしている以上、教義を疑うことは許されません。真摯《しんし》な信仰心を持っていれば持っているほど、教義の持つ意味は重くなっていきます。したがって、そういう人にとっては宗派が認める見解――教義に沿った解釈こそが正しいということになるのでしょう。信仰を持つ人にとってはそれが真実なのです。

ただ、これも検証することは不可能です。教義自体を検証することは可能でしょうが、たとえどんな教義であっても――社会的規範から逸脱していない限り――批判することはしてはいけないことです。

だからといって、その教義が導き出した結論を、信仰をしていない人にまで押し付けることはできないでしょう。

言うまでもなく、三大宗教と呼ばれるキリスト教と仏教、イスラム教では死生観や霊（的なもの）に対する考え方が大きく違っていますし、同じ仏教であっても、宗派が異なれば差はあります。

こちらが正しい、こちらが間違っているとジャッジを下せる立場の者は、この世には存在しません。宗門同士の論争や、教団による他教団・他宗派への批判などはあるのでしょうが、基本的に「論争に負けたから解釈を変える」「批判されたから教義を変える」ようなことはないと思われます。

聖典や教典を精査《せいさ》・研究した結果解釈に変更が加えられたり、トップダウンで見解が変わったり、社会情勢を鑑みて軌道修正したりすることも時にはあるのでしょうが、根底となる死生観や霊魂観ががらっと変わるようなことはないでしょう。

三大宗教以外にも、世界にはたくさんの宗教や信仰対象があります。

それらは多く霊的なものを（ある程度）体系だてて説明しているでしょう。それらがそれを信じる人達に示す「真実」は、みな、少しずつ、時に大きく違っているのです。互いに整合性はないといっていいでしょう。

特定の宗旨が示す「説」を一般論に敷衍《ふえん》することはできないのです。

本稿ではそうしたことを充分に考慮に入れるつもりではおりますが、論《あげつら》うことはしません。

本稿は宗教や信仰について考察するものではなく、〝妖怪〟（と、その周辺概念としての〝幽霊〟など）について考えるものだからです。

また、〝幽霊〟に関しては、そうした背景を抜きにしても、「目撃者」や「体験者」といった人達が存在します。さらには、恒常的に「そうしたモノ」が見える、または感じるという人も少なからずいらっしゃるようです。

先に述べたように、ここでは霊的なものの有無は問題にしません。

ですから、そうした主張を否定することも一切しません。

たとえ何もなかったとしても「見える」こと「聞こえる」ことはありますし、その逆もまたあるわけですから、それが何であれ、「見えた」「聞こえた」と感じること自体はおかしなことではありません。どんなものであっても、体験者にとってそれは普《あまね》く真実でしょう。

問題なのは、それをどう認識し、どう解釈したか——であり、延《ひ》いては何故そう認識し、そう解釈したか——ということになるでしょう。

錯覚であれ幻覚であれ、あるいは本当に何かがいたのだとしても、当事者が「見えた」「感じた」こと自体は事実です。ただ、果たしてそれが何なのか、客観的な検証が加えられていない以上、認識したものに対する解釈はあくまで個人的なもの——やはり私見に過ぎないということになります。

写真に写り込んでいる丸い発光体をホコリとするのか人魂とするのか、あるいはそれ以外の何かであるとするのか——。

精緻《せいち》な検証をすることは中々難しいのでしょうが、それでも、もし不可解なものがあったのであれば、「それは何なのか」「なぜそうなったのか」は考えてみるべきでしょう。

深く考えるなら、写真に球体が写り込んだ理屈が理解できるかもしれません。詳しく調べれば、その正体が判明するのかもしれません。考えても調べてもわからない場合は、「わからない」とすることが（少なくとも科学的には）正しいありかたです。検証もせずに断定することはできません。

ただし。

ただひとつだけ証明できないことがあります。

唯一、「霊（的なもの）である」ということだけは証明できないのです。

あることを証明することは簡単だが、ないことを証明することは難しい、と謂《い》います。

あることを証明するためにはひとつ見つけてしまえばいいわけです。ないことを証明することは、条件によっては「不可能だ」ということにもなってしまいます。

ピンク色の象がいることを証明するにはピンク色の象を一頭でも見つければいいことになります。しかし、ピンク色の象はいないことを証明するためには、世界中のありとあらゆる象を一頭残らず見聞しなければなりません。これは不可能です。

しかし、この場合は話が別です。

なぜなら、「霊（的なもの）である」ことが具体的に提示されることがないからです。

たとえ、検証の結果「どのような条件で撮影したとしてもこのように光が写り込むことはあり得ない」という結論に至ったとしても――それが「霊（的なもの）」であることの証明にはならないのです。

つまり「どのような条件で撮影してもこのように光が写り込むことはあり得ないから、これはオーブです」は成立しないということです。

成立しないというよりも、「じゃあオーブとは何なのか」ということになるでしょう。そしてそれがわかるのならば、「あり得なく」もなくなるということです。

しかし〈オーブ〉を「霊的な発光体」ですと主張する限り、それは叶《かな》いません。その主張は何も説明していないからです。

このような場合は「不明」とするしかないのです。

それでも不明にしておくのは厭《いや》だ（不安だ）からこそ、〈オーブ〉のように、何も指し示さない呼び方でまとめてしまうことにもなるのでしょうが、そうしたまやかしで納得してしまうようなことは、ただの思考停止と言わざるを得ません。

それだけは避けたいところです。

命について

〝幽霊〟とは何者なのでしょう。

まず、どんな立場の人であっても、とりあえず〝幽霊〟は「生きていない」と考えてはいるようです。とはいうものの、命のないもの――無生物という意味ではありません。

これは普く、「命がなくなった生き物」という意味のようです。つまり死んだ動物ということのようです。つまりは死骸《しがい》、ということでしょうか。

もちろん、それは違います。死骸は死骸なのであって、〝幽霊〟ではありません。死骸そのものが動き出すような場合は、〝幽霊〟ではなく「別なもの」（ゾンビやキョンシーなど）と考えられることが多いようです。

つまり「死骸ではないが死んだ生物」ということになるでしょうか。

しかし、生物は死ねば死骸になるしかないわけで（というより死んだ生物が死骸そのものなわけですが）、それ以外というのは何だ――ということになります。

生命活動が停止した段階で「何か」が生成されるということでしょうか。

どうも、そうでもないようです。

むしろ、逆なのです。「何か」ができるのではなく、元々ある、その「何か」が抜ける、と考えている人が多いのではないでしょうか。

いいえ、「それ」が抜けることを死と呼ぶのだと定義している（もちろん明確に定義しているとは言えないのでしょうが）人は多いでしょう。イスラム圏では事情が違うようですが、それ以外の文化圏では、そうした考え方をすることが多いようです。

では、何が抜けるのでしょう。

抜ければ死ぬのですから、それは〈命〉ということになるのでしょうか。

生物から命が抜けて、抜け殻の方は死骸となり、抜けた方が〝幽霊〟になる、ということなのでしょうか。

ざっくりとした構図としては、まさにそうなるのでしょう。しかしそれではあまりにも大雑把過ぎます。

それに、〝幽霊〟＝〈命〉というのは、どうもしっくりする解答ではありません。〈命〉は多分にポジティブなイメージで捉《とら》えられることが多いもの（言葉／概念）でしょう。一方、〝幽霊〟は大方ネガティブなものです。

そもそも、「生きてはいない」と思われている〝幽霊〟が〈命〉であるというのは、ちぐはぐな印象にしかなりません。

そもそも、〈命〉というのは生命活動の比喩《ひゆ》でしかありません。

「生きている状態」こそを「命がある」と呼ぶわけですから、命というのは「生きる」ことそれ自体ということになり、それだけを切り離したり取り出したりすることは不可能なものと思われます。

ただ、「切り離せる」という印象操作は至るところでなされています。

たとえば、生物という言葉は「生＋物」です。「生」を切り離してしまえば「物」になるわけで、これは大変理に適《かな》っています。訓読みで「いきもの」と読んだところで一緒です。

しかしこれは言葉のトリックに過ぎません。

実際に「生物」は「生」と「物」に分けて考えられるものではありません。たしかに、生き物は死ねばただの物になってしまいます。しかし「生」は「物」の状態を表しているに過ぎないのです。

「生物」を「動物」と言い換えてみるといいでしょう。

動物は文字通り「動く物」です。そして死ねば動かなくなります。動かない、ただの物になるわけです。しかし「動」は状態を表しているだけです。実際には動物から「動くこと」だけを切り離すことはできません。

「生物」の場合も同じことです。

ただ、「動物」には「静物」という対語らしき言葉があります。でも「生物」の方にはありません。「死物」という言葉はありますが、役に立たないという意味のほうが強いようです。

もっとも「動物」はアニマルという意味で使われることの方が一般的なので、そういう意味では「静物」を対語とすることは妥当ではないものと思われますが、「動／静」というあからさまに状態を表す文字と、存在を表す「物」とを組み合わせた言葉であることは、そうした側面からも容易に知れます。

一方、「生物」の場合、対語は「無生物」ということになります。「生」の対語は「死」なのでしょうが、無生物のことを「死物」とはほとんど言いません。

「生」というのは、それだけ特殊な概念だ――と推測することができます。

ちなみに、「生／死」という、対になる（と一般的に考えられている）概念も、よく考えてみると、まるで対になっていないということに気づくでしょう。

実際には、「生」の終わりが「死」です。

そうすると「生」ではなく「生」の始まりである「誕生」こそが「死」の対語であるということになるでしょう。

一生を三十センチぴったりの長さの定規に喩《たと》えるなら、誕生がゼロの目盛りのところ、死は三十センチの目盛りのところ――定規の端っこということになります。

「生」には三十センチの長さ＝経過があります。しかし、「死」にはそれがまったくない、ということになるでしょう。質量になぞらえるなら、「死」はゼロです。

「生死」という言い方は、そのゼロを三十センチと同等かそれ以上の長さに引き延ばすだけの効果を持っています。

生と死は、ほとんどの場合（文化や宗教の壁を超えて）対になる概念として諒解されています。実際には質量を持たない「死」は、多くの場合引き延ばされて理解されているのです。その辻褄《つじつま》合わせとして、「死後」という概念が生み出されたとも言えるかもしれません。言葉というのは、概念でもあるのです。

お断りしておきますが、死後の世界の有無も、本稿では問題にしません。永遠に証明できないものであることはまず間違いのないことですから、やはり「わからない」という立場を取るべきだろうと考えます。本稿でいう「死後」は、証明できないにも拘《かかわ》らずまことしやかに語られる様々な「死後」を指します。

さて。

繰り返しますが、生物から「生＝命」を分離することはできません。しかし、どうやら概念の上では可能であると思われているようです。

「俺の命をくれてやらあ」

などという捨て台詞《ぜりふ》があります。他にも、

「私の命と引き換えに条件を呑《の》んでくれ」
「お前の命を貰うぜ」

など、小説やドラマの中では常套句《じょうとうく》のように使われる台詞と言えるでしょう。

もちろん、いずれも比喩に過ぎません。

言い換えるなら、

「お前を殺す」

「俺は死ぬから条件を呑め」

「俺を殺せ」

というだけのことです。

実際、殺し合いのことを「命のやり取り」などと表現することもあります。もちろん、現実に〈命〉がやり取りされているわけではありません。どちらかがどちらかに危害を加え、殺害する——というだけのことです。

しかし——言葉の上で〈命〉はやり取りできるものとして扱われているのです。「命を預ける」「命を賭《か》ける」「命をオモチャにする」と、命はまるでモノのように（言葉の上では）扱われています。

いずれも比喩に過ぎません。それ程までに大事だ、真剣だ、深刻だ——という意味で使われています。

しかし。

「私は死んでも構いません。この命を病気の息子に与えてください――」

この場合は、比喩とも言いがたいでしょう。

それ程までに強く我が子のことを思う親心の比喩――と捉えることはできます。

しかし、そうでない読み方もできます。この言葉は、そのまま、自分の〈命〉を病気の子供に「譲り渡したい」と願っている――と言っているようにも受け取れるのです。

もちろんそれは不可能なことですし、不可能だということについては大方の人が承知していることでしょう。

それでもなお、そう願わざるを得ない、できるならそうしたい、それ程に激しく案じているんだろう――と考えるなら、違う意味で一種の比喩ともなるのでしょうが、問題なのは、できないことではあるにしろ、〈命〉は譲渡や交換が「できる」ようなものであると、願っている人が考えている（らしい）ということです。「できない」ということは承知していたとしても。「できるようなもの」であるという認識がなければ、「できて欲しい」と願うこともありません。

〈命〉は、とりあえず肉体から切り離すことができるようなものとして捉えられていると思われます。

前項でも取り上げた特撮変身ドラマの嚆矢《こうし》たる円谷《つぶらや》プロ制作『ウルトラマン』（一九六六―一九六七）の最終回に次のようなシーンがあります。

最終回、ウルトラマンは敵の怪獣に倒されてしまいます。光の国から救助に来た宇宙警備隊員ゾフィーに対し、ウルトラマンは帰郷を拒否し、科学特捜隊のハヤタ（ウルトラマンの変身前の姿＝地球人）に自分の〈命〉を「あげたい」と言います（あげると自分は死んでしまいます）。ハヤタは第一話冒頭において、ウルトラマンの過失により落命しており、ウルトラマンが「同体」となることによって生きている（らしい）のです。したがってウルトラマンが帰ってしまうと、ハヤタが死ぬことになるわけです。

そこで、ゾフィーは次のような台詞を発します。

「私は命を二つ持って来た。その一つをハヤタにやろう――」

ハヤタとウルトラマンを分離し、持って来た命のうち一つをハヤタにやることで、ハヤタを生き永らえさせよう――というわけです。

〈命〉は持って来られるものなのです。

『ウルトラマン』は、改めて言うまでもなくフィクションです。しかも、（一応）子供向けのテレビ番組であり、さらに言うなら、「空想特撮シリーズ」と銘打たれた、ＳＦ（的な）作品でもあります。

これは、どんな奇抜な設定でも（作中リアリズムがある程度保証されているのなら）、構わないといった類《たぐ》いの作品ではあるでしょう。命の運搬・譲渡も、そうした突飛な設定なのだろうと言ってしまえばそれまでです。

しかし。

『ウルトラマン』の最終回を観て、「そんな馬鹿な」と感じた人は、いったいどのくらいいるのでしょう。

たとえば、「都合よく二つ持って来たのかよ」程度のツッコミはあったにせよ（二つというのは自分のものとは別に、という意味なのでしょう。要するに死んでいるかもしれないウルトラマン用にスペアの〈命〉を持って来た、ということなのでしょうが――）、肝心の「命を持って来た」「ハヤタにやろう」の部分に違和感を持った人は、あまりいなかったのではないかと思います。

ならばそれは、子供にもそのまま受け入れられてしまうようなポピュラーな考え方だったということになるでしょう。

しかし、どれだけポピュラーなものであろうとも、〈命〉を「生物」から切り離せるのは概念の上だけのことです（フィクションでそれを扱う場合にも、それなりの手続きを踏む必要はあるでしょう）。どうであれ、現実には不可能なことです。「運動」や「状態」を主体となるものから抽出することはできません。

できるようなものとして捉えられているにも拘らず、絶対にできないことなのです。

では。

そのあたりの事情を踏まえて、〈命〉がいったいどのように捉えられているのかを（命とは何か、ではありません）、もう少ししつこく考えてみることにしましょう。

通常、ただの物（生きていない物）は、自発的に動くことはありません。動かされることがあるだけです。自動車であれ飛行機であれ、もとを辿《たど》れば化学反応によって生じるエネルギーによって動かされているだけです。

煎《せん》じ詰めれば動物が動くのも同じ理屈（分子や原子のレヴェルでの差異はありません）なのですが、ただひとつ違うところは、生物は自分で動くためのエネルギーを生成しているというところ、ということになるでしょう。

食物を摂《と》ったり空気を吸ったり水を飲んだりし、それを活動するためのエネルギーに変換して、生物は生命活動を維持しているわけです。と、いうよりその摂取し変換し消費するということ自体が生命活動であるとすべきでしょう。

つまり、自給自足をしているということになります。

その行為自体を「生きる」ことと考えることもできるかもしれません。

「生きる」＝「生成したエネルギーを消費すること」と、考えた場合、「死ぬ」とは「エネルギーの生成と消費ができなくなった」状態ということになるでしょう。

そう定義してみた時、死んで抜けるのは〈命〉ではなく、エネルギーと考えることはできないでしょうか。

何らかの原因でエネルギーの供給ができなくなれば、生物は死にます。また、死んでしまえばエネルギーの生成は（自発的には）できなくなります。

エネルギーであるならば、もしかしたらやり取りができるかもしれません。

ときたま〈生命エネルギー〉という言い方を耳にします。

それが具体的にどのようなエネルギーであるのかはほとんど示されることがありません。ただ、それはいわゆる力学的な意味でのエネルギーでも化学的エネルギーでもないようですし、熱や光、電気、原子核といったエネルギーでもないようです。

昨今流行《はや》りの、パワースポットにおける〈パワー〉や、一時期よく謂われた〈気〉なども似たようなものであると思われます。〈パワー〉にしろ〈気〉にしろ、いずれも、無根拠で詐欺的な妄説ではあるのですが、どういうわけかそうしたものは一般に受け入れられやすいもののようです。

しかし、〝幽霊〟＝エネルギーという構図も、〈生／命〉と同じか、それ以上に違和感があるものといえるでしょう。実際、「幽霊は生命エネルギーなんだぞ」という言説は、あまり耳にしたことがありません。

生命エネルギーが肉体と分離して活動をするようなフィクションならいくつかあるかもしれませんが、その場合は〝幽霊〟ではなく〝生霊〟に近いものとして認識されるものと思われます。その場合、生命エネルギーが抜けている肉体は「活動を休止」していることが多いようですが、それは多くの場合「休止」であり「停止」ではありません。

死んでしまってはエネルギーの生成ができなくなってしまうからでしょう。

死人の場合は生命エネルギーを生成できなくなっているわけですし、生成したエネルギーを消費してしまったからこそ死んでしまったわけで、生命エネルギーが〝幽霊〟となる、というシチュエーションは（フィクションとしても）考えにくいものなのでしょう。

いずれにしてもエネルギーと〝幽霊〟というのは取り合わせが良くないようです。

それではエネルギーのようなものでありながら、そうでないものはないか、考えてみましょう。

気について

エネルギーのようなものでありながら、そうでないものとは何でしょう。

生命エネルギー、精神エネルギー、念力、サイキックパワー、気——そうしたものは、自然科学全般で謂うところの物理量としてのエネルギーではないもの、と思われます。

生命エネルギーの場合は、生物が活動するために必要とするエネルギー、またはそのために生物が発生させるエネルギーと考えれば、まあそうといえないこともありません。しかし、それはいずれ生化学的なタームに回収されてしまうものとなるでしょう。

生命エネルギーを、生命それ自体、あるいは生命それ自体が発生させる未知のエネルギーとしてしまうと、もうそれは比喩《ひゆ》的表現と考えるよりなくなってしまいます。

ただ、エネルギーの分類は立場によって違います。また定義自体も必ずしも一元化されているわけではないようです。最近は情報をエネルギーに変換するというような研究も行われているようですから、どのレヴェルで捉えるのかということではあるのでしょう。

専門的になればなるほど、一般的な定義自体を見直さなければならなくなるような、とても高度な問題に踏み込まなければならなくなります。そうした先鋭的な問題を門外漢が危なっかしく説明しても仕様がありません。また、本稿はそうした目的で書かれるものではありませんので、ごく一般的なレヴェルで考えてみたいと思います。

一般的に、エネルギーは何らかの手段で別のエネルギーに変換できると考えられています。

たとえば、俗に太陽エネルギーと呼ばれている光のエネルギーは、装置を使うことで電気エネルギーに変換することができます。

光とは、いうまでもなく可視光線のことですが、それは現在、電磁波の一種と考えられています。光はエネルギーを持っています。光は粒子性と波動性双方の特性を同時に持つため、光エネルギーは光子の数、周波数／速度によって表されます。これを電子に吸収させ、電界へ送ることで電気エネルギーに変換し、蓄積するのが太陽電池です。

その電気エネルギーは、ご存じの通り運動エネルギーや熱エネルギーに簡単に変換することができます。

ソーラーカーは、光エネルギーを力学的運動エネルギーに変換することで走るのです。

車が走った（運動した）際に失われたエネルギーと、吸収された光エネルギーは、変換の途中で失われる分を加えればイコールとなるはずです。

エネルギーを量として捉えた場合、その総量は常に変わりません。何もないところにポコンとエネルギーが発生するようなことはない、ということです。

お金のようなもので、貯めた分しか使えないのです。いや、貯めた分は基本的に使ってしまわなくてはなりません。そして負債は、何らかの形で埋めなければならなくなります。

念力、サイキックパワー、狭義の気功といったものは、何もないところから力学的なエネルギーを生み出す仕組み――と言えるでしょう。

考えただけで物が動いたり、触れていないのに人が飛ばされたりするのですから、少なくとも現在知られているエネルギーの変換や移動があったとは考えられません。

これは、今のところ考えられない現象です。

もちろん、今後精神活動や意識のような反応をエネルギーに変換するなんらかの仕組みが解明されないとも限りませんが、少なくとも、気張ったり気合いを入れたりしただけで、物体が動いたりするようなことは、まったくないと言ってもいいでしょう（ただし、そうした行動に第三者が反応してしまうことは、意識的無意識的に拘らず、ないとはいえません）。

それでは、パワースポットなどでいうところのパワーはどうでしょう。

こちらは、物が動いたりするわけではありません。

地球上の大気の至るところに、恒常的に多くの宇宙線が入射してきています。当然、パワースポットと呼ばれる場所にも降り注いでいることでしょう。また、一時期熱に浮かされたように流行したマイナスイオン（正確な定義がなされておらず、検証もなされていないということもあって、今のところは効能を含め一種の迷信と捉えた方がいいようですが――）、磁性や電磁波なども（程度の違いこそあれ）どこにでも普通にあるものです。

どこにでもあるのですから、パワースポットにもあるはずです。

そうしたものは、いずれエネルギーの一種ではあるのでしょうし、それぞれ（個々のエネルギーは微々たるものであったとしても）人体にまったく影響をもたらさないとも言い切れません。それらが組み合わせられることで、僅《わず》かな効能が相乗効果を生むようなケースも、絶対にないとは言い切れないでしょう。

とはいえ、何か未知のパワーが天空（または地球）から照射（あるいは放出）されているのだと考えるなら、それはやはり未知の（というか現状では考えにくい）エネルギーであり、エネルギーのあり方だということになります。

有り体にいうなら、そんなものはないと考えるべきです。少なくとも、現在の自然科学の範《はん》疇《ちゅう》で理解できるものではありません。

ただし、それを超えた「何か」だという主張に対しては、反論のしようがありません。しかし反論こそできませんが、同じように証明もできないでしょう。まさに、エネルギーのようなものということです。

パワースポットは嘘っぱちだと言っているわけではありません。そうした場所を訪れることで何か変化があると信じることは何ら構わないことでしょうし、実際そうしたこともないわけではないのでしょう。

しかし、それを疑似自然科学的な理解で説明したり、それを受容したりすることは、正しくないというだけのことです。

パワースポットと呼ばれる場所は、多く非日常的な様相を呈しています。

山巓《さんてん》や渓谷、あるいは森林など、豊かな自然に囲まれていたり、神社や寺院など宗教施設の一角だったり、いずれ日常的に目にする景色ではない場合が多いでしょう。

そうしたシチュエーションは、訪れる者に多くの感動を与えてくれるでしょう。まず、見た目が違います。空気も清浄だったりします。気温や湿度なども（訪れる人の体質にも依《よ》るとはいえ）快適なものなのでしょう。そうした様々な条件が与える影響は、確実にあるものと思われます。

そうした処を訪れるという行動を起こしたということも含めて考えるなら、多分、効果はあるのです。物理的エネルギーを得られることはないとしても、エネルギーのようなものは得られるのでしょう。そうした特異なシチュエーションから得られるものは、少なくありません。

ただ、たとえばそこに医学的根拠のようなものは中々求めにくいでしょう。身も蓋《ふた》もないことをいえば、それは〈気のせい〉ということになります。それらしくいうならば、サイコセラピー的な効果はあるということになるでしょうか。

俗に謂う、「癒《いや》し」です。

しかし、「気のせい」だと言ってしまうと、まるで「勘違い」「錯覚」「嘘」のように思う人も多いでしょう。それは違います。

物理的なパワー（エネルギー）が注入されるのだというような言い方をするなら、それはどうであれ「誤り」、あるいは「騙《だま》し」、ということになります。

　また、証明されていない医学的効能を謳《うた》うのも同様に「嘘」ということになるでしょう。

　そういう理由付けをしないのなら、それは嘘でも間違いでもありません。精神の状態が肉体にある程度の変化を与えることは事実です。したがって、確実に何らかの効果はあるのです。

　ただ、やはり「気のせい」では説得力がありません。

　たとえば、「病は気から」という常套句《じょうとうく》があります。これは、額面通り「健康は精神状態に左右されることがあるからネガティブな考えを持つのは良くない」という意味です。

　しかし、現在ではおもに、「その症状は治療を必要とする疾病ではない」という意味合いを含んで使われることが多いようです。

　つまり、「それは気のせいだよ」＝「病気じゃないよ」ということです。もちろん、どんな場合でも素人判断はいけないことです。病気の場合は速やかに医師の判断を仰ぐのが正しいあり方でしょう。

　そのせいもあって、最近では、「病は気からと謂うけれど――」と、否定的に使われるケースが多いようです。本当に病気だった場合は「気のせい」では済まされない（気の持ちようでは治らない）から、医者に行け、ということです。

　正しい判断ではあります。

　ただ、〈気〉は徹底的に退けられています。

　この〈気〉という言葉は、先程例に挙げた狭義の気功をはじめとして、様々な意味で使用されるので、誤解（意図的なものも含めて）も多いことでしょう。

たとえば東洋医学でいう〈気〉は、数値化や明文化がしにくいということもあって迷信めいた受け取り方をされることも多いのですが、経験則によるものである以上、理論的裏づけがされていないだけと考えるべきであり、頭から迷信と決めつけてしまうようなことは科学的とはいえません。

民間療法なども同様ですが、「なぜかはわからないけれども効果はある」とされるようなものの場合、その「なぜ」の部分が、必ずしも非合理であるとは限りません。理に適ったものであるケースも多くあるでしょう（もちろん、無批判に信用してしまうようなことは大いに問題でしょうし、効果がない、または逆効果であると既に証明されているようなケースもありますから、充分に注意する必要はあります）。

〈気〉もまた、一概に否定できるものではありません。部分的には効果があることが認められてもいるようですから、今後仕組みが明らかになる可能性も大いにあります。

ただ、どれだけ効き目があろうと（あるいはなかろうと）現状理屈はわからないわけで、わからないものを「信じさせる」ことは、ことのほか難しいことでもあります。

したがって「信じさせる」ため、そのブラックボックスになっている「なぜ」の部分に「それらしい」理屈をつけるようなことがまま行われます。それは科学的仮説の場合もあるでしょうし、デタラメである場合もあるでしょう。きちんと検証され、理由が明らかになっている場合は何も過剰な理由づけをする必要はないわけですが、わからない場合はもっともらしければどんなものでも構わないわけですから、ある意味で何でもありです。

効果効能がある場合は理屈が多少怪しくても大きな害はありませんが、そうでない場合はほぼ「詐欺」ということになります。また理屈は大きく間違っていなかったとしても、効果効能を拡大解釈するようなことをすると、どんなインチキもまかり通ってしまいます。

一部の気功などは、まさにそれです。

いずれにしろ人は触れずに物を動かすことなどできません。

生命のリズムだの宇宙の波動だの、もっともらしい御託がついている場合は、おおむね詐欺的言説か妄想と考えていいでしょう。

同じように、神社などの聖域をしてパワースポットなどと呼び習わしてしまうことは、時に信仰に対する冒瀆《ぼうとく》的行為ともなり得るのですから、どれだけ信じているとしても一定の配慮は必要です。

いずれにしても——。

何もかも信じてしまうということはすべてを否定してしまうことと同じです。同じように自分が信用していることとは違っているから否定するという態度もいただけません。何であっても、きちんと考える姿勢は大切だということでしょう。

少なくとも、人間を吹き飛ばす〈気〉に施される説明は妄説であっても、東洋医学でいうところの〈気〉は（何かはわからないけれども）迷信と言い切ることはできない——ということです。

しかし、たとえば「気のせい」という時の〈気〉はまた違います。

言葉としての〈気〉は、気持ち、気分といった精神状態を指し示す場合もあるのです。「その気になる」「気が乗らない」「気になる」「気が気でない」「気合い」という時の〈気〉です。

また、「気が違う」「正気を失う」「気をたしかに持て」というような場合の〈気〉は、精神状態というよりも、精神そのものを指し示す言葉ということになるかもしれません。

もうひとつ――〈気〉は、気体の〈気〉でもあります。空気、大気、水蒸気、臭気や湿気などの〈気〉は、物質の状態のひとつである気体を指し示します。

ただ、妖気や霊気、という場合の〈気〉は少し違います。これは気体ではなく、気配に近いものと考えた方が良いでしょう。気配、雰囲気、そうしたものです。

こちらの方が語義としては古いものと思われます。

気体という言葉は、現在、物質の三態（solid＝固体、liquid＝液体、gas＝気体）という概念に沿って主に使用される言葉です。物質の三態は、自然科学的には古典的諒解事項といえるものでしょうが、そうだとしても〈気〉という言葉＝概念よりはずっと新しい考え方ということができるでしょう。

〈気〉の旧字は〈氣〉ですが、初字は〈气〉であったと考えられています。これは「層となった雲気の端が垂れた形」から作られた文字といわれますが、意味を成す言葉としては「息」のようなものを示したと考えられています。

空気というものが「どういうものなのか」ということが一般に広く知られるようになるまでの間、「息」とは、人体から発せられる「目に見えない何か」、でしかなかったはずです。

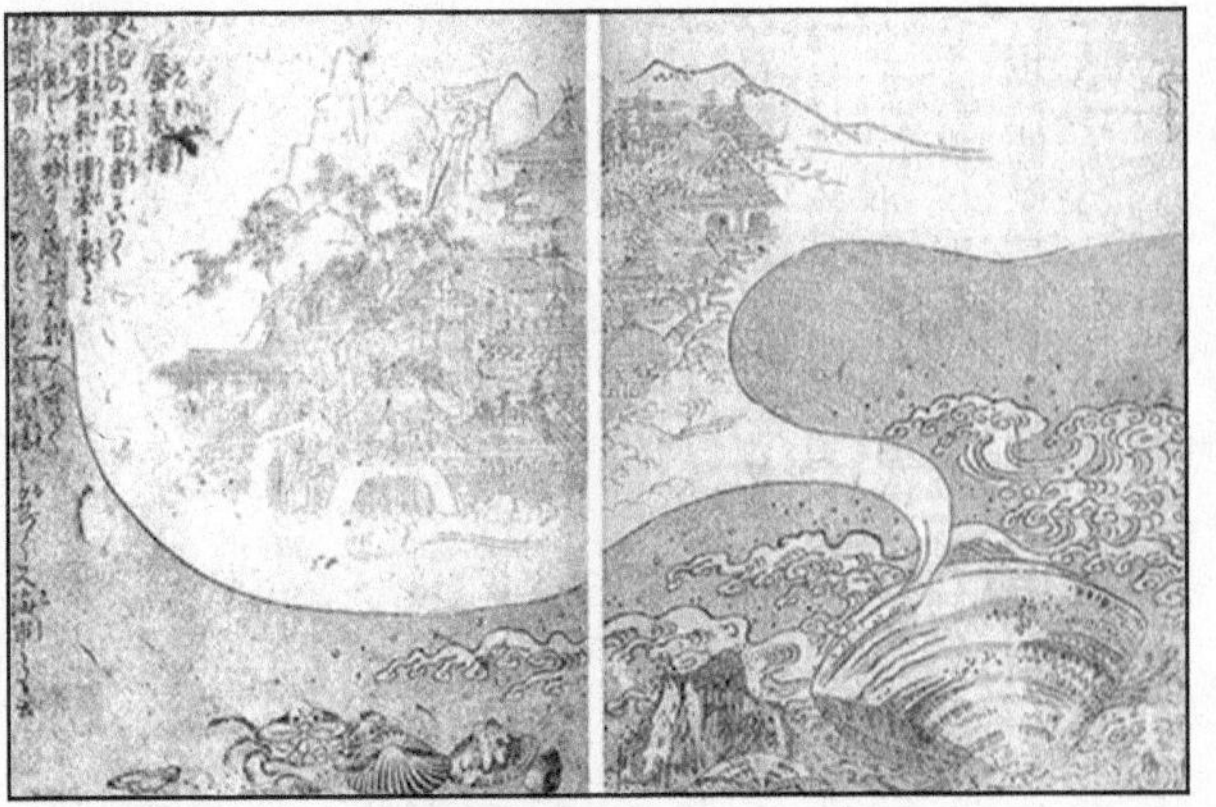

◎蜃気楼（鳥山石燕／今昔百鬼拾遺・雲）

先程から挙げている〈気〉を含む言葉を並べてみるとわかることですが、〈気〉とは、押し並《な》べて「目に見えない何か」を指し示しているようです。

蜃気《しんき》楼《ろう》という現象があります。

説明するまでもないでしょうが、蜃気楼は「天空に景色が浮かぶ」という奇態な現象です。とはいえ密度の異なる大気の層によって光が屈折し地表の景色が空中に像を結ぶ――というだけのことで、もちろん自然現象です。

これは、中国では、蛤《はまぐり》の吐き出す〈気〉の中に結ばれる像のこと――と考えられていました。

この場合の〈気〉は、もちろん「息」の意なのでしょう。

蛤が吐き出すのが「息」なのだとすると、これは気体ということになります（実際のハマグリには海面に出て空気を吐き出すような習性はありません）。

しかし、蛤が吐き出す〈気〉は「気合いを入れる」方の〈気〉でもあるでしょう。

たとえば精神力のようなものを外に向けて放つ（もちろん比喩として）時、「気を吐く」という言い方をすることがありますが、この場合はまさに、その〈気〉だと考えることもできるでしょう。

その昔、それは同じものだったのです。空気の気と、気合いの気に違いはなかったのです。

それはいずれも〈気〉でした。

物質の仕組みが解明される以前、空気が「物質である」と理解していた人はいなかったことでしょう。現在も、日常的にそう実感している人は少ないでしょう。

それは、多く「ない」ものとして捉えられています。

〈気〉とは、「ないもの」なのです。

「ない」にも拘らず、「ある」ように感じられるものを〈気〉と呼んだのでしょう。

やがて〈気〉と呼ばれたものの一部――気体に類するもの――が、（見えないけれども）実際には「物質としてある」ということがわかったということです。

それ以外のもの――意識、精神などといった心的現象は、反応に過ぎませんから「物質としては」ありません。

東洋医学で謂う〈気〉は、現状そのどちらでもないということになります。

ないものに名付けてあるものとする――。

これは、ひとつの発明であったでしょう。

そういう意味では、エネルギーも〈気〉の一種と考えることはできます。元気や活気、陽気ややる気、鋭気、精気、生気などの言葉は、そのまま（比喩として）エネルギーと言い換えてしまってもそれ程おかしくはありませんし、現に言い換えられてもいます。

ただ、〈気〉がエネルギーのようなものであるというよりも、エネルギーは〈気〉という大きな概念に含めてしまっても差し支えのないものであるという方が正確でしょう。

物理量としてあるエネルギーと、最初に挙げた様々なエネルギーのようなもの――その双方を〈気〉と呼んでしまっても差し支えはないということです。

そういう経緯があるからこそ、本来は物理量として把握できないはずの気功の気が人を吹き飛ばしてしまうような妄説も、もっともらしく聞こえてしまうのでしょう。

さて。

そこで、〝幽霊〟に立ち戻ってみましょう。

〝幽霊〟は、果たしてエネルギーのようなものなのでしょうか。物理量として捉え得る、いわゆるエネルギーでないこと（そうした捉え方が一般的ではないということ）は、間違いないでしょう。それでは、それ以外の〈気〉として捉えられる類いのものなのでしょうか。

先に述べたような事情もあり、〈気〉はオカルト的言説と非常に親和性が高い概念です。念力やサイコキネシスなども、エネルギーのようなものとして捉えることは可能です。

しかし、〝幽霊〟はどうも〈気〉で説明し得るものでもないようです。〈命〉同様、どうも違和感を感じてしまいます。

もう少し考えてみましょう。

「気が抜ける」と謂《い》います。

ずっと持続していた緊張感がぷつりと切れてしまった、というような意味でしょう。とはいえ、力が抜けるとは微妙にニュアンスが違っています。電池切れ的な意味合いともまた違うようです。パワーがなくなってしまった＝疲れたというよりも、パワーを出すことができなくなった――いや、パワーが出せるにも拘らず、出したくなくなってしまった、という方が近いでしょうか。

当然、「気が抜けて」も死んだりはしません。

亡くなった人を指して、「気が抜けた」とも謂いません。気が抜けた人は、多分どうにもなりません。呆《ほう》けるだけです。

どうやら死んだ時に「抜けるもの」は、〈気〉とは別物のようです。

〈命〉もまた（生き物と切り離してしまえば）、目には見えないものであるはずです。これもまた、エネルギーのようなものという見方ができるでしょう。しかし〈気〉は、「目に見えないもの」を指し示し、即ち「エネルギー的なもの」も示す言葉であるにも拘らず、どうも生命そのものは指し示さないようです。

それはなぜでしょうか。

たとえば、生命力、と言った場合は、それ程大きな齟齬《そご》を感ずることなく、〈気〉として捉え得るものとなるのではないでしょうか。

いずれ生命力はエネルギーのようなものであることに違いはありません。生命力を生命エネルギーと言い換えても、意味はそう変わりません。

それでは、生命と、生命力を比較してみましょう。

生命が「生物が生きること」それ自体だとすると、生命力は「生物が生きるための力」、あるいは「生物が生きることで生まれる力」ということになるでしょうか。

これは、実は同じこと、同じものです。

生きるために必要な力を生み出すことで生き物は生きています。生きるために必要な力が生み出せなくなった時、生き物は死にます。つまり生きるために必要な力を生み出すことそれ自体が、生きるということなのです。これは不可分というより、同じものです。

そこで、思い出してください。

前節で説明した通り、概念の上で、人は生物から生命を「切り出して」捉えるということをしているようです。概念の上で、〈命〉は物のようにやりとりができるものなのです。

同じように、「生命」と「生命力」もまた、分離して捉えられていると考えることはできるのではないでしょうか。

生命と生命力を分離できるとした時、その差はいったいどこに求められるでしょう。

繰り返しますが、これは同じものです。これを分けようとするのは、「歩くこと」と「歩いて進むこと」を分けるようなものです。

強《し》いて言うならば――。

主体性の有無——ということになるでしょうか。

あるいはアイデンティティーの有無と言い換えてもいいかもしれません。

何を指し示していようとも、〈気〉は、誰かが感じるものであり誰かが発するものです。〈気〉はその誰かにはなり得ないのです。〈気〉自体が何かを感じたり発したりはしません。

生命というのは、その誰かになり得るものとして捉えられているようです。

意識ではなく意志、精神ではなく自我——ということになるでしょうか。

意志も自我も「目に見えるもの」ではありません。しかし、意志や自我は「エネルギーのようなものを」生み出す主体とはなり得るでしょうが、「エネルギーのようなもの」そのものではありません。

主体たるものは、〈気〉という概念で表しにくい、表してはいない——ということになるでしょうか。

たとえ〈気〉が抜けても、〈気〉を発する主体である生命が抜けさえしなければ、死ぬことはありません。

そしてその主体たる生命は、どうやら意志や自我といったものに置き換える形で理解されている可能性があるようです。

こうしてみると、死ぬ際に抜ける「何か」はエネルギーのようなものでもない——ということになってしまいます。

それでは——。

抜けるのは何なのでしょうか。

よく、人死にが出た家からは人魂《ひとだま》が出る、と謂います。死者から魂が抜けるという謂い方も耳にするでしょう。

それでは次に、魂について考えてみることにしましょう。

魂について

死人が出た家から発光体が飛び立つ――という話は、古今東西を問わず、実によく耳にする話です。それは初耳だ――などという方は、きっと少ないことでしょう。

ふわふわと漂う「人魂」の絵は、怪談的な意匠としては大変にポピュラーなものです。

もっとも、昨今では「鬼火《おにび》」や「狐火《きつねび》」のようなものと混同されて理解されているような向きもないではないのですが、それは違うものです。

縦《よし》んば両方とも「プラズマの発光現象」とするとしても、それぞれは「違う形で発現する現象」として理解されるべきものでしょう。

形や動き方が違うからです。

鬼火は、めらめらと燃える、まさに「火」です。歌舞伎の舞台などで使う焼酎火《しょうちゅうび》などはこの鬼火（陰火）を再現したものなのでしょう。ドラマなどでも、幽霊登場シーンなどには必ずといっていい程、この「火」が登場します。

◎墓の火（鳥山石燕／今昔畫圖續百鬼・晦）

◎提灯火（鳥山石燕／今昔畫圖續百鬼・晦）

実際の炎で代用できるのですから、間違いなく「燃えている」ビジュアルなのです。

ただし、普通の炎ではありません。

炎とは、気体が燃焼することで生じる、熱を伴った光のことです。固体や液体が燃焼する場合でも、蒸発したり分解したりすることで、気化した可燃性の気体と空気中の酸素が燃焼して炎となります。改めて説明するようなことではありませんが、炎は「熱い」ものです。

しかし、鬼火の類《たぐ》いは時に熱くないと説明されることもあります。

また、炎の色は酸素供給量の差や、燃焼するもの自体の特性によって決定しますが、鬼火は青色とされることが多いようです。

これは、実際に「そうなのだ」というわけではなく、陰陽思想などに基づいた理解——理論上導き出された説だと考えたほうが良いようです。

一般に火は「陽」とされます。一方、鬼火のほうは「陰」、あるいは「陰中の陽」として捉えられます。

鬼火の類いが「陰火」と称される所以《ゆえん》です。

一般的な炎の色として諒解される「紅」に対して「青」、「熱い」に対して「熱くない」という性質が導き出された、というだけであり、巷間《こうかん》には紅い鬼火も熱い鬼火もあるようです。

陰陽思想などから離れたとしても、例えば鬼火は人骨に含まれる燐《りん》の成分が沁《し》み出して燃えるのだ——と説明されることも多くあるようです。科学的に正しいかどうかは別として、「燃えている」ことは間違いないようです。

燃えているのですから、そう活発に動き回りはしません。現れて消えるか、あとはゆるゆると揺らめく程度のようです。

一方で、狐火や鳥の火——ふらり火や青鷺《あおさぎ》の火などは、動きます。「狐の提燈《ちょうちん》」などと呼ばれるぐらいですから、提灯行列のように並んで点《とも》ったり、ゆっくりと移動したりします。

これは燃えるというより点るという感じですから、めらめらと燃える炎というより、光というべきなのでしょう。蛍の光のようなものと考えればいいでしょうか。

また、じゃんじゃん火やほいほい火、小右衛門火《こえもんび》など、活発に動き回る炎の怪も各地に伝わっていますが、これも発光体と認識したほうがいいようです。絵画的表現として「火炎放射器で炎を発射した」かのように描かれることもありますが、これはあくまで（後世の）解釈なのでしょう。やや動きの激しい発光体——移動する鬼火的なものと捉えるべきでしょうか。

二《に》根坊《こんぼう》の火や仁光坊《にんこうぼう》の火などと呼ばれる怪火は、上下運動をします。これは炎の中に顔があると謂われるものですが（あるいは首が吐き出す息が炎となるとも謂われます）、顔というファクターを除けば、炎ではなく光球、或いは火の玉と考えた方がいいようです。

同じく上下運動をする怪火としては、釣瓶《つるべ》火《び》などの樹上から降りて来る火の怪が挙げられますが、こちらも、炎というより発光体と捉えた方がいいと思われます（これも顔があることが多いようです）。

これら炎、あるいは発光体は（禽獣《きんじゅう》が点す火を除いて）概《おおむ》ね「遺恨の火」とされます。恨みや執着が火の形をとって現れると説明されることが多いようです。

◎釣瓶火（鳥山石燕／画図百鬼夜行・陽）

幽霊の周りに火の玉が燃えているのは、その幽霊の深い恨みの心が燃えているのだと考えればいいでしょうか。

二根坊の火などは恨んでいる本体（首だけですが）そのものが発光すると謂われるわけですが、これも（首が火を吐くという説もあるように）、鬼火／火の玉のヴァリエーションと考えても差し支えないように思います（釣瓶火に関しては、とりわけ怨嗟《えんさ》と結びつけられることがないようですが）。

◎人魂（鳥山石燕／今昔畫圖續百鬼・晦）

一方、人魂はその名の通り、「たま」として認識されているようです。

火の玉ではなく、あくまで球です。光を発していることは間違いないようですから、発光体ではあるようですが、炎を出してはいません。光球、とでもいうべきものでしょう。

この球には炎の代わりに「緒」があります。

人魂は絵に描かれることも多いのですが、描かれた人魂には大抵オタマジャクシの尾のように、紐《ひも》のようなものが描かれているのです。つまり、人魂はどこかに「繋《つな》がっている」ということです。

これを魂の緒、と呼びます。臍《へそ》の緒と同じ緒、です。

ここで、暫《しばら》く光り物から離れてみたいと思います。

ろくろ首という有名な〝妖怪〟がいます。これは頸《くび》が長く伸びる〝妖怪〟です。

説明するまでもないことですが、江戸の〝化け物〟キャラクターとしても人気を博した、かなりメジャーな〝お化け〟です。映画などにも出演することが多いのですが、映画のろくろ首は伸びても伸びても「頸の太さ」がほとんど変わりません。

太さをキープしたまま伸びるというのは変です。質量が増えていることになるからです。噛《か》み終わったチューインガムは長く引き伸ばすことができますが、伸ばせば伸ばす程、伸びた分だけガムは細くなります。どれだけ伸ばしても質量は変わらないのですから、これは当たり前のことです。それが普通でしょう。

いや、お化けなんだから、作り物なんだからそんなことは関係ないだろう、そもそも変なもんなんだよとおっしゃる方もいらっしゃるでしょう。

しかし、頸の太さがキープされるようになったのは、実は近代以降のことなのです。

時代を遡《さかのぼ》れば遡る程、ろくろ首の頸は細くなります。ろくろ首を描いた図像の「伸びた頸の部分」の描写には、はっきりと変遷が見て取れるのです。

頸の太さが一定になったのは、やはり見世物や玩具《がんぐ》など、作り物の影響が強いようです。江戸期には、伸縮自在の素材などありませんでした。伸ばすなら、伸びる部分を体内に格納しておくか、蛇腹のような仕掛けにするしかありません。

◎飛頭蛮（鳥山石燕／画図百鬼夜行・陽）

いずれも、太さは変えようがありません。

これは「已《や》むを得ずそうなった」というだけのことです。当時、もしVFXやCGの技術があったなら、ちゃんと細くなっていたことでしょう。

本来、頸は細かったのです。

ろくろ首の「ろくろ」は、陶磁器などを作る際に使う轆轤《ろくろ》のことです。轆轤は、大雑把に説明するなら回転する円形の台です。その台の上に粘土を載せ、回転させながら形を作っていく仕組みです。回すことで、台の上の粘土を回転体に成形することができるわけです。粘土の塊がするすると伸びるように、頸が伸びるということなのでしょう。

つまり、やはり「伸びるなら細くなる」という認識はあったのだと思われます。

しかし。

このろくろ首ですが、古くは「抜け首」と呼ばれていました。

頸の太さが変わらなくなって以降、抜け首という呼ばれ方は徐々に廃れてしまいます。

戦後、〝化け物〟が〝妖怪〟としてリニュウアルして以降、抜け首はろくろ首とは別の〝妖怪〟としてカウントされてしまいます。そちらの方は文字通り、首（頭）が身体から離れ（抜け）て飛び回る、という表現がされることが多いようです。しかし、本来この二つは同じものだったようです。実際、古い絵巻などには、頸が伸びている（胴体と繋がっている）にも拘《かかわ》らず、抜け首と記されているものもあります。

抜け首はまた、飛《ひ》頭蛮《とうばん》という伝説の「人種」と同じものです。

飛頭蛮は、中国の類書（書物の記述を項目別に編集しなおした百科事典のようなもの）『三才圖繪《さんさいずえ》』に拠《よ》れば、ジャワ島に住む「眼に瞳《ひとみ》がなく、首を飛ばすことができる」民族だとされます。

また、別の資料では現在のベトナム付近の洞窟《どうくつ》に住む民族で、夜な夜な首が離脱し、耳を翼のように使って飛び回り虫を捕って食べると謂われています。

これは、東南アジアを中心にして広範囲に伝わるポンティ・アナク（ボルネオ）やペナンガラン（マレーシア）などと呼ばれる妖物（ヴァリエーションは様々ありますが、有名なものは首が内臓を繋げたまま身体から抜けて飛び回り人を襲うという不気味なもの）に近いものでしょう。また耳で飛び回るというのは南米チリのアラウコ族に伝わるチョンチョン（チョンチョイニ）という魔物（大きな耳で飛び回る頭だけのヴァンパイア的なもの）に通ずるものでしょう。

もちろん、そんな民族は実在しません。幻獣・幻人の類《たぐ》いですから、現在では〝妖怪〟として捉えられてしまうものでもあるでしょう。

ただ、飛頭蛮などと呼ばれる「首が胴体から離れる民族」の多くは、頸に紅い筋があると謂われることが多いようです。

山岡元隣《やまおかげんりん》が記した『古今百物語評判《ここんひゃくものがたりひょうばん》』にもろくろ首の頸には痣《あざ》のようなものがあると記されています。また、鳥山石燕はろくろ首の表記にこの飛頭蛮の字を当てています。

二者は昔から同一視（混同）されていたことは間違いありません。

抜け首を扱った文芸作品に小《こ》泉《いずみ》八《や》雲《くも》（ラフカディオ・ハーン）の「ろくろ首」（『怪談』収録／一九〇四・原題も「Rokurokubi」）があります。有名な作品なのでご存じの方も多いことと思われますが、念のために粗筋を記しておきます。物語は次のようなものです。

旅の僧が樵《きこり》の小屋に一夜の宿を乞《こ》う。夜、目を覚ますと家の者の首がないことに気づく。外を見ると首だけが飛び回っている。僧は一計を案じ、身体の方を屋外に移動させる。首は、身体に戻れないと知ると凶暴になり、僧を襲う。僧は首と戦い、退治する――。

その後、僧は袖《そで》に齧《かじ》りついて離れない首をぶら下げて旅を続け、訝《いぶか》しんだ役人に捕まってことの子細を語り、放免された後、首のついたままの衣を盗賊に譲り渡し、祟《たた》りを恐れた盗賊が首を埋めて塚を作り供養する――。

ざっと、このような筋書きです。もちろん、これは小説です。作中、ろくろ首を目撃した主人公は、次のような理由で「胴体を家の外に運ぶ」決心をします。

……『捜神記』に、もし首のないろくろ首の胴体を見つけて、その胴体をほかの場所に移しておけば、その首は、ふたたびもとの頸部にくっつくことはできない、と書いてある。また、首がもどってきて、自分の胴体が動かされているのを知ると、その首は、自分で床に三度ぶつかって、毬《まり》のように跳ねかえりながら、たいへんこわそうに息をあえいで、やがて死んでしまう、とも書いてある。

『怪談・奇談』（田代《たしろ》三《み》千《ち》稔《とし》訳／角川文庫／一九五六）

胴体を移動させただけで首は身体に戻れなくなり、やがて死ぬ、と主人公は考えています。また、殺人の嫌疑をかけられた主人公が放免されるにあたっては、衣服に齧りついたままの首を検分した役人が、『南方異物志《なんぽういぶつし》』という書物を引き、「首に赤いしるしがあるのはろくろ首である」と判定したため――となっています。

たしかに、中国六朝時代の小説集である『捜神記《そうしんき》』にはこれに似た話が載っています。落頭民《らくとうみん》という「首が抜ける」部族の女を下女に雇ってしまった者の話で、胴体に布団を被《かぶ》せられ抜けた首が戻れなくなって苦しむ――という話です。布団を剥《は》がすことで下女の首は無事に胴体に戻りことなきを得るのですが（解雇はされます）、もしも首が胴体に戻れなかった場合、落頭民は死んでしまうのだ――と記されています。ただ、その場合も「銅盤を被せておく」などの物理的な遮蔽《しゃへい》が必要になるようです。移動させただけで元に戻れなくなってしまうというような記述は、『捜神記』の中にはありません。

小泉八雲が下敷きにしたと思われるのは、十返舎一九《じっぺんしゃいっく》の『怪物輿論《かいぶつよろん》』巻之四「轆轤《ろくろ》首《くび》悕《がき》念《ねん》却報レ福話《かへってさいわいをむくふはなし》」（一八〇三）のようです。筋書きはまったく同じです。但し『捜神記』に載る抜け首の名は戸《し》頭蛮《とうばん》であるとされ、さらに「ろくろくび」と振り仮名を当てています。

頸が伸びる「ろくろ首」と、首が飛ぶ「飛頭蛮」は分けて考えるべきだという意見もあるようですが、少なくとも江戸時代には同一視されており、使い分けがなされていたとは思えません。別のものだとしても混同されていた、ということにはなるでしょう。

しかし、ろくろ首と抜け首が本来別のもの（個別に発生した概念）であり、似ていたがために混同され、やがて一体化してしまった——という図式には、やや無理があるように思われます。図像や記述などを時系列順に並べてみた時、そうした変遷の痕跡《こんせき》はほとんど見られないからです。やはり抜け首が時代と共にろくろ首へと移行し、元になったモノがやがて別物として理解されるようになったと考えたほうが正解でしょう。

さて。

ここで問題にしなければならないのは「胴体を動かすと戻れなくなる」というところです。たしかに『捜神記』のように、接合部を塞《ふさ》いでしまっては繋がることは不可能でしょう。しかし、移動しただけで（隠してしまうわけではないようです）戻れなくなるというのは、多少納得できない気がします。

実は、胴体を動かすだけで戻れなくなる「抜けるもの」が、もうひとつあります。〈魂〉です。

〈魂〉は、洋の東西を問わず、実によく身体から抜け出るようです。それは、ある時は蝶《ちょう》や蛾などの虫の姿だったり、また動物などの姿だったり、そうでなければ人魂や、その人そのものの姿だったりもするようです。

抜けた魂は浮遊します。

魂の抜けた身体を移動させたために戻れなくなって死んでしまうという話も、少なからず伝わっています（必ずそうなるということではありません）。

非常に、よく似ています。

ろくろ首（抜け首）の細い頸は、人魂の緒と同じものであった——と捉えることもできるかもしれません。実際、初期のろくろ首の頸は頸とは思えない程に細く描かれています。本来離れている頭と胴が、目に見えない緒で繋がっているのだとしたら、胴体を移動させるという行為はその緒を切る行為に近い効果を発揮するものとなるのかもしれません。

本来はそうした「記号」であった緒が、やがて長い頸と理解されるようになったと考えることもできるでしょう。

寛文《かんぶん》時代の物語集で作者不明の『曾呂利物語《そろりものがたり》』（一六六三）に、「女《をんな》の妄念迷《まうねんまよ》ひ歩《ある》く事《こと》」という話が載っています。越前北《えちぜんきた》の荘《しょう》のことといいますから、今の福井《ふくい》県の話とされています。

> 澤谷といふ所に、大いなる石塔有りける。その下より鶏《にはとり》一つ發《た》ちて、道に降るる。月夜影によくよく見れば、女の首なり。彼の男を見てけしからず笑ふ。

女の首が出て来て不気味に笑った、という話です。体験者は武士ですから、怖れることなく抜刀して斬りつけます。首は逃げ（記述はありませんが飛んでいるものと思われます）、ある家の窓から中へ飛び込みます。

すると、家の中から女の声がします。

あらおそろしや。只今の夢に、澤谷野を通りしが、男一人、我を斬らんとて追ふほどに、これまで逃げけると思へば夢さめぬ。汗水になりし。

これは、一見「抜け首」の話のようですが、実はそうとばかりはいえないようです。これは抜けた〈魂〉が首の形をとっていた、と考えた方がいいようにも思われます。

身体から抜けた〈魂〉は様々な場所を移動するようですが、魂の状態で体験（というか、主に視覚情報と聴覚情報なのですが）した事柄は、夢として認識されることが多いようです。

博覧強記の人として有名な南方熊楠《みなかたくまぐす》は、自らの体験として次のような文を記しています。

七年前嚴冬に、豫那智山に孤居し、空腹で臥たるに、終夜自分の頭抜け出て、家の横側なる牛部屋の邉を飛び廻り、有り有りと闇夜中に其状況を詳く視る。自ら其精神状態に在るを知ると雖も、繰り返し繰り返し斯の如くなるを禁じ得ざりし。

「睡眠中に霊魂出づとの迷信」（『人類学雑誌』第二十七号／一九一一）

肉体は就寝状態にあるにも拘らず外界を見てきた記憶があるというケースは多いようです。

こうした症状を「離《り》魂病《こんびょう》」と呼びます（また影患《かげわずら》い、影の病《やまい》などとも呼んだそうです）。江戸時代には病気として認識されていたようです。

これは、俗にいうところの「幽体離《ゆうたいり》脱《だつ》」に近いものでしょう。

「幽体離脱」というのは主にオカルトの分野で使われていた言葉です。オカルト用語が一般化したというだけで、決して一般に通じる概念＝言葉ではありません。

子供向けのオカルト本などに載っている、横たわった人の上に同じ形の人が浮かんでいるイラストを見た覚えのある人も多いのではないでしょうか。浮かんでいる人は半透明っぽく描かれており、その後頭部から伸びた「紐のようなもの」で下の人の額と繋がっています。この場合は抜けるのは〈魂〉ではなく、幽体／霊体（アストラル体）などと呼ばれるものです。詳しくは述べませんが、アストラル体とは近代神智学（キリスト教神智学ではありません）などが作り上げたオカルト体系から生み出された考え方で、これが体から抜け出るのをアストラル投射と呼びます。この邦訳（のひとつ）が「幽体離脱」です。

特に否定するようなことはしませんが、こうしたオカルト系の言説は一様に「蜃気楼は蛤の吐き出す気である」という言説とまったく変わらないレヴェルのものだということだけは間違いありません。当然、同じような理解の仕方をすべきでしょう。当たり前のように「幽体離脱」という言葉を使い、まるで既成事実であるかのように体験を説明する人はことのほか多いのですが、それは「蛤蜃気楼原因説」を真実と主張するのと同じです。信頼性という意味では無根拠な妄説と変わりがないのですから、特別な意図がある場合を除いて、思考停止状態でそうした用語を使うことだけは避けたいところです。

ただ、そうした体験をする人が現代においても多くいることは事実です。したがって医学的にもある程度は研究や解明が進められています。

例えば、それを睡眠障碍《しょうがい》の一症状として捉えることは可能です。

突然猛烈に眠くなるナルコレプシーという障碍は、主に睡眠発作として自覚されますが、この場合はノンレム睡眠を飛ばしていきなりレム睡眠期が訪れる入眠時レム睡眠期が訪れるために幻視や幻聴を伴うケースがままあるようです。

また、夜眠ろうとする際に、ノンレム睡眠からレム睡眠に移行する途中で中途覚醒《かくせい》した場合には、俗にいう金縛りの状態になります。

こうした入眠時幻覚は、それ以外の真性幻覚に比べて、よりリアルなもの――現実と地続きなものとして認識されます（ちなみに、自ら現実と区別のつく異常体験は錯覚と呼ばれ、自身では区別がつけられないものを幻覚と呼びます）。

ナルコレプシーは脳内のオレキシンという神経伝達物質の欠乏によって起きる一種の脳疾患として捉えられるものですが、軽度の睡眠障碍は一般にも起こり得ることで、その場合も、やはり同様の幻覚や金縛りを「体験」することになります（入眠時幻覚として浮遊する首の幻覚を見るようなケースも報告されています。また、偏頭痛の発作は時に体感幻覚という症状を引き起こすことがあります。これは、身体の一部または全部が、伸びたり縮んだりするように感じてしまう幻覚です。共にろくろ首のイメージ形成に関わっているのかもしれません）。

そうした幻覚の中には、「意識の中心が身体の外側にあるように感じてしまう」症状もあります。恰《あたか》も主観が身体から離脱してあるように知覚してしまう、幻覚です。

これは体外離脱体験（体脱体験）などと呼ばれることが多いようです。

幽体が抜けているのではなく、意識の中心がズレてしまったような主観的な印象を持ってしまうようなイメージや感覚がリアルに（もちろん内部で）生じている状態、ということになるでしょうか。視覚情報であれ聴覚情報であれ、断片的な情報を再構成することで作られているものなのですから、自分の見聞きできないもの（例えば寝ている自分の姿など――）を見聞きすることも、脳内においては実は可能なことなのです。

いずれにしろ、これらは脳内で起きていることです（幽体離脱のようなオカルト理論は霊魂の存在をなんら証明するものではありません）。

むしろ重要になるのは、抜けた人の体験などではなく「抜けたモノ」の方でしょう。すべてが脳内で起きていることであるなら、抜けたモノを見た人がいるというのはおかしい――ということになるからです。

これは、やはりおかしいのです。古人もおかしいということを承知していたからこそ、怪談として語られることになったのでしょう。

繰り返しますが、離魂病や幽体離脱などと呼ばれる「体験」は、心霊／疑似科学的なタームを用いずとも、脳内の「反応」と捉《とら》えることで、ある程度は説明できてしまうものです。ですから、何か（意識の主体となるようなモノ）が肉体から抜け出たりするという「現象」は「ない」と考えていいでしょう。

つまりそれらは〝体験〟としては成立するのですが、物理的な〝現象〟ではない、ということになるのです。

〝現象〟としてあるとするなら、それは脳内の些細《ささい》な変化だけ――ということになります。

ただ、これは「錯覚」ではありません。

体験している当人にしてみれば、体験中は実体験との差異がない（とても少ない）わけですから、体験中に現実でないということを認識することは難しいでしょう。そういう意味ではむしろ夢に近いのですが、断片的な情報がランダムに関連付けられてしまう（要するに支離滅裂な）夢と違って、そうした体験（幻覚）は概《おおむ》ね現実そのままです。突飛なことが起きたり、非常識な体験をしたりするわけではなく、見えるはずのないものが見えたり、行けるはずのない場所に行けたりするだけです。

違いはただ、あり得ない状況という一点に絞り込まれてしまうことでしょう。自分の姿を自分で見ることは不可能ですし、眠っている間に外の様子を知ることもできません。また、人間は物理法則に逆らって壁をすり抜けたり空を飛んだりすることもできません。

離魂病や幽体離脱という言葉を使わなければうまく説明できないのは、そのせいです。「魂が抜けた」だの「幽体が離脱した」だの、そうした（都合のいい）理屈をつけない限り、それは絶対に不可能な現象――説明のできない出来事でしかないのです（そもそも現象は起きていないのですから当然のことなのですが――）。

したがって、あり得ないからということを理由にして、後講釈で錯覚（あるいは夢）だと判断してしまうことはあるでしょう。遡《さかのぼ》ってその体験の記憶は錯覚（または夢）として理解され直してしまうわけです。そうした例はことのほか多いものと思われます。

いや、多くの場合、そう判断するのです。

ただ、何らかの理由で、どうしてもそう思えないというような場合にのみ、それは「不思議な体験＝不思議な現象」として理解されることになります。

繰り返しますが、「体験」はしていた（体験した記憶がある）としても「現象」は起きていません。体験者の多くは寝ているだけです。移動したり、何かを見聞きした記憶があったのだとしても、それは「体験した記憶がある」というだけで、行動を伴った実体験があったわけではありません。今風にいうなら、すべてはヴァーチャルな体験なのであって、どれだけリアルに思えたとしても、それは現実ではないのです。

但し、それなのに観察した対象――そうした状態で見聞きしたものごと――が、現実と同じだったというケースがあるのは、どうしてなのでしょう。

そうした一致が、不思議な体験をより神秘的なものに粉飾してしまうということは、よくあることです。

しかし、見聞した場所が遠隔地である場合はとても微妙なのですが、そうでない場合、実際には見聞きしていないのに知ってしまうという可能性は、大いにあります。

そもそも行ったことのない海外の土地や、他の天体、霊界のような現実にはない場所に行ってしまうようなケースは、既にして離魂病や幽体離脱と呼ばれるものとは違う症例――妄想や空想――であると考えた方がいいでしょう。魂の緒は、そんなに遠くまで伸びるものではありません。

一方、自分の姿、室内、家の周り、町内などの見慣れた場所や、行ったことのある場所の場合は別です。

記憶（それまでに得ていた情報）と刺激（受容器官からリアルタイムに入ってくる情報）によって、脳内に現実と同じ状況が「再構成」されてしまうことは十分にあり得ることだからです。

自分の後頭部にあるオデキを見てしまったというようなケースはままあるようです。でも、それとても実際に見てしまったわけではありません。多くの周辺情報（通常意識されないものも含む）が視覚的情報として脳内で正確に構成されたというだけのことです。

これは、いわゆる「超能力」のようなものではありません。

そういうこともある、というだけのことです。

人間の記憶や認識というのはとてもあやふやなものなのです。実際に見聞きしているものもまた、様々な情報（記憶や刺激）を組み合わせて脳内で再構成されたものに過ぎません。見えているからといってそこにあるとは限りませんし、聞こえているからといって鳴っているとも限りません。見えないものが見えたり、あるものが見えなかったり、人というのは結構な割合で（現実でさえ）とっ散らかして認識しているものなのです。しかし、どれだけ不正確であろうとも、どんなに誤謬《ごびゅう》があろうとも、それをあっさり認めてしまったのでは人は立ち行かなくなってしまいます。

そこで、生きて行くために脳は脳に都合の良い言いわけをします。

記憶を補正し、時に改竄《かいざん》までしてしまいます。脳は中々間違いを認めようとしません。

人間はそういうふうにできているのです。

自分の見聞きしたものごとしか信じない、と公言して憚《はばか》らない人がいます。そうした人は実証的かつ慎重な人として受け取られることが多いようですが、それは、翻せば自分の見聞きしたものごとなら無条件に信じてしまうということにもなります。

自分の見聞きしたものは（見聞きしたのだから確実に）真実だと思い込むことは、ある意味で危険だし、また傲慢《ごうまん》なことでもあります。

もちろん、まるで信用できないということはありません。

しかしまったく疑う余地がないかといえば、それは違います。

体外離脱体験も、体験ではあるのでしょうが現象ではありません。

体験したことはすべて現象としてあるのだという先入観が、あり得ないことを恰《あたか》もあり得ることであるかのように思い込ませる一因となっていることは間違いありません。そうやって捩《ね》じ曲げられてしまった認識こそが、〝不思議〟や〝怪異〟と呼ばれる「現象」とされてしまうこともまた多いのです。

同じような体験が、浮遊する魂となり、抜ける（伸びる）首になり、霊体になります。またドッペルゲンガー（霊的な生き写し＝医学的には側頭頭頂結合部の異常などに原因が求められる自己像幻視と同一視されることが多いようです）のようなものも生み出します。夢知らせの一部や生霊、睡眠中に小動物に変じて活動する奇譚《きたん》なども、同根のものと思われます。

それらは、体験者が所属している集団の文化によって大部分が規定される「解釈」と考えていいでしょう。

ばらつき加減からもわかる通り、それらは似通ってはいるものの、決して普遍的な解釈ではありません。つまり、そのエリアの中では有効であっても、異なった文化圏（あるいは文化が変質するほどの時間的隔たりがある場合）においては無効――単なる怪しい話でしかなくなってしまう――ということです。ただ、それらは常に具体的な「事象」として「説明」されるため（その時代・その地域においては）大変に通りの良いものでもあります。体験者（というよりその脳）にとっては、例えば自分の姿を見てしまう、寝ている間に別の場所の様子を見聞きする、空中を浮遊する、壁や天井をすり抜ける――そうした、「あり得ないこと」が起きるかどうかということよりも、「実際には何も起きていないのに何かが起きたような体験だけがある」という点こそが最大の齟齬《そご》になります。どれほど理に適《かな》わない体験であっても、脳は理屈より「体験したという事実」のほうを優先させようとするものなのです。錯覚、あるいは夢だと思い直すこと――「改竄」ができないのであれば、間違いを認めようとしない仕組みになっているのです。

脳にバグがあることを認めずに「何も起きていないのに体験した記憶だけがある」という矛盾を解消しようとするならば、「実は何かが起きていたのだ」と考えるよりなくなってしまいます。

どれほど理に適っていなくても「何かが起きた」とするならば、そうした齟齬は（とりあえず）解消されてしまうからです。

理屈はわからないけれども「理屈の通らない何かが起きたのだ」と考えられるならば、体験者の中のわだかまりはなくなってしまうでしょう。

だからこそ、〝怪異〟はまず脳内から追い出されて「現象」として捉えられるのです。

しかし、そうした現象の多くは（当然のように）この世界では決して起こり得ない類《たぐ》いのものばかりになります。その結果、「ある」とか「ない」とか、「信じる」とか「信じない」とかいう論争が起きることになるわけです。

起きないことが起きると信じるのは個人の自由ですが、起き得ないものはどう頑張っても起きはしません。しかし、起き得ないことでも個人が体験することだけはできるのです。

そうした個人的体験までもを否定することはできないでしょう。

見えたというのであれば（その人には）見えたのでしょうし、聞こえたというのなら（その人には）聞こえたのでしょう。

第三者が否定してどうなるものでもありません。

ただ、第三者には「実際には見えるはずも聞こえるはずもない」という客観的事実が想定できるというだけです。

体験は常に主観的なものです。そしてそうした体験は、客観的な状況と必ずしも整合性を持つものとは限りません。

主観的事実と客観的事実の間に整合性が取れない場合、一般的には客観的な事実のほうを採択し、主観は捩じ曲げられることになります（錯覚や夢と判断するということです）。しかし主観的事実を取り下げないのであれば、体験者は矛盾を抱え込むことになるでしょう。その矛盾を解消するためには、現実を捩じ曲げるしかないということになります。

しかし、個人が現実を捩じ曲げることは簡単なことではありません。

どれだけ自分の体験したことに自信があったのだとしても、単なる思い込みである可能性は簡単に拭《ぬぐ》い去れるものではありません。そうした矛盾は、体験者個人では中々解消しにくいものなのです。

したがってその思い込みを補強してくれるような説明――現実を捩じ曲げてしまう解釈が外部から齎《もたら》されることは、体験者（の脳）にとってとても都合の良いこととなります。

現実的に不可能なことであっても、「霊だけが体から抜け出すことが可能ならばできる（かもしれない）」「首が伸びれば塀の外も見える（だろう）」「自分が分裂すれば自分の姿だって見える（に違いない）」ということになるからです。そういうことがあるのなら、やはり自分の体験もあり得ること――真実であったと考えることができるでしょう。

冷静に考えれば（いや考えるまでもなく）、「霊だけが体から抜ける」だの「首が伸びる」だの「分裂する」だのということのほうがあり得ないことであることは明白なのですが――どういうわけか人はあまりそういうふうに思えないようです。知識や理論より主観のほうを選んでしまう習性を持っているのでしょう。

だからこそ、そうしたタームが時代や文化から大きくズレてしまった場合でも、別のものに乗り換えてまで信用しようとすることになるのです。

「ろくろ首なんかいるわけないじゃん」

と自信を持って言う人が、

「幽体離脱はあるだろ」

と、平気で口にすることになるわけです。

こうした現実を捩じ曲げてしまうような「解釈」は、もちろん自然科学的には一笑に付されてしまうようなものでしかないわけですが、文化の表出――人が健やかに生きるための方便として捉えるならば、簡単に切り捨ててしまってはいけないものです。

それらの様々な解釈は必ずやその地域その時代に暮らす人々の心のあり方に通底しているものだからです。そうでなければ現実を捩じ曲げるほどの説得力を持ち得ないでしょう。個人の独りよがりな解釈ではなく、不特定多数が（それなりに）納得できるようなものでなくては説明として採用されるものではありません。

ろくろ首も、魂も、ドッペルゲンガーも、文化の中で作り上げられた「その地域その時代に見合った通りの良い解釈」です。

そうして形成された文化的イメージは時に疑似科学に回収され、（幽体離脱のような）もっともらしい妄説を生んだり、特定の教義と結びついて宗教的神秘体験になったりすることにもなります。そうした言説が、また文化的イメージの変容に貢献するものとなるのです。

さて。

現在、ろくろ首は〝妖怪〟の一品目として捉えられています。

通俗的な場で語られる〝妖怪〟はキャラクターであり、およそリアリティーを持った存在とは思えません。ろくろ首の実在を信じている人は、残念ながらほとんどいないと言っていいでしょう。

つまり、ろくろ首は既に、「その地域その時代に見合った通りの良い解釈」ではなくなってしまったということになります。

体外離脱体験のような「体験」を「説明」するツールとして、ろくろ首は相応《ふさわ》しくないものになってしまったということでしょう。

もっとも、ろくろ首の場合はかなり早い段階でそうしたステージから離れてしまっていたものと思われます。江戸中期には既に〝化け物〟としてカウントされていたわけですし、江戸後期には見世物のネタとなってしまっています。

キャラクター化してしまった段階でリアリティーは失われてしまうと考えていいでしょう。

大陸ではともかく、ろくろ首が本邦で某《なにがし》かの「解釈」や「説明」として機能していた時期は大変に短かったものと考えていいでしょう（ほとんどなかった、あるいは特殊な状況でのみ機能していたと言ったほうが良いかもしれません）。

一方で、人魂などの発光体は、いまだに（どれだけ自然現象だという主張がなされても）機能し続けています。

たとえプラズマのような放電現象であったのだとしても、その自然現象を引き起こすのは何らかの意思なのである、という強引な主張さえなされます。

ドッペルゲンガーのようなものも、本来的な伝承や定義からは微妙に姿を変えつつも（現在では生霊と習合して理解されることも多いようです）、いまだに生き残っています。

この差はいったい何に由来するものなのでしょう。

なぜろくろ首は駄目で、人魂や生霊はＯＫなのでしょうか。

ろくろ首を「見た」という人は、ほとんどいません。まったくいないのかと問われると何とも言えませんが、少なくとも近代以降の記録にはほとんど残っていないと思われますし、目撃談を耳にすることもありません。

稀《まれ》に「首だけ」が飛んでいた、あるいは追いかけて来たというような例はあるようです。多くはありませんが、ビジュアルにインパクトがあるため印象に残る〝怪談〟に仕立てやすいということもあり、耳にされた方もいらっしゃると思います。

しかしその場合も「抜け首」として理解されることはまずないと言っていいでしょう。ほぼ亡霊のヴァリエーションとして理解されてしまうようです。

一方で、人魂（あるいは鬼火や狐火などの怪火）は、現在でも頻繁に目撃されています。

これは当然のことで、そうした怪火は日常的に目にすることは少ないけれども、自然界にはもともとあるものだからです。

実際にあるものを都合良く「解釈」して、「説明」に利用しているわけです。

一方でろくろ首は違います。

ろくろ首は概念として生み出され、（我が国においては）キャラクターとして定着したものなのですから、自然界には存在しません。見ようとしても見られないものなのです。縦《よし》んば「首だけ」を幻視してしまったような場合でも、ろくろ首という「解釈」はそれほど説得力を持たないということになります。

でも、どうやら〈霊〉ならOKのようです。

それはなぜなのでしょう。怪火と違い、「人間や人間の一部に酷似した実体のないモノ」などという非常識なものは自然界には存在しません。

でも。

存在はしないものの、人はどうやらそれを見てしまうようなのです。

もちろん、その多くは錯覚です。そうでなければ幻覚でしょう。しかし、たちが悪いのはそうしたものを見てしまう人は、体外離脱体験者と違って、ちゃんと覚醒している――というところです。

もちろん、入眠時幻覚のように睡眠中に見てしまうこともあります。

寝ていると体の上に誰かが乗ってきた、金縛りにあって目を開けたら枕元に誰かがいた、うたた寝していたら誰かが部屋に入って来る気配がした――そうした体験談は、概ね（というか完全に）体外離脱体験同様の「幻覚」です（稀に本物の不法侵入者である場合もあるのかもしれませんが――）。

そうした体験も、錯覚や夢と「思い直す」ことで片づけられるか、さもなければ、あり得ない「現象」として特殊化されてしまいます。そのあたりの仕組みは、体外離脱体験と同様のものです。

でも、厄介なのは〝幽霊〟（のようなもの）を目撃してしまう人の場合は、まま起きていることがある――というところです。

人は、覚醒《かくせい》していても実際には起きていないことや実際には存在しないものを見聞きしてしまうことがあるのです。

とはいうものの、見間違いや聞き間違い、勘違い、錯覚であることがほとんどですし、多くの場合はそのまま素直に、間違い・勘違い・錯覚だと認識し直されてしまうものです。「認識のし直し」というのは、脳内では頻繁に行われているのです。妙な理屈や解釈を引き合いに出し、現実を捩《ね》じ曲げてまで自らを騙《だま》すより、そのほうが脳もはるかに楽だからでしょう。オカルトよりもスピリチュアリズムよりも、「そんなバカなことはないさ」という日常性を保持する力のほうが平素は強力に働くものなのです。

しかし、中には別な理由で知覚されてしまうようなケースもあります。

もちろん薬物の作用や疾病や外傷などによる障碍《しょうがい》に起因する幻覚である場合もあります。

しかし、例えば信念や信仰、様々な心の動き（感情）などでも、それは容易に起こり得ることです。

つまり、誰でも見てしまうことはある、ということです。

見える（見えた）からといって、その人が特殊な人間であるということにはなりません。

見えるから「霊能がある、霊感が強い」とラベリングすることはナンセンス以外の何ものでもありませんが、反対に見える人は異常だというような考え方も、それと同じくらいに無意味で失礼なことです。同じように見えたからといって卑下する必要はひとつもありませんが、それを特殊な能力であると自己解釈し、自らを特殊化するツールとして誇ったりすることも愚かしいことです。

それは普通のことです。

誰であってもそうしたものを見聞きしてしまうことはあると考えるべきでしょう。

問題は、見てしまった後に、それをどう「解釈」するかというところにあるのです。

見間違いや錯覚だと思えなかったとして、その場合ただ単に「わからない」としておくことは、中々難しいことのようです。

人は、どんな時にも（特に自分の体験に関しては）理由を知りたがるという習性を持っているようです。ただ、先にも述べた通り、人の脳は自らの間違いを認めたがらないという作りになってもいるのです。

これは、中々どうして面倒《めんどう》なことでしょう。

それでも、人は何とかして理由を探り当てようとするでしょう。結局ここでも、「その地域その時代に見合った通りの良い解釈」が求められることになるのです。自分で自分を騙すよりも、外部に用意された言説に「乗っかった」ほうが、ずっと楽だからです。

さて、一方で体から抜け出したような体験を持つ人がおり、もう一方でいるはずのない何かを目撃してしまう人がいる――ことになります。

この二つは、本来無関係です。

しかし、「その地域その時代に見合った通りの良い解釈」は、この二者を結びつけてしまいます。その「通りの良い解釈」の核となるコードこそが――。

〈霊〉です。

〈霊〉という概念を導入することで、本来無関係な二者は互いに補完し合うものへと変貌《へんぼう》するのです（こうした時に、〈霊〉という概念は大変に便利なツールとなります。〈霊〉という装置を用意することで、多くの齟齬や矛盾はある程度解決してしまうのです）。

　私の体から抜け出た（と思われる）のは〈霊〉だろう。

　私が見た（と思った）のは〈霊〉だろう。

こうして関係ないはずの事例は結び付き、

あの人の体から抜け出した〈霊〉をこの人は目撃した。

という構図が生まれます。

個人的な体験（錯覚や幻覚など）は「現象」として事実化されるのです。

こうして考えて行くと、人が死んだ時に抜けるのはエネルギーなどではない――ということがわかるでしょう。死んでも、何も抜け出たりはしません。

抜けると考えた方がわかりやすいから、抜けることにしているだけ――なのです。

抜けるのは質量を持った何かではなく、「そう考えないと理解しにくい」からという理由で用意された装置――「概念」です。

〈霊〉は、時間や言葉、文字などと同じく、人間の生み出した巧妙な「発明」だと言っても良いでしょう。

巧妙というなら、これほど巧妙なものはありません。

〈霊〉は、様々なものごとを関連付け、解釈し、説明してくれる便利な概念です。〈霊〉を核とした「説明」はほぼ万能といっていいものです。地域や時代、文化を超えた汎用性《はんようせい》を兼ね備えていますから、ほとんどの局面で、ほとんどの事柄が、〈霊〉を用いることで説明できてしまうのです。

信じる信じないは別にして、オデキができたのも霊障、一族が絶えたのも霊障、国が滅んだのも霊障で、一応は済んでしまいます。最近では宇宙の神秘も〈霊〉を用いて説明する輩《やから》もいます。〈霊〉はほぼオールマイティの事物解釈ツールなのです。

この項の冒頭を思い出してください。

幽霊とは迷える〈霊〉魂のことだ――。

この謂いは、何も表していないことがわかります。

〈霊〉は万能ですが、それ自体は何も表していないのです。

〈魂（魂魄《こんぱく》）〉は、人魂のような現象に仮託することで可視化することもできます。

また——多くは忘れられているのですが——それなりにどういうものなのかということが古人によって説明されています。

しかし、〈霊〉そのものに関しての説明はほとんどありません。

〈霊〉とは何かと問われても、答えられる人はいないでしょう。〈霊〉は説明できないのです。

〈霊〉は、説明されるものではなく、説明に用いられるものだからです（同じように、「時間とは何ですか」「言葉とは何ですか」という問いに対して、簡潔かつ正確に答えられる人もいないでしょう）。

いや、そんなことはない、霊は説明するための概念なんかじゃない——と主張される方は多いでしょう。説明はしにくいけれどちゃんとあるじゃないかとおっしゃる方もいることでしょう。何しろ、〈霊〉は写真にも写るのですから——。

それでは、可視化される〈霊〉について考えてみることにしましょう。

心霊について

現在、〝心霊写真〟という言葉を聞いて、「それは何？」と疑問を抱く人というのは少ないのではないでしょうか。取り分けオカルトに傾倒している人でなくても、それが何なのか「全く知らない」という人は、まずいないのではないかと思われます。

それほど、〝心霊写真〟という言葉は一般的なものとなってしまいました。

写真が発明されたのは十九世紀のことです。写真技術が日本に紹介されてからも百六十年以上の歳月が流れています。写真を撮る／写真に写るという行為が一般的なものとなって久しいことは事実です。テレビより電話より、この国における写真の歴史は長いということになります。現代の日本において、写真を撮ったことも、撮られたこともない、まして、見たこともない、存在そのものを知らないという人は、限りなく少ないのではないでしょうか。

ですから、「写真を知らない人がいない」のは当たり前のことだと思われます。

しかし、ただの写真ではなく〝心霊写真〟となると、どうなのでしょう。

前節までにも記した通り、〝心霊現象〟の多くはいわゆる「現象」ではありませんし、〝心霊体験〟のほとんどは個人的な体験――脳内の「反応」として理解し得るものです。

その「反応」と現実との間に、埋められないギャップが生じてしまった場合、それを補正するために「現象」が半ば捏造《ねつぞう》されてしまう、というだけのことです。

勘違いしていただきたくないのですが、「だから霊などない」と言っているわけではありません。予《あらかじ》めお断りした通り、それは判らないとしておくのが正しい在り方です。

ただ、それら「霊の存在を証明する」と謂《い》われているものごとのほとんどは、何ひとつ証拠となり得ないものだ、と言っているだけです。

わからないものは、わからないとすべきです。

オカルト的言説は、ほぼすべてが「あることを前提とした都合の良い解釈」です。それを鵜《う》呑《の》みにするのは、理性的な在り方とはいえないでしょう。

見た、聞いた、嗅《か》いだ、触った――どれも主観でしかありません。いずれも、客観的事実か否かをジャッジする判断材料となり得るものではないのです。

たとえ、複数の人物がそうした〝体験〟を主張したとしても、やはりそれらは「事実であること」を確実に保証する〝証拠〟となり得るものではないでしょう。

精々、「起きたことを類推するための補足材料」になる程度です。

そうした証言から汲《く》めるのは、起きたことそのものではありません。それは、起きたことに対する証言者の「反応」なのですから、証言者の内面を汲むことしかできません。

しかし。

写真はどうでしょう。

写真は、基本的に「あるものを写す」装置として諒解《りょうかい》されるでしょう。物理的に存在するか否かは別にしても、写っているものが取《と》り敢《あ》えず「可視」であることは間違いありません。カメラに主観はありません。もちろん、アングルその他、撮影者の主観に依《よ》って決定されるところは多いわけですが、基本的には「あるもの」しか写らないはずなのですから、写っているものは「ある」と判断されることになります。

したがって——。

そこに「ない」ものが写ってしまった場合、それはあり得ないこととして認識されます。そしてそのあり得ないことに対しては、次の二通りの判断がなされるでしょう。

1・肉眼では見えないが、実はある。

2・ないが、何らかの作用で写ってしまった。

心霊写真のほとんどは、撮影後、印画紙に焼き付けられた後に判断されるものです。撮影時に「幽霊がいる」「写真に写るかも」と認識しているようなケースは稀です。

多くは、偶然写ってしまうものなのです。

もちろん、意図的に心霊写真を撮影したというケースもないわけではありません。

心霊スポットと呼ばれる場所に出掛けて行って霊を撮影しようとする不埒《ふらち》者もいます。交霊会のようなことをして、喚《よ》び出した霊を写す実験をする者もいるでしょう。

いずれ、意図的に心霊写真を撮影しようとすることは可能ですし、結果それらしいものが写ることも充分に考えられます。

そうだとしても、そこのところは同様です。

怖いとか不気味だとか、写るかも、写って欲しいと思ってはいるのでしょうが、それだけのことです。現像してみなければ、写っているかどうかは判らないのです。

すべて、事後解釈ということになります。

デジタルカメラが一般化し、現像・焼き付けという手順が省略されてしまった現在でも、そこに関しては変わりありません。

ファインダーを覗《のぞ》いている時点で何が見えていようとも、画像データにならない限りは心霊写真にはならない（当たり前ですが）からです。

むしろファインダーを覗いている時点では気付かなかったのに、後で画像を整理していて不審に思う——というケースの方が多いのではないでしょうか。

心霊写真は「体験」ではありません。もちろん脳内の「反応」でもありません。

写真は、物理的に存在するモノです。物理法則に沿った現象の結果として、心霊写真はあるのです。これをして霊の客観的証拠——とする考え方をする者が出て来るのは、半ば当然のことだったかもしれません。

ただし。

身も蓋《ふた》もない言い方をするなら、心霊写真のほとんどはただの「失敗した写真」か、そうでなければ「こじつけ」です。

残りは、「意図的に偽造された」トリック写真に過ぎません。

もちろん、それをどう解釈するかは個人の自由ですし、その解釈を信じるのもまた個人の自由です。

その点については、第三者が口を挟めるものではないでしょう。様々な想像を巡らせ、様々な解釈を許容するのが文化的に豊かな在り方なのでしょうし、そうした思考が文化を生み出して行くことも事実です。

ただ、「それしか解釈しようがない」と思い込むことは間違いです。解釈するのは勝手なのですが、霊などを持ち出さずとも理解し得るものであるなら、それは認めるべきでしょう。

それを承知で「そう思いたい」というのであれば、何の不都合もありません。その人の想いは尊重されるべきものです。信仰や思想に関わるものであればなおさら尊重されるべきでしょう。嘘と承知で愉《たの》しむという在り方もまた、非難されるべきものではありません。

たとえば、「お墓参りの時に撮った写真に光のようなものが写り込んでいた」とします。それを「亡くなったお爺《じい》さんからのメッセージだ」と解釈することは、「いけないこと」ではありませんし、他人から謗《そし》られるようなことでもありません。非科学的でも無根拠でも、一向に構わないものでしょう。

それは、心（気持ち）の問題だからです。

そのメッセージがポジティブなものであれネガティブなものであれ、それはあくまで解釈する個人の問題です。

しかし第三者がそう規定してしまうことには少なからず問題があるでしょう。また、さしたる動機もないまま、恰《あたか》も既成事実のように断定したり、そうした解釈に対し一切疑うことをしないという態度は、好ましい在り方とは到底思えません。特に、それによってネガティブな想いを他者に植え付けたり、剰《あまつさ》え犯罪まがいの行為がまかり通ったりすることは言語道断です。よく、「そういう（心霊写真のような）ものは専門家に相談したほうが良いよ」などと謂われます。この場合の専門家とは、オカルト研究家でもインチキ霊能者でもありません。心（気持ち）の中から不安を取り除いてくれる専門家のことです。これは、必ずしも医療機関にカウンセリングに行けというわけではありません（それでもいいのですが）。不安を取り除き安寧《あんねい》をくれるのなら、宗教家（僧侶《そうりょ》や禰宜《ねぎ》）でも民間宗教家（拝み屋さんなど）でも、信用のおける人物であるなら誰でもかまわないでしょう。それこそが「除霊」です。

通俗的なオカルトの落とし穴にはまると、いたずらに不安を増大させるようなことにもなり兼ねません。

オカルトの邦訳は「隠秘《いんぴ》学《がく》」です。オカルトには〝隠された〟智慧《ちえ》という本義があります。しかし私たちが日常会話の中で使っているオカルト＝通俗的オカルトは、その本来的なオカルトとはかなり乖離《かいり》してしまっています。通俗的オカルトは「何でもアリ」なのです。

ただ〝隠された〟というところだけは、似て非なるものである通俗的なオカルトにも引き継がれているようです。肝心なところは常にブラックボックスに入っているというのが、オカルトの常套《じょうとう》のようです。

いや、通俗的オカルトの場合はもっともらしい説明をするじゃないか——とおっしゃる向きもあるでしょう。たしかに、通俗的オカルトには、多く疑似科学や疑似宗教的な解説が施されています。と、いうよりもその説明自体がオカルトとして通用しているのが現状です。

しかし、どれだけ「それらしい」説明が並べ立ててあったとしても、核心となる部分に対して言及をしているケースはほとんどない——と言っていいでしょう。肝心なところは言及しないか、したとしても前述の通り、「あることを前提とした」説明になっているようです。

超能力であれ心霊現象であれ地球外生命体であれ、それ自体のあるなしについて語られることはまずないと言っていいでしょう。

それは「あることを前提として」語られるからです。「超能力はある」「霊はある」「宇宙人はいる」が大前提です。そこのところは「疑うことを前提としていない」のです。

いかに専門的かつ巧緻《こうち》に構築されていようとも、そうしたオカルト的言説がどうにも胡散臭《うさんくさ》く感じられてしまうことが多いのは、無論そのせいでしょう。

先に結論があり、その結論が不可侵なものとされてしまうなら、言説の真偽の程を量ることは不可能です。疑義を呈そうとするなら、まるごと否定せざるを得ないことになります。それでは議論にさえなりません。

ただ。

フィクション／エンターテインメントであるならば、これは許されることでしょう。

いや、許されるというよりも、創作物の場合は何をどう表現しようと（規制や法律に抵触するような場合は別にして）文句を言われる筋合いは一切ありません。虚構である、あるいは娯楽であると明示されているなら、それこそ何でもアリでかまわないでしょう。

しかし、それを現実にまで敷衍《ふえん》してしまうことには、些《いささ》か抵抗を感じます。

オカルト的言説はどんな場合でも「真実である」かのように語られるものです。

論拠の中核をなす命題を、無根拠に「真実である」とすることこそが、絶対条件となっているからです。

心霊写真は、その「根拠なき主張」の根拠とされることが多いものです。

先にも述べた通り、写真という「装置」は主観的なものではなく、「客観的な証拠」となり得るものとして主張しやすいアイテムだからです。

二十一世紀を迎え、既に十年以上を過ごしているというにも拘《かかわ》らず、いまだにメディアは心霊写真を「あって当たり前のもの」のように取り上げています。いや――映像テクノロジーの進化／一般化に伴い、心霊写真は心霊動画というヴァリエーションをも生み出してしまいました。静止画の方も、より「それらしい」ものが供給されるようになっています。

ただ、どれだけ出来が良くなろうとも、また動画になろうとも、心霊写真（動画）の果たす役割はまったく変わっていません。

霊があるのかないのか、あるとして霊とは何なのか――そこについては言及しないまま、客観的（な印象を持たせやすい）装置による「可視化」によって、それを実証する（かのように思わせる）という役割です（見た者が信じるか信じないかは別問題です。そうした形でプレゼンテーションされるという点で、心霊写真／動画はまったく進歩していません）。

現在でも、心霊写真の〝心霊〟について説明がなされることはないのです。もし尋ねたとしても、「説明するまでもない、それは霊でしょう」という答えが返ってくるだけです。〈霊〉とは何かという点は棚に上げられてしまいます。では「その霊がなぜ写真に写るのか」という問いかけに対しても、有効と思われる回答がなされることはありません。

精々、「強く怨《うら》んでいるから」とか、「深く哀しんでいるのです」という答えが返ってくる程度です。多くの場合それで納得してしまうことが多いようですが、よく考えてみるとその回答は何も説明していません。「強く怨んだり深く哀しんだり」した人は「死後に可視化して写真に写る」ということになるのでしょうが、「それはなぜか」というのが本来の質問であるはずです。

そもそも「何が可視化するのか」という肝心なところは、完全にスルーされています。それは単に、「ヘンテコな写真」か「作り物」です。撮影場所で実際に何か事件が起きていたとしても、それは百パーセント無関係です。

その無関係な両者を結ぶのは、やはり――〈霊〉なのです。そして写真（動画）の場合、その〈心霊〉の上には〈心〉が載せられています。なぜか〈心霊〉写真なのです。

心霊写真を広く一般に浸透させ定着させたという点で見逃せないのが、中岡俊哉《なかおかとしや》編著『恐怖の心霊写真集』（サラブレッド・ブックス　二見《ふたみ》書房《しょぼう》／一九七四）でしょう。筆者の手《て》許《もと》には初版を含む数冊の同書がありますが、発売十年後の昭和五十九年（一九八四）の段階で四十二刷を数えており、その後も文庫化され版を重ねています。

まさにロングセラーと呼んで差し支えない実績でしょう。さらに同書は、続、新、実証、地縛霊編、鑑定入門、決定版とシリーズ七冊が上梓《じょうし》され、類書も数え切れないほど出版されました。

ちなみに、つのだじろうの二大オカルト漫画である「恐怖《きょうふ》新聞《しんぶん》」（「週刊少年チャンピオン」／秋田《あきた》書店《しょてん》）と「うしろの百《ひゃく》太郎《たろう》」（「週刊少年マガジン」／講談社《こうだんしゃ》）が連載を開始したのは、昭和四十八年（一九七三）のことです。どちらも大変な人気を博しました。「お昼のワイドショー」（日本テレビ放送網）の名物コーナー（七月、八月の夏季限定）「あなたの知らない世界」がスタートしたのも同年のことです。

昭和四十年代後半から五十年代初頭（俗に「七〇年代」として括《くく》られる時代です）にかけての一時期は、まさにオカルトブームと呼ぶに相応しい時代だったと言えるでしょう。ブームを総括するかのように、昭和五十四年（一九七九）にはオカルト専門誌として名高い（あくまで世間の評価であり、オカルトを標榜《ひょうぼう》しているわけではありません）『ムー』（学習《がくしゅう》研究《けんきゅう》社《しゃ》↓学研《がっけん》プラス）が創刊されています。類書もたくさん出版されました。『恐怖の心霊写真集』はブームの真っ只中《ただなか》に出版され、大ヒットとなったのです。

中岡俊哉とつのだじろうは、七〇年代オカルトブームの牽引《けんいん》役だったのです。心霊写真という言葉が大衆語として定着したのも、まさにこの時期のことということになります。『恐怖の心霊写真集』の劈頭《へきとう》に掲げられた「はじめに」から、一部引用します。

> 人びとの「心霊現象」に対する関心は、年々強くなっており、心霊現象を科学的に究明しなければいけないと主張する人も多くなっている。これまでは、心霊現象は単なる「怪談」であり、「夏の夜話」にすぎなかったといっても過言ではない。だが、「霊」というものが存在するかどうかということを真剣に考える人がふえるにつれて、それはもう「夏の夜話」ではすまされなくなってきたのだ。

中岡俊哉『恐怖の心霊写真集』
二見書房　1974年

冒頭から何の説明もなく「心霊現象」が連発されていることからも、〈心霊〉という言葉が既に一般化しているらしいことが窺《うかが》えます。

加えて〈霊〉とは何かという点はやはりスルーされています。「存在するかどうかということを真剣に考える人」が増えているとは書かれていますが、存在するかどうか真剣に考えられている「もの」が何なのかは書かれていません。

それは「言うまでもない」こと——であったようです。

——この霊魂の存在をはっきりさせる手段のなかで、もっともよいのが写真だといわれている。一千件の幽霊、お化けの目撃報告より、一枚の心霊写真のほうが説得力があるのだ。

たしかに説得力があったことは間違いありません。しかし「なぜ写るのか」「何が写っているのか」という点は、不問に付されています。

——心霊写真には、完全に物質化した霊体が写るものと、半物質化した霊、石や樹木、水などを利用してその姿を現す霊とがあると考えられている。

「物質化した霊体」とは、スピリチュアリズム（心霊主義／精神主義）の影響下にある言い回しと思われます。スピリチュアリズムでは、実体のない〈霊〉が現実において「物質化」したものを「エクトプラズム」と呼びます。もっとも、可視化しただけで物質化はしていない（これを半物質化と呼ぶようです）とする場合や、物質ではなくエネルギー体であるとされる場合もあります。半物質の定義はよく判りませんが、エネルギー体というのは、要するに実体がないが見ることはできる——ホログラムのようなもの——なのでしょう。

いずれ可視化した霊ということです。

物質化しているなら、ものとしてそこにあるわけですから、当然写真にも写る——ということになるのでしょう。ただ、ものとして存在しているというのであれば、撮影時にも見えていなくてはいけないことになります。そうでなかったとしても、可視化しているのであれば被写体としてカメラマンには見えているはずです。

しかし、どうもそうではないようです。

〈霊〉はどうやら、印画紙の上で初めて可視化するようです。

したがって、中岡のいう物質化／半物質化とは、ただ「ハッキリ写っているか、透けているか」程度のことと考えるべきなのでしょう。石だの樹木だの水だのというのは「何となくそう見える」というだけです。

——よく科学者は、霊は写真に写らないものというが、その根拠はあまりはっきりしていないようである。

科学者はそんなことを言ってはいないはずです。写真に写るかどうかという以前に、「存在するかどうか判らない」のですから、根拠も何もあったものではありません。

ここでも暗黙のうちに〈霊〉が「存在する」ことが前提とされています。「存在するかどうかということを真剣に考える人」が増えているというのは、あくまで世相に対する著者の感想ですし、「真剣に考える人」がいるということは「わからない」ということになるのですが。

著者はあくまで〈霊〉が「存在する」ことを前提として語っているようです。

いずれにしろ、この『恐怖の心霊写真集』が上梓された時点で、〈心霊〉という言葉が面倒な手続きなしで（ある程度）通用する「俗語」になっていたことは間違いないようです。

しかし、それ以前は違っていました。

〈心霊〉という熟語自体は古くからあるものですが、それが「その手のもの」――この段階で明確には述べられないのでそう呼ぶしかありません――を指し示すようになったのは、そう古いことではありません。

七〇年代のオカルトブーム以前にも、〝幽霊〟（のようなもの）が写り込んでいる写真は存在しました。それはそのまま「幽霊写真」などと呼ばれていたようです。今と違って、写真自体が不思議なもの（理屈の知れないもの）であった時代にも、「それ」は写っていたのです。

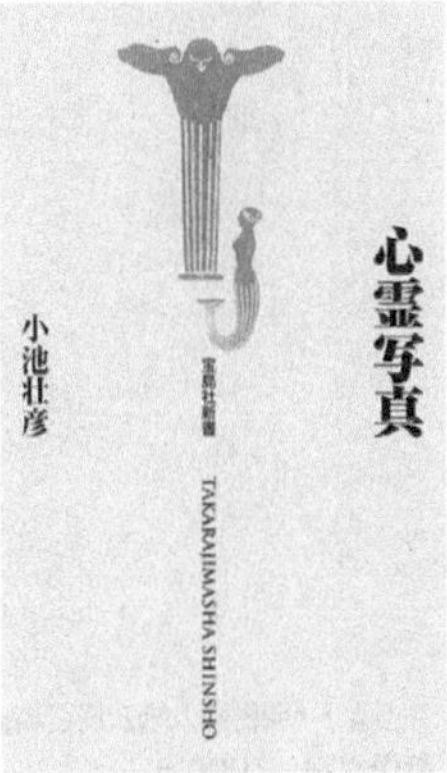

小池壮彦『心霊写真』
宝島社　2000年

日本国内における心霊写真受容の歴史については小池壮彦《こいけたけひこ》著『心霊写真』（宝島社新書／二〇〇〇）という名著があります。

巻末に付された参考資料や年表も含め、心霊写真という文化の全貌が俯瞰《ふかん》できる労作です。

基本的な文献は網羅されており、独自の調査もされているので、興味のある方はご一読をお勧めします。

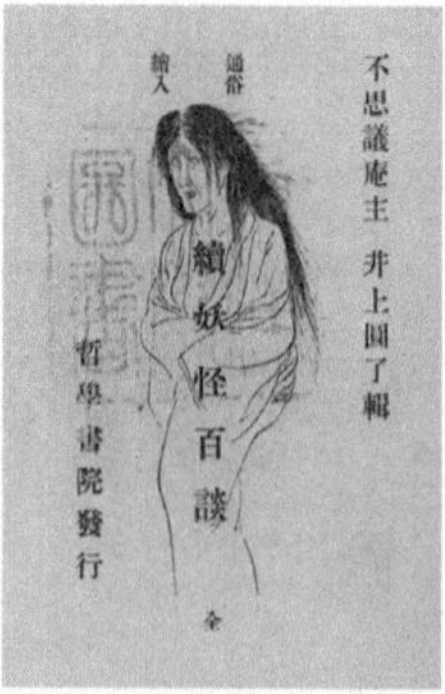

井上圓了『通俗繪入續妖怪百談』
哲學書院　1900年

その手の写真――〃幽霊〃（のようなもの）が写り込んだ写真は、わが国における写真の歴史とほぼ同じだけの歴史を持っています。心霊写真というネーミングが定着するはるか以前から、「何かが写った写真」は存在していたのです。

妖怪関連の言説ではお馴《な》染《じ》みの仏教哲学者にして妖怪学提唱者・井上圓了《いのうええんりょう》も、幽霊写真を見聞し、記事にしています。

中岡俊哉が『恐怖の心霊写真集』を世に出す実に七十四年前、明治三十三年（一九〇〇）発行の『通俗繪入續妖怪百談《ぞくようかいひゃくだん》』（哲學書院《てつがくしょいん》）第九十一談「幽霊の写真」より引用します。

昨年、仙臺『東北新聞』の報ずるところによれば、青森縣上北郡に幽靈の寫眞に現れたる怪事ありといふ。その報、左のごとし。

青森縣上北郡三澤村、石橋寅次郎の母は、同縣八戸町、石橋亀吉の母とともに、さる二十三日寫眞師を招き、相並びて撮影せしに、不思議なるかな、二人の姿の間にあり〳〵と現れたる姿あり。なにものにやと熟視すれば、これぞ、さる明治十九年コレラにて歿せし、寅次郎が母の夫なるにぞ。一同寫眞を眺めて、ひたすら怪しみおる由。

餘、先年奥羽漫遊の際、やはり上北郡横濱村にこれと同一の事實あるを見、その以前熊本にもこのことありしを聞けり。よつて餘は、その節寫眞師に尋問せしに、寫眞師曰く「これ決して怪事にあらず。一度寫したるガラスをよくみがかずして再び寫しとるときは、先影の朦朧としてその形をとどむることあり。ゆえに、このことは故意にても偶然にても、とにかくでき得ることなれば、あえて不思議とするに足りず」と。

圓了は写真師に取材し、いわゆる二重写しというテクニックを知り、不思議と断ずることはできないと判断したようです。非常に健全な判断といえるのではないでしょうか。

さて、中岡俊哉と井上圓了を比較することから何が見えてくるでしょうか。

再度、言葉の海に潜《もぐ》ってみましょう。

心霊・心理・精神、そして神経

言葉は、ただの音の連なりに過ぎません。しかし言葉はまた、様々なものを映し出す鏡のようなものでもあります。言葉はそれを用いる人のみならず、時代や文化をも如実《にょじつ》に反映するものなのです。語彙《ごい》の多寡《たか》は、文化の豊かさに比例するといって構わないでしょう。

日本語は、緩急自在に変化・対応できる柔軟な構造を持っています。外来語を文中に取り込む作業も、大した手続きを踏まずにできてしまうのです。そうした意味では、数ある言語の中でも、抜きん出て自由なコトバだと言ってもいいかもしれません。

外来語を取り込むということは、それまでになかった新しい概念を吸収するということでもあります。

雪の降らない国には雪に相当する言葉がありません。雪という言葉を知ることで、その国の人達は見たこともない雪というものの存在を知ることになります。雪そのものは知らなくても雪というものがあることを知る——雪という概念を持つ——ということになるのです。

現在、外来語を完全に排除して一定量以上の文書を作成することは、かなり難しい作業になるのではないでしょうか。長文のみならず、ツイッターや携帯メールなどの短文であっても難しいことかもしれません。ツイッターのタイムライン上にカタカナ表記の外来語がまったく見当たらない状況は、まずありません。固有名詞や、強調などのための日本語カタカナ表記を除いても、外来語は自然に混入しているはずです。

もちろん、無理に外来語を使わなければいけないということはありません。一時、外来語を大量に使用したビジネス文書が流行しました。現在でも業種によっては（敢《あ》えて使う必要が感じられない）大量の外来語を使う人がいるようです。

同じ業種内であればある程度通じ合えるケースもあるのかもしれませんが、一般には何のことだか判らないという言葉も多くあります。

その言葉を使わなければ伝わらないことであるならともかく、その言葉自体が伝わらないというのでは意味がありません。日本語であっても限定的な場面でのみ使用される専門用語の場合は、一般には伝わらないものなのです。

また外来語の場合は、使っている本人もよく判らずに使っているような間の抜けたケースも散見するようです（必要以上に横文字を並べ立てるのはある意味で滑稽《こっけい》なことなのですが、これも「聴く者を煙《けむ》に巻く」程度の効果はあります）。

一方で、外来語を使わなければ伝えにくい事柄がことのほか多くなっているということも現実として踏まえておかなければならないでしょう。

そもそも「ツイッターのタイムライン」を日本語に置き換えるのは、可能なことなのでしょうか。「ツイッター」は固有名詞なので仕方がないとしても「タイムライン」は言い換えが可能なように思えます。

ただ、言い換えて言い換えられないことはないとしても、説明するには大変な手間がかかりますし、無理もあります。伝わりにくくなることは間違いありません。まず言い換えずに通じるのなら、言い換える意味がありません。

そもそも「タイムライン」という言葉は使用される局面によっては微妙に違うものを指すわけですが、ツイッター用語としてのＴＬ《タイムライン》が指し示すものは明確です（ツイッターを知らない人にはそもそも何一つ通じないということになるのですが、そうした人にはそもそもツイッターがどういうものかを説明しなければなりません。ツイッター抜きに単独でＴＬを理解させることは不可能ですし、それこそ無意味でしょう――）。

ですからＴＬを、例えば「時間軸」などと言い換えてしまう意味はほとんどないことになります。言い換えることで更に違う意味を呼び込んでしまうことになりますし、それがＴＬの言い換えなのだということを説明するために費やされる手間は、決して少ないものではないからです。

逆に外来語などの新語は、新しい概念を説明する際に便利なツールともなります。耳慣れない言葉を敢えて使うことで注目度は上がりますし、また（知られていないだけに）その言葉が本来持っている以上の意味を付加することもできるからです。

例えば、政党が掲げるマニフェストなどもその一例といえるでしょう。

マニフェストは本来、世間に向けて示される宣言や声明を記した文という意味を持っています。日本では主に選挙の際に示される公約や方針を記した文書のことを指し示します。政策綱領や、政権公約（ただの選挙公約ではなく、政権を取った暁に長期的・計画的に実行する具体的な施策の提示という意味を持たせているため）という和訳がなされますが、現状マニフェストの方が通りが良くなってしまいました。

日本において、マニフェストという言葉は一部業種で使われていた業界用語的な言葉でしかなく、およそ一般に通じる言葉ではありませんでした。それまでの「選挙公約」のような候補者のキャッチコピー的売り文句ではない、「政党としてのより具体的な政治方針・具体的な政策を示す」という意味合いを強めるために採用されたものと思われます。

結局カッコよく言っただけじゃないかと思われた方も多かったでしょう。そうした面も全くないとはいえません。何と言い換えようと約束を守らないなら同じことだという意見もあるかもしれません。

しかし、マニフェストはそれまでの「わたくしは当選の暁には必ずや○○を実現し――」という、立候補者個人の口約束レヴェルの選挙公報ではなく、政党の方向性や施策案を公に知らしめる文書を指し示すものなのだということだけは浸透したように思われます（つまり、政党にはそれぞれそうした方向性や施策案があるのだということも知らしめた、ということになるでしょう）。

本来の意味を考えるなら、やや偏った使われ方と言わざるを得ないのでしょうが、マニフェストという言葉が流通したことによって、そうした知見が与えられた（と、いうよりも、元々あったものが再確認／クローズアップされた）ことだけは間違いありません。

新しい言葉は、使い方次第では抽象的な概念を逐一説明せずに理解してもらうための有効なツールともなり得るものなのです。

さて、本節冒頭に言葉は音の連なりと書きましたが、同時に言葉は文字に置き換えられて理解されるものでもあります。この文字の多様性も、日本語の柔軟性を支える重要な要素です。

視覚言語としての日本語表記は、驚く程に柔軟、かつ優れた仕組みを有しています。

例えば、アルファベット表記の言語では、そうでない国の言葉もアルファベットで書き表すよりありません。「太郎」は「TARO」になってしまいます。そして漢字ベースの国には基本的に表音文字がありません。国際化時代において表音文字がないことはそれなりに障害となります。当該国は、それぞれに工夫し、対応しています。韓国はハングルという新しい文字を作ることで画期的な表記の転換を成功させました。本邦でも、生態学者で民族学者の梅棹忠夫《うめさおただお》が主張したように、文書をカタカナ・ひらがなのみで表記する、またはすべてローマ字表記にするなど「事務処理性を向上させるための表記の転換」は画策されましたが、定着には至りませんでした。

定着しなかったのは、変える意味があまり感じられなかったからであり、そして複雑な表記に対応する情報処理システムが（かなり迅速に）構築されたからです。

表音文字と表意文字を併用している日本語表記の場合は、音をそのまま書き記すことが可能なのです。英語表記にカタカナで振りがなを付けるというような、ちょっと考えられないことも簡単にできてしまいます。同時に、日本語表記の中にアルファベットなどオリジナルの表記を混在させることも不可能ではありません。

アルファベットと書いても、alphabet と書いても、英文字と書いて英文字《アルファベット》とルビを振っても構わないのです。意味は同じでも印象はかなり違ったものになるでしょう。

その仕組みは、「外来語である」ことをすぐに知らしめるという効果も持っています。カタカナなどに表記を変えることで、その言葉が「知らない日本語」なのか「外国の言葉」なのかひと目で判る仕組みになっているわけです。

もっとも、外来語をひらがなで表記していた時代も過去にはあったわけですが、現在はおおむねカタカナ表記のようです（決まりというわけではありません。一方で、明らかな日本語であるにも拘らず、動物の学名や民俗語彙をカタカナ表記する慣習も残っています）。

明治の頃、それまで明確に分離していた話し言葉（口語体）と書き言葉（文語体）をすり寄せる作業が作家を中心にして行われ（言文一致運動）、日本語の表記はよりシンプルな形でより複雑な概念を伝えることができる、優れたスタイルに磨かれることとなったのです。

それは、ある意味で、「文字を並べるだけでハイパーテキストの仕組みに近い思考運動がなされる」ようなスタイルといえるかもしれません。

そうした思考運動は、この国においてはずっと昔から、頻繁に行われていたことです。

最初に日本に輸入された外来語は、英語でもドイツ語でもありません。言葉ということになると非常に曖昧《あいまい》なことしか言えなくなってしまうわけですが、文字ということであれば、間違いなく中国語――と、いうより「漢字」ということになるでしょう。

表音文字であるひらがなもカタカナも、元は漢字です。表意文字である漢字から「意味」を抜き去り、「音」を表す記号として利用したのが仮名のそもそもです。

元々表意文字しかなかった中国語には、特定の漢字を表音文字として使う仮借《かしゃく》という漢字の使い方があります。

日本の場合も、これに倣う形で万葉仮名《まんようがな》（真名仮名《まなかな》）が考案されました。漢字を借用する形で大和《やまと》言葉（日本独自の言葉）を書き記したわけです。

その万葉仮名が徐々に整理され、やがて音節文字であるカタカナとひらがなが作られることになります（漢字の一部を採るなどして簡略化したものがカタカナ、極端に崩して書いた草体字を整理したものがひらがなです）。

カタカナは主に漢文を読むための補助的な文字として発展し、ひらがなは大和言葉の表記として定着しました。現在でも、日本語文書のベースはひらがな表記（漢字表記が不可能な日本語はひらがなで記す）とされているようです。

話し言葉はともかくとして、文書の上では白文（注釈や返り点のない漢文）、読み下された漢文、仮名で記された大和言葉の文が共存していたことになります。

この中の「読み下された」漢文が文語体の基本となり、やがて定着して行きます。

外国語を読み解く場合、普通は翻訳をするでしょう。ところが日本人はすべてを日本語に書き換えたりせず、漢文に手を加えて日本語に作り替えてしまったのです。それが読み下し文です。読み下す過程で日本人は「漢字そのものを日本語に取り込んで」しまいました。

こうして、本来中国語である漢字に、日本語の読みが与えられました。活用に応じて送り仮名が考案され、「訓読み」が誕生しました。

漢字もまた、日本語として「読める」文字に作り替えられてしまったのです。

この文章も「漢字仮名交じり」で書かれています。紛《まが》う方なき日本語ですが、「日本の言葉ではない言葉」が大量に交じっています。

漢字はやがて日本固有の意味を獲得し、組み合わせも独自のものが考案され、最終的には国内で作字され（国字）るまでに至ります。

後に和製英語も頻繁に作られることになるわけですが、そうした言葉に関する営みは、はるか昔からなされていた――ということです。

さて――〝妖怪〟とも〝幽霊〟とも関係のない話を延々と続けているのには、それなりにわけがあります。前節の最後に紹介した井上圓了の『通俗繪入續妖怪百談』に載る記事中、それは「幽霊の写真」と表記されていました。それに対して、その七十四年後に刊行された、中岡俊哉編著『恐怖の心霊写真集』のほうは、「心霊写真」です。

何故に「幽霊の写真」は「心霊写真」に言い換えられてしまったのか、そこを考えてみたいと思ったからです。

建物が写っている写真は「建物の写真」、象が写っている写真は「象の写真」です。ならば幽霊が写っている写真は「幽霊の写真」でいいはずです。

「風景写真」「人物写真」と、〝の〟を省いていう場合は、「何が写っている写真なのか」を説明しているわけではなく、写真の「ジャンル」として受け取ったほうがいいようです。

例えば、「エッフェル塔の写真」は「エッフェル塔を被写体にした風景写真」と言い換えることができます。

しかし、象が写っているからといって、「動物写真」とはあまりいいません。

まったくいわないというわけではないのでしょうが、ジャンルとしての「動物写真」はポピュラーなものではないようです。これだけたくさん動物の写真が撮られているにもかかわらず、「動物」で括《くく》ることはありません（但し、海外には Wildlife photography という写真のジャンルがあるようです。邦訳するなら野生写真／野生動物写真となりますから、これは動物写真と考えていいものなのでしょうが、残念ながら日本国内においてはジャンルとして一般に認識されてはいないようです）。国内では、むしろ「ペット写真」のほうがジャンルを形成する力を持った言葉として通用しているものと思われます。

しかし、象はペットになりにくい動物と思われるので、象が写っている写真はやはり「象の写真」か、さもなくば「象が写っている風景写真」といわれてしまうようです。

そこで、写真のジャンルにはどのようなものがあるのかを調べ、そこからいくつかパターンを抽出してみることにしましょう。

まず、航空写真・水中写真など、撮影時のシチュエーションが特殊なケースがあります。

次に、天体写真・鉄道写真など、被写体が決まっているケース。

山岳写真や戦場写真の場合は、この二つの要素を併せ持っている（シチュエーション＋被写体）ということになるでしょうか。

そして、医学写真・報道写真・グラビア写真など、用途が限定されているケース。

それ以外にも、人物写真のサブジャンルとしては、肖像写真（ポートレイト）、スナップ写真（自然な状況を撮影したもの）、ヌード写真などが挙げられます。しかしいずれも、前述のパターンに吸収されてしまうものと考えていいでしょう。

それでは、「心霊写真」はどうでしょう。

「心霊写真」というジャンルだとした場合、どのパターンということになるでしょう。撮影時に心霊が作用した写真なのでしょうか。被写体が心霊ということなのでしょうか。それとも用途が心霊的ということなのでしょうか。

井上圓了の場合も中岡俊哉の場合も、写っているのは、〝幽霊〟（に類するもの）であるということが前提となっています。圓了はその前提を疑い、最終的に写真師の証言を得て、トリック写真（失敗した写真）であると結論づけているわけですが、その写真を見た者たちが「写っているのは幽霊だ」と信じ込んでいたことは間違いありません。

圓了は、〝幽霊〟が写っている（と信じている者がいた）から「幽霊の写真」と記しているだけです。この場合は「象の写真」と変わりはありません。

中岡の場合はどうでしょうか。

中岡は被写体が〈心霊〉だと考えているのでしょうか。中岡の説明を読む限り、どうも違っているように思えます。

前節で引用した『恐怖の心霊写真集』序文の中で、中岡はそこに何が写っているのかということについて、ある程度言及しています。写るのは〈霊〉〈霊魂〉〈霊体〉と記されているようです。これらの言葉が厳密に使い分けられている様子はありません。中岡曰《いわ》く、「霊が写真に写る」ためには「物質化／半物質化」する必要があるらしいので、この「物質化した霊（可視化した霊）」を〈霊体〉と呼んでいるのかもしれません。

あるいは〈霊体〉は生きている人間でいう肉体に相当する言葉であり、〈霊〉〈霊魂〉というのは、人、人間程度の呼び換えであるのかもしれません。

いずれ、〈霊〉ではあるようです。

ならば何故に「霊写真」や「霊魂写真」ではないのでしょうか。

いや、いったいどうして「心霊写真」なのでしょうか。

中岡の序文には、〈心霊現象〉という言葉も使われています。

どうやら「心霊写真」とは単に「幽霊が写った写真」のことではなく（もちろん〝幽霊〟が写った写真も含むわけですが）、「心霊現象のひとつとしての写真」という意味のようです。

つまり（〈霊〉が）写真に写ってしまうということ自体が一種の〈心霊現象〉である、と理解するべきなのでしょう。

実際、『恐怖の心霊写真集』シリーズを繙《ひもと》いてみると、ただ単に〝幽霊〟が写っている（ように見える）写真ばかりが列挙されているわけではないということが判ります。

中には当然写るはずのものが写っていないようなケースもありますし、〝幽霊〟ではない何か別のものが写っているようなケースもあります（現在ではトリック写真であるということが判明しています）。当然、有名なコナン・ドイルの妖精写真も掲載されています。発光体やもやもやとした不定形のもの（〝幽霊〟には見えません）も含まれます。

〈霊〉（とされるもの）は写っているのです。ただそれは既に（古典的なタイプの）〝幽霊〟ではないということになるのでしょうか。

そうだとしても〈霊〉写真でない理由はわかりません。

そもそも、〈心霊〉の〈心〉とは何なのでしょうか。何故、〈霊〉の上に〈心〉が載っているのでしょう。

中岡俊哉が、スピリチュアリズムの影響下にあったことは疑いようがありません。

スピリチュアリズムは「心霊主義」と和訳されます。大雑把に纏《まと》めるならば、主に人間の死後の意識保存を科学的な見地から実証しようという試み、またはそうした考え方に基づく思想や哲学、ということになるでしょう。

ですから中岡俊哉いうところの〈心霊現象〉とは「心霊主義によって解釈／理解される（不思議な）現象」という意味と思われます。

「心霊写真」はそうした現象のひとつ、ということです。

中岡俊哉は前掲書で次のように述べています。

> 心霊科学では、心霊現象には「精神的なもの」と「物理的なもの」との二つがあると考えており、それを基本に研究を進めている。
>
> この心霊写真は、区分の仕方によっては物理的心霊現象ともいえるが、私はあえて、精神的心霊現象の中に入れさせてもらうことにした。というのは、たしかに現象は物理的であるが、その現象を起こす上で、精神的なものが大きな役割を果たしていると考えるからである。
>
> 私は霊魂とは即、心であるという考えを持っており、どのような心霊写真、とくにここで扱う霊視念写の場合、映す人の心、精神力がすべてを決してしまうと思うからである。

「霊魂とは即、心」――とは、言い得て妙の感があります。

しかし、だから心・霊ということではないのでしょう。

たしかに心霊を大和言葉で読めば「こころ・みたま」になりますから、それが正解のようにも思えます。

心霊を『日本国語大辞典・第二版』（小学館／二〇〇一）で引いてみましょう。

しんれい【心霊】［名］こころ。精神。特に肉体とは別に存在すると考えられている超現実的な心の主体。霊魂。（用例略）

もう少し古い、『広辞苑・第二版補訂版』（岩波書店／一九七六）を引いてみましょう。

しんれい【心霊】精神。心魂。―げんしょう《‥シヤウ》【心霊現象】今日の科学では解明できない超自然的な一種の精神現象。テレパシー即ち遠く隔たった人の精神が互いに感通する現象、千里眼や未来の予言・予知などに関する現象、死者の霊魂と生者の精神との交霊、念写、念動などの現象の総称。超心理学で扱われる。

いずれも、中岡の発言と矛盾した内容ではない――ように思えます。

ただ、広辞苑の心霊現象に対する説明が、現在では「超能力」と呼ばれるようなものばかりであるということには注意が必要でしょう。現在、テレパシーや透視、予言・予知、念写、サイコキネシスなどをして、「心霊現象」とは呼びません。いずれも胡散臭いものではあるのでしょうし、オカルトと纏めてしまえば区別はありませんが、少なくとも〈霊〉的なものとして扱うよりは超科学（疑似科学）的な扱いをされるほうが多いものと思われます。

ここまで詳しく書くのなら、呪い・祟《たた》り・憑依《ひょうい》などの文言が織り込まれていて当然のように思われますが、逆にそれはありません。

唯一、「死者の霊魂と生者の精神との交霊」というくだりが心霊的なものとして受け取れますが、これもいわゆる降霊術のようなものを指し示しているのでしょう。これらは、いずれも明治の頃に「霊術」などと呼ばれたものでもあるのです。『広辞苑』はこの後、心霊術という項目を挙げていますが、それも要するに霊術＝超能力のことであるようです。

もうひとつ――。

最も重要と思われるのは――双方ともに、「精神」を掲げているところでしょう。

『日本国語大辞典』では「こころ」「精神」、『広辞苑』では「精神」「心魂」です。心魂という言葉はあまり聞き慣れない言葉ですが、いずれ〈心霊〉という言葉は、〈霊〉ではなく、こころ／精神のことだと辞書は述べているのです。

しかし、心霊写真を精神写真と言い換えてしまっては意味が通じません。精神現象も精神科学も、かなりズレた印象を与える言葉です。同じように精神錯乱や精神的苦痛を、心霊錯乱や心霊的苦痛などと言い換えてしまうこともできないでしょう。

〈心霊〉は、日本の言葉ではありません。中国語です。本来の意味は、やはり「こころ」、しかも「こころの主体」＝自我に近い意味合いと考えればいいでしょうか。転じて、魂を表すこともあるようですが、いわゆるスピリチュアリズム的な意味合いは持っていません。近い言葉には心理があります。いずれ、オカルトとは何の関係もない言葉なのです。

しかし日本人は、西洋で誕生したスピリチュアリズムを訳す際に、この〝心霊〟を選び取ったのです。

さて、ここで〈霊〉という文字で構成される言葉を思い付くままに挙げてみましょう。

心霊／神霊（しんれい）
幽霊（ゆうれい）
亡霊（ぼうれい）
怨霊（おんりょう）
悪霊（あくりょう）
死霊（しれい／しりょう）
生霊（いきりょう／せいれい／しょうりょう）
聖霊（せいれい）
精霊（せいれい）
性霊（せいれい）

まだあるかもしれません。

地霊、家霊などという言葉もあります。

後ろに〈霊〉を付ければ、それなりに意味は通じてしまいますから、地縛霊や浮遊霊などの造語も簡単にできてしまうことになります。守護霊、背後霊、動物霊、下級霊、と、取り敢えず〈霊〉を付ければそれなりの言葉ができてしまうことでしょう。

頭に〈霊〉がついた言葉では、霊性や霊験などがあるでしょう。しかし霊障や霊界、霊現象あたりは、古くからある言葉ではないものと思われます。差し当たって〈霊〉で終わる、最近の造語ではないと思われる言葉から吟味してみることにしましょう。

思い付くままに挙げた十語のうちで、いわゆる「死んだ人が化けて出る」ようなものと考えられている（だろう）言葉は、次の五つです。

〈幽霊〉／〈亡霊〉／〈怨霊〉／〈悪霊〉／〈死霊〉

これらはいずれも現代人である我々にとっては、「大きく違わないモノ」でしょう。

例えば、ホラー映画に出て来る「死んだ人が化けて出た」キャラクターは、これらのいずれかであるのでしょうし、また、いずれであっても大差はないでしょう。非常に感覚的な説明になりますが、ただ出て来るような場合は幽霊か亡霊、激しく祟りをなすようなものは怨霊か悪霊、死霊と謂った場合はやや個人名が薄れているという受け取り方をされることが多いように思います。鈴木《すずき》光司《こうじ》原作の『リング』（角川書店／一九九一）に端を発するシリーズに登場する人気キャラクター・貞子などは、怨霊か悪霊あたりになるのでしょうか。二〇一三年に公開された『貞子３Ｄ２』に登場する貞子は固有名詞こそ残っているものの、既に「人間」ではありません。

改めて言うまでもなく、「怨」は「うらむ」であり、「悪」は「わるい」という意味です。私たちは〈怨霊〉は「怨んでいる霊」であり、〈悪霊〉は「悪い霊」だと受け取っています。

では「幽」とは何でしょう。

「幽」の字義は本来、「黒い（字形は黒く染めた糸の束を表すようです）」であるようです。
そこから転じて、（黒＝暗ということで）「暗い」となり、さらには（暗いところということで）「深い／奥／中／隅」、また（そういうところはものが見えにくいはずなので）「かすか／ほのか」、（そういう囲われた場所に）「閉じ込める／押し込める」というような意味を持つようになったようです。そして、そうしたイメージの連鎖から「暗く囲われた場所」としてのあの世のイメージを獲得したのでしょう。

ちなみに、冥土《めいど》、冥界の「冥」も暗いという意味ですから、「あの世は暗い場所」という認識があったのかもしれません。

いずれにしても〈幽霊〉というのは「あの世に閉じ込められた霊」、または「かすかに現世に残った霊」というような意味と考えていいでしょう。

一方、「亡」は、「死ぬ」「無くなる」または「逃げる」という意味があります。

象形は曲がった四肢を表しているようですが、これを死体の意ととるべきかどうかは判りません。「僻処《へきしょ》に逃げ込む」という解釈もあり、それらを合わせて「あの世に行く」というイメージが形成されたのかもしれません。いずれにしても「無くなってしまう（いなくなってしまう）」＝「滅ぶ」という意味であることは間違いないようです。

亡命の場合は「逃げる」の意であり、滅亡の場合は「滅ぶ」の意です。ただ、亡命した人間はその国の中では「亡人＝死んだ者」として扱われることがありますし、人（命）が滅ぶ、即ち「死」なのですから、いずれ「死ぬ」という意味に通じている文字ではあるでしょう。

ただ、「死」があくまで生命活動の停止を即物的に表す文字なのに較べ、「亡」は、「いなくなってしまう」ということを示しているようです。

「死」という文字は「残った骨」と「人」を合わせた文字のようです。「死ぬ」以外には、「終わる／おさめる」「殺す」「しかばね」を表す場合もありますが、要するに生き物が生きていない状態になることを表す文字です。

つまり、〈亡霊〉は「いなくなってしまった（人の）霊」という意味の言葉、〈死霊〉は「生きていない（人の）霊」という意味の言葉、という理解で間違ってはいないでしょう。

〈幽霊〉〈亡霊〉〈死霊〉の三つは、いずれも「死んだ（人）」という意味を持っています。

しかし、「怨」や「悪」に、死んだ人という意味はありません。

〈生霊〉の場合は、逆です。「生」という文字はそのまま「生きている、生きる」という意味ですから、〈生霊〉は「生きている（人の）霊」という意味になります。

私達は現在、これを「生きている人から霊（のようなもの）が抜けて、幽霊のような姿で現れる」と考えてしまいがちです。果たしてそれは正しい理解なのでしょうか。

お馴染み鳥山石燕描くところの〈幽霊〉は死に装束の女性の姿をしています（一二一ページ参照）。石燕はまた、〈死霊〉と〈生霊〉の絵も描き残しています。〈死霊〉は悪鬼のような恐ろしい顔をしたざんばら髪の女性が蚊帳《かや》を潜《くぐ》ろうとしているところ、〈生霊〉はきちんと髷《まげ》を結ったただの女性が、恨めしげな顔をしているだけ（共に一二三ページ参照）の絵です（足許が消えているようではありません）。

石燕の〈幽霊〉は額烏帽子《ひたいえぼし》をつけ、経帷子《きょうかたびら》を身に付けているところから、きちんと埋葬された（供養された）死者であることが判ります。表情もどこかにこやかで、怨んでいるような感じはしません。一方〈死霊〉はその異相やポーズから、どうやら生者ではないらしいということだけは判りますが、それ以外の性質は読み取れません。〈生霊〉に至っては普通の人と区別が付きません。多少悩ましげな表情をしているというだけです。

江戸時代後半、〝お化け〟はキャラクターとして捉えられていました。〝お化け〟の一種として表現するならば、このように描くしかなかったのでしょう。

これらは、決してそういうものが「出た」という絵ではないのです。〈幽霊〉、〈死霊〉、〈生霊〉という「言葉」を、図像として表した――キャラクター化した絵なのです。つまり言葉を絵で描いたというだけだ、ということです。そうでなければ、〈幽霊〉と〈死霊〉を描き分ける意味がありません。

結論を急ぐ前に、残った言葉に就いても少し考えてみましょう。

まず〈精霊〉が残っています。

これもよく耳にする言葉かと思いますが、何か「それっぽい」ものではあるのだけれど、死んだ人間の〈霊〉だと考える人はあまり多くないと思われます。

「精」という文字の意味は、解るようで解らないという人が多いのではないでしょうか。精は米偏ですが、そのまま「しらげる」、つまり「精米する」というのが本来の意味のようです。

そこから清い、美しい、正しい、明らかな、といった意味が導き出されました。脱穀し、精米することで玄米は白米になります。そうしたところから、外側の余計なものをそぎ落とし磨いて行けば美しく正しい本質に至るのだ——と、考えたのでしょう。そこからさらに一歩踏み込んで、より美しく正しい本質——カミやタマといった抽象的な概念も示すようになったものと思われます。

神話やファンタジー、昔話には、よく「何々の精」というのが出てきます。それらは、まさにその「抽象的な本質」と考えるべきモノといえるでしょう。

あらゆるものに〈精〉はあるようです。

しかし、例えば森は多くの樹木や草花で構成されていますが、森の精と木の精、花の精は別のものです。そして花の精とバラの精も別のものです。

花の精は、「花という概念の抽象的な本質」ですから、あらゆる花の本質ということになります。一方バラの精は「バラという概念の抽象的な本質」ですから、他の花は含まれないことになります。付け加えるなら、それらはあくまで抽象的な本質なのであって、現出する場合も花やバラの形をしていません。精は、おおむね人間の形で表されます。アラビアンナイトに登場するランプの精や指輪の精も、ランプや指輪の形はしていません。

最近では、この〈精〉と付喪神を混同するケースが多く見られるようですが、これも似て非なるものです。

例えば——箒《ほうき》の精はあらゆる箒に宿っています。

箒という概念の抽象的な本質を擬人化したものが箒の精なのですから、出来たての箒だろうが折れた箒だろうが同じようにそれはあることになりますし、また表現される場合は人の形をとることになるでしょう。

　付喪神は百年経った古い道具などが化ける（〈霊〉を得る）ものです。これは主に道具の形をしています。抽象的な本質などではなく、そのものが化ける（〈霊〉を得る）のです。

　簞笥《たんす》の精と付喪神の簞笥はまったく違うものと考えるべきです。ものを大事にしないといって怒って出て来るのは「精」でしょう。途中でうち捨てられてしまえば、付喪神にはなれないからです。そして、大事に大事に使っていても、百年経てば化けてしまうのです。

『付喪《つくも》神記《がみき》』という絵巻の詞《ことば》には、「陰陽雑記に云ふ　器物百年を經て化して精靈を得てより人の心を誑かす　これを付喪神と號すと云へり」——と書かれています（この「化して精霊を得」るという部分を覚えておいてください）。

　いずれにしても、〈精〉はどんなものにもあると考えてよいもののようです。動物も例外ではありません。但し、動物の場合も、狼の精は狼すべての精なのであり、それが狼の形をとることはありません。劫《こう》を経た化け狼とは別物なのです。動物などの場合も、器物同様ある程度の年月を過ごせば「化して精霊を得」ると考えるべきなのでしょう（ただ、注目しておくべきなのは、どうやら人間の精だけはないらしい——ということです。そしてもう一つ、人間だけはある程度の年月を経ずとも〈霊〉があるらしい——というところも重要なポイントになるでしょう）。

こうしてみると、〈精〉は大変に〈霊〉に近い意味合いで使われている言葉らしいということが判ります。その〈精〉と〈霊〉とを重ねた言葉である〈精霊〉とは、本来はどのような意味合いを持っていたのでしょうか。

その結論を述べるのはもう少しだけ先送りにしましょう。

まだ言葉は残っています。

〈精霊〉と混同されがちな言葉に〈聖霊〉があります。〈聖霊〉はあまり多くの場面で使用される言葉ではないと思われます。

〈聖霊〉は、主にキリスト教関係の文書に登場する言葉です。

キリスト教には「三位《さんみ》一体《いったい》」という言葉があります。一心同体などと混同されたような使われ方（三人が心を合わせて何かを為《な》すこと）をすることもありますが、本来はそういう意味の言葉ではありません。

三位一体は、「父と子と聖霊」は同じであるとする考え方です（教派や時代によって多少の違いはあります）。同じというより、その三つの位格によって示されると言うべきかもしれません。

父というのは、〈神〉のことです。一神教であるキリスト教では、〈神〉は唯一絶対の存在です（存在という謂い方が相応《ふさわ》しいのかどうかはわかりませんが、わかりやすく伝えるための言い換えと考えてください）。すべてを生み出した〈神〉に名前などはありません。

その〈神〉を、「父」と表現しているわけです。

子というのは、〈神〉の子であり救世主であるイエス・キリストのことです。しかし、キリストという血肉を持った人のことではなく、その本質であるロゴス＝神の言葉（ロゴスを単純に言葉と訳してしまうことも、多少語弊があるのかもしれません）と考えるべきでしょう。平たく言ってしまえば、〈神〉の教え、教義ということになるのでしょうか。

最後が〈聖霊（Holy Spirit）〉です。

これは「聖神」とも訳されるようですが、ややこしくなるので一般には〈聖霊〉とされることが多いようです（キリスト教の〈神〉観念は日本の〈神〉観念とは明らかに違っていますから、〈神〉という訳語自体を疑問視する考え方もあります。聖書を翻訳する際、〈霊〉や〈神〉という文字／言葉をいったいどの概念に当てはめるべきなのか、大いに議論されたという経緯もあります）。

〈聖霊〉はキリスト教を勉強していない私達にとっては大変に解りにくい概念です。

ただ、大本を辿《たど》れば「風」という意味の言葉だったようです。風というのは、「目に見えない作用」と考えればいいのでしょうか。〈聖霊〉を受けることで、人は様々な恩恵に浴することができます。善悪を正しく判断できるようになったり、キリスト教徒として正しい生き方ができるようになったり、神の言葉を知ることができるようになったりする――ということだそうです。そうした作用こそが〈聖霊〉であると考えればいいのでしょうか。

〈聖霊〉は、〈霊〉が付いているからといって決して擬人化されて理解されるようなものではないのです。

〈神〉の教えこそが〈神〉であり、〈神〉によって齎《もたら》される幸福こそが〈神〉であると――多くを端折って平易にいうなら、三位一体とはそうした考え方ということになるでしょうか。

同じ読みの〈性霊〉という言葉もあります。

文字面から、エロティックな心霊現象を想像する人もいるかもしれません。事実、淫魔《いんま》のような悪さをする〈霊〉を〈性霊〉と呼んでいるケースもあるようですが、それは〈性霊〉という言葉を知らない人が作った造語と思われます。〈性霊〉はそういう意味の言葉ではありません。

辞書を引くと「霊妙な心」あるいは「心の霊妙な動き」などと記されています。

転じて〈魂〉のことも指すようです。

「霊妙」とは、「人知では計り知れないほどに奥深く優れた」ことであり、「尊く神秘的な」在り方なのだそうです。そうした心の動きや在り方を〈性霊〉と呼び、それが即ち「魂」であるということでしょう。〈性霊〉もまた、擬人化し理解されるような概念ではないようです。

こうしてつらつら並べてみると、どうも私達は〈霊〉という言葉を誤解している可能性があるのではないかという気がしてきます。

前述の通り、〈霊〉はとても便利な概念です。何であってもとりあえず〈霊〉をかませておけば何とかなるという、万能のツールです。

ただ、本当にそうなのでしょうか。

それでは、最後に残った〈心霊／神霊〉について考えてみることにしましょう。

不可解な現象（として認識される事象／体験）のうち、その原因として死者（いわゆる〝幽霊〟）が関わっていると誤解されるものを、「〈心霊〉現象」と呼ぶ場合があります。

もちろん、原因が死者（いわゆる〝幽霊〟）なのかどうかを客観的に確認する術《すべ》を私達は持っていませんし、そもそもそれが「不可解」なのか、不可解であったとしても「現象」なのかという検証さえされないまま、〈心霊〉現象と断定されてしまうことが多いようです。霊と関わりがないとされてしまう場合、例えば宇宙人や超能力といったものを原因として持ってくるケースは、超常現象／超自然現象などと呼ばれるようです。

ただし、一般的に「心霊現象」は「超常現象／超自然現象」に含まれるもの（下位のカテゴリ）と考えられることが多いようなので、厳密な区分がされているわけではないようです。

同じような事柄の説明に地球外生命体と〈霊〉の双方が使われる複合的なケースもありますし、地球外生命体を「霊的な」存在と規定し、混同してしまうケースまであります。

そうでなくても、両者は説明不能の現象（とされる事象）の説明に持ち出されているだけなのですから、互換性はあるようです。

これは、元を辿《たど》るなら、いわゆるスピリチュアリズムの翻訳を「心霊主義」としてしまったことに起因する呼称と考えていいでしょう。

「心霊現象」とは、本来「心霊主義に基づいた考え方で解釈される（それ以外の考え方では解釈できない）現象」のことを指しているものと思われます。この、「主義に基づいた考え方で解釈される」が省かれてしまったわけです。

その結果、「そういう考え方で解釈するならこういう風に説明することができますよ」という部分も省略されてしまい、恰《あたか》も〈心霊〉という「もの」が厳然としてあるかのような印象を以《もっ》て一般に受け取られてしまうようになったのでしょう。

もっとも、日本におけるスピリチュアリズムの受容に関していうならば、「主義」「思想」といった形の捉え方が最初から希薄であったという指摘はできるかもしれません。「主義」を主張する、あるいは「思想」に基づいた運動をするというよりも、信仰（というよりも宗教）との親和性の方が強く、「近代合理主義に照らされ迷信と切り捨てられることを避けるために応用された」という側面のほうが大きかったようです。

本邦の心霊主義運動の父と謂われる浅野《あさの》和《わ》三郎《さぶろう》も、教派神道系教団・大本《おおもと》との関わりが心霊主義に傾倒する大きな動機になっています。

浅野は、いわゆる第一次大本事件（国家権力による宗教弾圧として評価されることが多いようです）を契機にして、大本を離れてしまいます（それ以前にも教団内での軋轢《あつれき》＝考え方の違いによる対立はあったようなので、一概に事件のせいで離脱したとはいえないようですが）。

その結果、浅野の活動（研究と広報）は宗教色を失って行くことになるわけですが、もし教団内に残っていたならば、その後の状況も多少違っていたかもしれません。浅野は、自らの研究を早くから「心霊研究」と位置づけ（心霊主義に基づくもろもろの有効性を証明するための研究、という意味だったのでしょうが）、大本離脱後の大正十二年（一九二三）には「心霊科学研究会」を創立しています。

ここでいうところの「心霊科学」とは「近代科学的思考と整合性をとる形で理解される心霊主義」＝「心霊主義に基づく科学」のことでしょう。ただ、この「心霊科学」という名付けはある意味大変にキャッチーだったようで、七〇年代のオカルトブームにクローズアップされた後、通俗語として流通してしまうことになります。その結果、「主義」は立ち消え、心霊という言葉は独立して、心霊スポットや心霊物件、果ては心霊ＡＶなどという造語を生み出すまでに至りました。

これらはいわゆる〈霊〉的なというだけの意味しかありません。〈霊〉の前に〈心〉を付ける意味はほとんどないものと思われます。心霊物件は決して「心霊主義的に重要な物件」ではありませんし、心霊ＡＶは「心霊主義に基づくアダルトビデオ」ではない（と思われる）からです。

ちなみに、『日本国語大辞典・第二版』には、「心霊学」「心霊研究」「心霊現象」「心霊写真」「心霊術」「心霊論」という項目が立っています。心霊研究の項には、

> しんれい‐けんきゅう【心霊研究】〔名〕今日までの知識では推測のつかない超自然的な現象、テレパシー、透視、念写などの現象について研究する学問。

とあり、参考（初出的意味合いの引用と思われます）に、『現代新語小辞典』（新潮社／一九三六）が引かれています。

こちらは、

心霊研究　今まで迷想とされてゐた不思議な心霊現象〈略〉現代の科学では説明できないことに対する真面目な研究を云ふ

となっています。

ここで『日本国語大辞典』が例として挙げているもの（テレパシー、透視、念写）は、いずれも通俗的なオカルトの範疇《はんちゅう》に入るものでしょう。

ただ現在流通している〈心霊〉とはやや距離のあるものばかりではあるようです。現在では超能力に分類されるもの——いわゆる〝幽霊〟とはあまり関係がないものばかりです。

浅野和三郎は、辞書の説明にもある通り、既存の知識では理解することができない現象（超自然現象）も「心霊主義的」思考を以てすれば解明できる——即ち心霊主義の正当性を証明することになる——ということを研究の題目としていたわけですから、その時点では何の齟齬《そご》もありません。

意味にズレが生じ、それが定着したのは、やはり七〇年代のオカルトブーム以降と考えるべきでしょう。以前に取り上げた中岡俊哉の著作などを見ても判る通り、その時代〈心霊〉は既に霊という意味で通用しています。『日本国語大辞典・第二版』が出版されたのは二〇〇〇年代に入ってからですが、そうした状況はまだ反映されていないようです。

言葉が指し示す対象＝言葉の意味は時代によって移り変わって行くものですが、新しい意味が生まれる度に簡単に辞書の記述を変えられてしまったのでは、それはそれで困ったことになります。新しい意味を追加するにしても一般化しているか、定着したと考えて良いかなど、吟味しなければならないポイントは沢山あることでしょう。そうした作業は長いスパンで慎重に行うべきものでしょうから、これは仕方がありません。

さて、『日本国語大辞典・第二版』の「心霊研究」の記述の中に「心霊現象」という言葉は使われていません。一方引用されている『現代新語小辞典』の記述には見ることができます。

そこで、『日本国語大辞典・第二版』の「心霊現象」の項を見てみることにしましょう。

> しんれい‐げんしょう《・ゲンシャウ》【心霊現象】〔名〕科学で解明できない、心霊の存在によって起こるといわれるふしぎな精神現象。死者の霊魂と生者が交信する交霊現象、遠距離にいる二者の心意が互いに通じ合うテレパシー現象、透視・予知などの千里眼的現象などの総称。（用例略）

こちらもテレパシーや千里眼が取り上げられていますが、それよりも先に交霊現象が挙げられていること、「心霊の存在」という表現が、暗にスピリチュアリズムを示していること、ただの現象ではなく、「ふしぎな精神現象」とされていることなどが、婉曲《えんきょく》に現状を反映した結果ととれなくもありません。

そもそも、〈心霊〉という言葉は、現在使われているような〈霊〉という（だけの）意味の言葉ではありませんでした。と、いうより今でいうところの〈霊〉（幽霊、生霊などの霊）という意味はほとんどなかったと考えていいようです。

再度、心霊の項を引いてみましょう。

> **しん‐れい【心霊】**［名］こころ。精神。特に肉体とは別に存在すると考えられている超現実的な心の主体。霊魂。（用例略）

最後に挙げられている〈霊魂〉が、今でいうところの〈霊〉でしょう。一方「肉体とは別に存在すると考えられている超現実的な心の主体」という部分は大変わかりにくいのですが、こちらは〈霊〉というよりも、やはりこころや精神に近いものと考えるべきかもしれません。

現在でも「こころとからだ」などという謂い方をします。本来は不可分な心と体を分け、心を主体として捉えるという方便は古くから、ごく一般的に使われているものです（その、本来実体を持たない心に相当するものとして〈霊〉という概念が想定されたわけで、〈霊〉というものが存在し、それが現実世界に様々な作用を及ぼしていると考えることを基本にして組み立てられたのが、心霊主義だと要約することもできるでしょう）。

〈心霊〉という言葉は〈こころ〉を示すものだったのです。しかし、ただの〈心〉ならわざわざ〈霊〉を付けることはないわけで、〈霊〉が付いている意味を考える必要はあるでしょう。

ただし、あくまで主は〈心〉で、〈霊〉は従なのです。現在の使われ方は主従が逆転している（というより主が消失している）といえるようです。

一方で〈神霊〉という言葉はどうでしょう。こちらも同じ辞書で引いてみましょう。

しん‐れい【神霊】［名］①神。また、その神のすぐれた不思議な徳。（用例略）②人のたましい。また、人が死んで神となったもの。霊魂。（用例略）

〈神霊〉という言葉は、現在ではあまり使われなくなってしまいました。まったく使われなくなったわけではありませんが、日常で目にする機会は多くありません。少なくとも目にする頻度は〈心霊〉の方が多いでしょう。また、使われる場合も「神さまの霊」のような（冷静に考えるとかなり変な使われ方なのですが）使われ方をすることが多く、本来的な意味では使われていないことが多いようです。

現在、〈心霊〉が担っている意味の幾分かはこの〈神霊〉が賄っていたと考えられます。

〈心霊〉という言葉は、もちろん日本語ではなく、漢語です。作られたのはかなり古く、『隋《ずい》書《しょ》経籍志《けいせきし》・上』（六〇〇年代成立）にも見ることができるようですから、相当古くからある造語といえるでしょう。意味は当時から〈こころ〉〈たましい〉だったようですが、だからといって短絡的にスピリチュアリズム的な〈霊〉に対応する概念と捉えてしまうのは早計です。

七世紀隋代の中国のものの考え方と近代のそれは違っているはずです。

加えて、この〈心霊〉という言葉は、日本ではそれ程「使われない」言葉でした。

文献に頻出し始めるのは明治以降のことで、スピリチュアリズムが「心霊主義」と訳されるまでは、「あまり通じない言葉」でしかなかったのです。何故使われなかったかといえば、使い道がなかったからです。それは〈神霊〉という言葉があったからに他なりません。

もちろん、〈神霊〉もまた日常語として当たり前に使われていた言葉とはいえないわけですが、少なくとも「不思議な、神秘的な、超常的な」何かを言い表す時に選択されたのは、〈神霊〉の方だったようです。

辞書の①にある通り、そうした事象は「神のすぐれた不思議な徳」によって引き起こされるものでした。人は、そうしたものごとを引き起こす主体となり得るものとして考えられてはいなかったのです。神秘は超越者の領域に他なりませんでした。辞書の②にある通り、そうしたものごとを引き起こす主体となるためには、死後「神となる」必要があったわけです。

心霊には〈たましい〉という意味もあったわけですが、それはやはり、「肉体とは別に存在する心の主体」という意味でしかなかったのです。

明治期、外来語を翻訳するにあたっては多くの試行錯誤がありました。対応する言葉がすべてあるとは限らないからです。直訳したのでは通じにくくなるため、意訳もされました。ベースボールはそのまま訳すなら塁球《るいきゅう》になるのでしょうが、定着したのは野球です。ニュースペーパーは新しいものごとを記した紙ですが、新聞と訳されました。これらは造語ですが、訳すにあたっては、耳慣れない漢語なども多く引っ張り出されたのです。

〈心霊〉も、様々な言葉の訳語に当てられました。

intellect は現在は知性と訳されますが、これに〈心霊〉を当てたケースもあります。ぎょっとするセレクトですが、「心の主体」を「知」とするならば、大きく外れているわけではないでしょう。

psych は〈心理〉と訳されました。これはそのまま定着し、現在に至っています。

〈心理〉という言葉に、オカルト的な意味合いを見出《みいだ》す人はあまりいないことでしょう。〈心理〉は物理と対をなすイメージがありますし、心理学は医学の一分野として捉えられていますから、どちらかといえば科学的な印象で受け取られることが多いのでしょう。そのまま「こころのことわり」という意味で通用してしまいます。

しかし、これも辞書を引いてみるとそうでもないということがわかります。

しん‐り【心理】〔名〕①心の状態と、万物の本体。（用例略）②心のはたらき。心の有様。精神の状態。こころもち。気持ち。（用例略）③「しんりがく（心理学）」の略。

現在、通りが良いのは②ということになります。

①は近世初期、イエズス会によって刊行された日本語をポルトガル語に翻訳した辞書『日葡《にっぽ》辞書《じしょ》』（一六〇三―一六〇四）に拠《よ》る説明です。『日葡辞書』においては、〈心理〉は「シンタイ（心体）、リタイ（理体）ノコトナリ」とあります。

心体理体はいずれも仏語《ぶつご》（フランス語ではなく仏の言葉、仏教用語）です。理体は「万物の本体」と諒解されることが多いようですが、心体を「心の状態」としてしまうのは、多少の疑問が残ります。いずれにしても現在通用している意味は二番目（新しい使われ方）だということです。

実のところ、〈心霊〉と〈心理〉はあまり違わないものを指し示す言葉だったようです。

ここで、〈精神〉という言葉について考えてみましょう。

〈精神〉は、日常語としてごく普通に使われている言葉ですが、では〈精神〉とは何かと問われて簡略に説明できる人はいるでしょうか。

心でしょうか。意識でしょうか。精神性とか精神論とか言った場合は、理念とか気力とかいうものに近くなるかもしれません。

どれも、正解です。

辞書を引くまでもなく〈精神〉とはそういうものを指す言葉で、明確な対象はありません。

念のために『日本国語大辞典・第二版』を参照してみます。

せい‐しん【精神】［名］①心。また心の働き。肉体に対し形而上的な働きをする実体としての心。（用例略）②物質的なものを超越した霊妙な実在。たましい。霊魂。（用例略）③物事に執着する気持。目的を達成しようとする心の働き。気力。根気。（用例略）④生気のあふれる状態（用例略）

ちなみに、前の項目は「精心」で、精神の①と同じ、とあります。

難しく書いてありますが要するに心（のようなもの）というだけで、すっきりと説明されているわけではありません。

気になるのは、①の「肉体に対し形而《けいじ》上《じょう》的な働きをする実体としての心」と、②の「物質的なものを超越した霊妙な実在。たましい。霊魂」というところです。

ここで、〈心霊〉、〈心理〉の項を再度引いてみることにします。

しん‐れい【心霊】［名］こころ。精神。特に肉体とは別に存在すると考えられている超現実的な心の主体。霊魂。（用例略）

しん‐り【心理】［名］①心の状態と、万物の本体。（用例略）②心のはたらき。心の有様。精神の状態。こころもち。気持ち。（用例略）③「しんりがく（心理学）」の略。

いずれもほとんど変わりがないことがわかります。

特に〈心霊〉のほうには「精神」、〈精神〉のほうには「たましい」「霊魂」と明記してありますから、これらの言葉は本来（と、いうか今でも）同じものを示す言葉だということになります。

そもそも、心を指し示す言葉であるにも拘《かかわ》らず、何故に〈精〉〈神〉なのでしょう。〈精〉は、以前にも説明した通り「余分なものをそぎ落としたそのものの本質」というような意味と考えていいでしょう。

しかし、「余分なものをそぎ落としたそのものの本質」といっても、わかりにくいかもしれません。

三一一ページからの繰り返しになりますが、ここでも再度述べることにします。

まず、精米をイメージしてみてください。

ご存じの通り、精米とは、玄米から糠《ぬか》部分（外殻《がいかく》）を取り除くこと、及び糠を取り除いた後の米の胚乳のことです。

米偏に青と書くこの文字は、そもそも米を青く（青とは澄んだというような意味です）することの意でした。つまり〈精〉は一文字で精米を表す文字でもあったわけです。白米は米の実の物理的なコアでもありますが、コメというものの文化的なアイデンティティーと捉《とら》えることもできるでしょう。

さらに、そこから派生する形で、選《よ》りすぐりのものを示すようになり、転じて最も優れたものをも指し示すようになったのです。

籾殻《もみがら》や糠を排除した白米のように、夾雑物《きょうざつぶつ》を捨て去ったそのものの本質——そのもののアイデンティティーと成り得る混じり気のない純粋な、優れた部分——それこそが〈精〉ということになるでしょう。

「何々の精」が人の形をとるのも、個体の属性をそぎ落として行った本質＝概念としての本質的存在は、普《あまね》く人間の形をしている（人間の形で表される）と考えられたからです。

　水の精や碁石の精、刀の精など、精と名のつくものは大抵人の形をしています。

モノに限らず、柿の木の精やイワナの精など、動植物の精も人の形で現れます。

繰り返しますが、古くなった器物などが化ける付喪神や、劫《こう》を経た動物などを呼ぶ、いわゆる主《ぬし》などとは、発想が根本的に違うものです。

また〈精〉には「とても細かく、行き渡った有り様」という意味もあります。

精緻《せいち》、精査、精密などには、そちらの意味で用いられているということです。

〈精〉は、米をしらげる＝精米するという行為から、存在そのもののコアとなる部分、存在自体を隅々まで規定するピュアで優れたものという概念にまで敷衍《ふえん》されたということでしょう。

それは即ち、「形而上的な働きをする実体としての心」に呼応する概念でもあります。

概念としては、〈霊〉とあまり変わりがないようにも思えます。

　さて。

　ここで少々横道に逸《そ》れなくてはなりません。

アニミズム（animism）という考え方があります。アニメーションの語源としてよく知られるものでしょう。

　イギリスの文化人類学者で、〝文化人類学の父〟とまで呼ばれるエドワード・バーネット・タイラーが提唱したもので、汎霊説《はんれいせつ》と訳されます。

簡単に言えば、「あらゆるものに霊が宿る」という考え方を指し、タイラーはこれを宗教の起源、宗教の初期段階と位置づけました（アニミズムを宗教の起源とすることに関しては、異論も多く出されています。もちろんそうした側面がないとは言い切れませんし、それを「宗教的なものの最小単位」と捉えること自体は可能かもしれません。ただアニミズム的な世界観＝原始的なものであると規定することに関しては、首肯できない部分も多くあります）。

たしかに、未開社会においてアニミズム的な信仰が顕著であることは確認できますし、そうした信仰が複雑化・理論化することで様々な宗教が形成されていったということも考え得ることです。だからといって、アニミズム的な世界観をして、すべてプリミティブなものであるとすることはできないでしょう。それは、キリスト教を先進的なものとして優位に置く立場から多く導き出される考え方ではあるでしょう。

また、タイラーはアニミズムは「万物に人格を投影したもの」としますが、人格を与えないケース（対象を霊的存在と規定するものの、擬人化することなく畏《おそ》れ敬うようなケース）もあるため、それをより原初的な形と捉え、プレ・アニミズムなどとして分ける場合もあります。

何々の精といった場合の〈精〉は、このアニミズム的な解釈で理解できるものであるようにも思えます。事実、区別なく理解されていることのほうが多いと思われます。

ただ、翻訳された論文などを読むと、多く万物には霊性がある、霊が宿る――と訳されています。アニミズムの邦訳が汎霊説であることからもわかる通り、あるのも、宿るのも〈霊〉なのです。

ちなみに、アニミズムは汎神論《はんしんろん》と混同されることが多いようです。たしかに、汎神論は万物に神性があるとする考え方ですから、同じようなものといえなくもないのですが、これは違うものです。

汎神論は、この世界にあるすべてのものごとは〈神〉の投影である（物体も概念も神の意思の顕現でしかない）という考え方で、アニミズムとは区別されるものです。

とはいえ汎神論にも様々なものがあり、十把《じっぱ》一絡《ひとから》げに纏《まと》めてしまうのは乱暴なのですが、いずれ少なくとも〈神〉という概念を抜きには成立しないものであり、アニミズムと同一視することはできません。

邦訳した場合、極めて似てしまう（汎神と汎霊）という点も混同される一因のようです。

英語で汎神論はパンセイズム（pantheism）と呼ばれます。これはギリシア語で「全て」を表すパン（pan）と、「神」を表すゼウス（theos＝主神の名）の合成語にismをつけたものです。一方アニミズムのアニマ（anima）とは、ラテン語で、生命や霊魂を表す言葉です。

とても大雑把にいうとするなら〈神〉と、〈神〉以前（神という概念が形成される前の原始的な概念＝人格化された自然＝霊）に分けられているということになるでしょうか。

タイラーの説が批判される一因として、まさにこの、〈神〉以前から〈神〉へという、進化主義的な構造が基本にあることがあげられます。

注意しなければいけないのは、ここでいう〈神〉とは、あくまでキリスト教の神を基準とした〈神〉観念を指している、という点です。

以前にも触れましたが、キリスト教の〈神〉は非常に抽象的な存在（存在という言葉を使うことも正しくないかもしれません）です。

姿も形もなく、名前さえも口にすることが禁じられています。一神教ですから、唯一無二の存在であり、ギリシア神話の神々のように、何柱もいるわけではありません。

そうした唯一神のような概念がなければ汎神論のような考え方は生まれようがありません。

少なくともアニミズムと同一視はできません。

アニミズムを人格を持った神々が沢山いる多神教の祖型と考えることは、強《あなが》ち的外れとは言えないでしょうが、ただ、自然崇拝（現象をそのまま畏れ敬う信仰形態）からプレ・アニミズムを経て、アニミズム的信仰↓多神教↓一神教という流れを絶対視し、それを本流であると固定的に捉えてしまうことに関しては、たしかに進化主義的と言わざるを得ません。

明治期から昭和初期にかけてはかなりの試行錯誤があったものの、現在私達はもろもろの超越的存在を〈神〉の一語を以《もっ》て翻訳してしまっています。そういうものは全て〈神〉だということで済ませてしまっているようです。

もちろん、それで通じているわけですし、そういう意味で問題はありません。ゾロアスター教の神と道教の神は違うのだと、説明することも可能ですし、理解することも可能です。

しかし、〈神〉の一字が本来持っていた字義、そしてカミという言葉が指し示していた、この国ならではの何かは、どうも見えにくくなっているように思えます。

〈神（神）〉という文字は、示と申とで構成されています。

申は「くね曲がった稲妻」を象《かたど》った文字です。〈神〉という文字は、元々超越者そのものではなく、超越者の引き起こす超越的現象を指し示す文字だったようです。

超越者の引き起こすものごととは、人にはコントロールすることが不可能なものごと（自然現象）、人の知識では理解不能のものごと（不思議なものごと）のことです。延《ひ》いては人が到達することの敵《かな》わない優れた何か＝超越者をも示すようになったのでしょう。

その〈神〉という文字に、カミという倭訓《わくん》が当てられたわけです。

但し、同じくカミという訓が当てられる文字に「霊」があることも、忘れてはいけません。

〈霊〉の倭訓はミコ・タマ・カミなのです。

〈霊（靈）〉という文字は、霝と巫の組み合わせでできています。

霝の訓はアマゴイですが、本来は「儀式に使用する器」を象った文字のようです。巫はカンナギ、ミコです。

霊は、儀式に使用する器と、儀式を執り行う巫覡《ふげき》を合わせた文字ということになります。成り立ちは大いに違っていますが、我が国ではこの両方に、カミという和語を当てました。

また、読み方はともかく、〈神〉にも〈霊〉にも、タマシイという意味があります。

タマシイには、〈魂〉という字が当てられているわけですが、〈神・霊・鬼〉もタマシイの意がある文字とされます（鬼に関しては別の機会に譲りたいと思います）。

現在、〈神〉はほぼ god の意で、〈霊〉は spirit（〈幽霊〉の場合は ghost）、〈魂〉は soul の意で通用しているわけですが、実はそう簡単なものではないようです。

さて、ここでその〈霊〉と先程説明した〈精〉を組み合わせた〈精霊〉という言葉に戻ることにしましょう。

〈精霊〉という言葉は、実は結構面倒《めんどう》な言葉です。

セイレイと読んだ場合は、〈精〉と〈霊〉、つまりそうしたもの全般を指す言葉となります。

漢語としての〈精霊〉は、精怪と同じ意とされ、現在私達が使っている言葉に対応させるなら、〝幽霊〟〝妖怪〟全般、というようなことになるでしょう。

しかし、ショウリョウ／ショウロウと読んだ場合は違ってきます。

これは、いわゆる「精霊流し」の〈精霊〉です。精霊流しは、死者を常世《とこよ》へと送り出す行事です。この場合は、現世に留《とど》まったりせず「行くべきところに行った〈霊〉」という意味でしょう。

厄介なのは、〈精霊〉がspiritの訳語として当てられるケースも多くあるという点です。これは、意味から考えるに〈精〉だけで済む類《たぐ》いのものばかりなのですが（指輪の精や森の精など）、その後ろに敢《あ》えて〈霊〉をくっつけてしまったため（理由は後述します）、おかしなことになってしまったのです。加えて、錬金術などで用いられるエレメンタル（elemental）の訳語にも〈精霊〉が当てられてしまいました。

ちなみに、〈妖精〉という言葉も、本来は〈精霊・精怪〉と同じようなもの（今でいう〝幽霊〟〝妖怪〟）を指していたのですが、フェアリー（fairy）の訳語に当てられてから変質してしまったものと考えられます。

こうして並べてみると、〈精神〉も〈精霊〉も（倭訓では）それほど違う言葉ではないということがわかるでしょう。〈神〉も〈霊〉も、カミでありタマシイです。それに〈精〉を組み合わせただけの言葉なのですから、大きな違いがあるとは思えません。

大体〈精神〉も〈精霊〉も英訳してしまうと同じ言葉――スピリット（spirit）になってしまうのです。

〈精神〉が今のような意味合いで使われるようになった背景には、哲学書や宗教書を翻訳する際に（かなり恣意《しい》的に）使用されたという事実があるようです。概念の翻訳は、時に概念自体をも変質させてしまうのです。

さらに言うなら、倭訓ではそう違いのない〈精神〉と〈精霊〉ですが、漢語としては決して同じような言葉ではなかったものと思われます。

〈精霊〉が「精と霊」であるのに対し、〈精神〉のほうは「神の精」であると思われます。〈精〉の意や、〈神〉の原義を踏まえて考えるならば、「超越的なものごとの核となるような本質」ということになるでしょうか。

〈精神〉という言葉は、元気（気の元）などと同じく、活力や生命力といったもの（今風にいうならエネルギーのようなもの）を表す言葉だったのです。

〈神〉にカミという倭訓が当てられてしまい、さらに哲学用語などの翻訳語として流用されることで、〈精神〉という言葉は変質し、まるで違った文脈で使用される言葉になってしまったのです。

さて、同じ〈神〉という文字を使った言葉に、〈神経〉があります。

この〈神経〉を足がかりに〈神〉と〈霊〉の使い分けについて考えてみることにします。

神経は動物の肉体における情報伝達組織のことです。この組織は脳からの信号を身体各部に伝達するため、また各部からの刺激を脳に伝えるための「器官」です。反応である「意識」や概念である〈霊〉と違って、目に見えないものではなく、実際にある「もの」です。

ただ、他の臓器のように摘出したりすることはできません。〈神経〉は身体各部の機能を統率するための器官ですから、中枢から末端まで肉体の隅々に行き渡っています。神経組織だけを抜き出すことは難しいでしょう。

そうした点においては血管も同様ですが、血管はその名の通り「管」であり、中には血液が流れています。一方で神経を通るのは「信号」であり、伝わるのは「情報」です。これらは目に見えるものではありません。

したがって現在〈神経〉と呼ばれている組織は、過去には器官として認識されておらず、それに相当する言葉もありませんでした。

〈神経〉は、現在では漢字文化圏なら通じる言葉ではあるようですが、造語です。

この言葉の発案者はかの杉田《すぎた》玄白《げんぱく》であり、初出は『解體新書《かいたいしんしょ》』だと考えられています。

ご存じの通り、『解體新書』は、ドイツ人の医師である、ヨーハン・アーダム・クルムスが著した『Anatomische Tabellen』のオランダ語訳である『Ontleedkundige Tafelen』(通称ターヘルアナトミア)を底本として、杉田玄白らが翻訳した本邦初の解剖学の指南書です。

翻訳の際、オランダ語のZenuwに該当する日本語がなかったため、杉田玄白は造語せざるを得なかったわけです。

造語の際、玄白は「神気」と「経脈」の二語を組み合わせ、「神」「経」としました。神経の「経」にあたる「経脈」は、古代中国医学の言葉（基本概念のひとつ）で、縦の脈というような意味です。横の脈は絡脈と謂《い》い、この二つを合わせて「経絡」と謂います。縦横というのは方向ではなく、縦が本線、そこから枝分かれした支線が横、ということになります。脈というのは、道というような意味です。支線である絡脈は枝分かれを繰り返し、経絡は体中に張り巡らされていると考えられています。

つまり、〈神経〉と非常に近いもの——ということができるでしょう。

但し、この経絡と神経は同じものではありません。

古代中国の医術でいう「経絡」「臓腑《ぞうふ》」といった概念は、経験上得られた知識から生み出されたものですから、決して迷信でもデタラメでもありません。ただ、陰陽思想や五行思想などに基づいた理論構築がなされているため、必ずしも近代西洋医学の考え方と合致するものではありません。

経絡も非常に複雑な考え方から成り立っており、大雑把な把握では〈神経〉と似ていると言えますが、細部ではまるで違っています。この経絡上にあるとされる経穴は、俗に「ツボ」と呼ばれるものですが、これは西洋医学では（治療と効果の因果関係が詳《つまび》らかになっていないため）認められていません。

そもそも、この経絡を「流れている」と考えられているのは、いわゆる〈気〉です。

この〈気〉に就いては前述しましたから、ここで繰り返すことはしませんが、一般に謂われるような「エネルギー」ではなく、「目に見えないものの作用」と考えた方がいいようです。

大切なのは「目に見えない」というところなのです。

前述の通り、「情報」も「信号」も目に見えないものですから、〈気〉で構わないように思えるのですが、同じく目に見えないものである「空気」が先んじてあり、これに〈気〉を当てたため、混同を避ける必要があったものと推測されます。

血が流れる管は血管、空気が通る管は気管です。〈気〉を使用すると、呼吸器系との混乱が起こり兼ねません（一方で、経脈の「脈」は動脈や静脈の脈と同じです。こちらは循環器系との混乱が予想されたため、採用されなかったのでしょう）。

そこで、同じ〈気〉でも空気ではない「神気」が選ばれたものと思われます。

神気は、万物の元となる〈気〉であり、〈精神〉を生み出す〈気〉でもあります。

要するに、「より高次の〈気〉」ということです。

前述の通り、〈神〉という文字にはかつて「人知の及ばぬ何かが引き起こす作用」という意味がありました。

〈神〉が、私達が普段使っている、いわゆるカミサマという意味に落ち着いたのは、それ程昔のことではないようです。と、いうより他の国の信仰の対象や超越者（god など）の邦訳に当てられるようになってから、と考えた方が良いかもしれません。

いずれにしろ、杉田玄白は「神気／経脈」の神と経を採り、〈神経〉という言葉を造ったわけです。敢えて「気脈」としなかったのは、東洋医学との差別化を図るという思惑もあったのでしょう。Zenuw が伝えるのは、決して〈気〉などではないという（情報などという言葉も当時は使われていません）意思表示でもあったのだと思われます。

しかし結果的に〈神経〉は造語として大変に優れたものになった（なってしまった）といっても良いでしょう。〈神経〉は、医学用語として定着しただけでなく、一般にも広がり、様々な「意味」を生み出しました。『解體新書』が一般に広く読まれたとはとても思えないのですが、そこで造られた〈神経〉という言葉は、大衆にも受け入れられたのです。

少し違った角度から眺めてみましょう。

現在、日本三大怪談といえば、概《おおむ》ね「四谷怪談」「皿屋敷《さらやしき》」「牡丹燈籠《ぼたんどうろう》」ということになっているようですが、江戸時代（といっても長いのですが——）最も流行した怪談は、そのどれでもなかったようです。

元禄《げんろく》三年（一六九〇）に開板された仮名草紙『死靈解《しりょうげ》脱物語《だつものがたり》聞書《ききがき》』を一応のオリジナルとする一連の作品群は、「累《かさね》もの」と呼ばれ、歌舞伎や読本などで何度も作品化されました。「四谷怪談」ものとしては最も有名な『東海道四谷怪談』の作者である四世鶴屋南北も、『法《けさ》懸松成田利《かけまつなりたのり》劒《けん》』という作品の一部（『色彩間苅豆《いろもようちょっとかりまめ》』として独立して演じられることもあります）で、この「累もの」を取り上げていますし、『南總里見《なんそうさとみ》八犬傳《はっけんでん》』の曲亭馬《きょくていば》琴《きん》も『新累解《しんかさねげ》脱物語《だつものがたり》』という読本を上梓《じょうし》しています。

この他にも多くの「累もの」が作られているわけですが——ここで特筆すべきなのは、その数ではなく、それら「累もの」が供給され続けた期間の長さ——ということができるかもしれません。馬琴の「累」が開板されたのが文化《ぶんか》四年（一八〇七）、南北の「累」が上演されたのは文政《ぶんせい》六年（一八二三）ですから、オリジナルが世に出てから百年以上、ずっと巷間《こうかん》に伝えられていた——ということになります。さらに付け加えるなら、オリジナルの『死靈解脱物語聞書』は、ある事件を元にして書かれており、その事件の発端は慶長《けいちょう》十七年（一六一二）ということになりますし、また江戸期最後の「累もの」である三遊亭圓朝《さんゆうていえんちょう》の演目『累《かさね》ヶ淵後《ふちご》日《にち》の怪《かい》談《だん》』は実に明治になってから人気を博したわけですから、江戸の初期から終わった後までずっと、ある程度のポピュラリティを保ち続けていた人気怪談だったということが判ります。

昭和以降も「累もの」は度々映画化・ドラマ化されており、二〇〇七年にも、中田《なかた》秀夫《ひでお》監督の『怪談』（松竹《しょうちく》）が封切られています。

オリジナルである『死靈解脱物語聞書』の内容は、小二田《こにた》誠二《せいじ》解題・解説の『江戸怪談を読む／死霊解脱物語聞書』（現代書館《げんだいしょかん》）という原文付き現代語訳がありますし、研究書としては高田《たかだ》衛《まもる》の『江戸の悪霊祓い師《エクソシスト》』（ちくま学芸文庫）という優れた論考も出ておりますので、参考にしてみてください。

累ものは江戸期、怪談の代名詞のような存在であったと思われます。

お岩さんの顔が崩れる『東海道四谷怪談』の名シーンも、この「累もの」の影響下に生まれたもののようです。

さて、その江戸の正道怪談である累の後日譚《たん》として創作された三遊亭圓朝の『累ヶ淵後日の怪談』は、前述の通り明治期になってから人気を博しました。

明治に入ると、圓朝はこの演目の題名を『真景累《しんけいかさね》ヶ淵《ふち》』と改めます。

真景とは、実景と同じくその字のまま「真実の景色」という意味です。名所図会などによく使われる言葉のようです。額面通りに受け取れば、「累ヶ淵の本当の景色」という意味になるでしょう。

圓朝は、いくつもの怪談噺《ばなし》を創作していますが、中でもこの作品は「江戸で最もポピュラーな怪談の後日譚」です。『真景累ヶ淵』というタイトルは、「怪談の本当の様相」といった意味合いでも受け取れます。

しかしこの「真景」は、実は〈神経〉に引っ掛けたもの――一種の掛詞《かけことば》――になっているのです。

でも『神経累ヶ淵』では意味が通じないだろう、と思う方も多いかもしれません。たしかに現代人にとってはよく判らない引っ掛けかもしれません。

圓朝は「文明開化に怪談は通用しない」という第三者からの進言を容《い》れて改題したのだと謂われています。明治期には、江戸の面影の残るものは古くさい、旧弊と謂われました。中でも特に、怪しい話、化け物話、因果ものなど、いわゆる「怪談」は、迷信、非科学的として退けられることが多かったのです。

そうした時に明治の人が使う常套句《じょうとうく》が、どうやら〈神経〉だったようなのです。

幽霊なんかいない、獣に化かされることなんかない、それは幻覚だ――「すべては神経のせいだ」ということです。明治時代の庶民レヴェルが正確な医学的知識を共有していたとは思えませんが、神経というのは何となくそういうものだという認識はあったのでしょう。圓朝はそこを逆手に取り、もちろん「神経のせい」なんだろうけれども、怖いものは怖いでしょう――というプレゼンテーションをしたわけです。これは、大いにウケたようです。

取り分け新しもの好きの目を引いたというだけではありません。内容は、旧時代に一番多く語られた怪談の、しかも後日譚だったわけですし、何より圓朝の芸が優れていたからこそウケたことは間違いないでしょう。

この『真景累ヶ淵』の大評判などにより、〈神経〉という耳新しい言葉はますます庶民の間に浸透していったのです。

〈神経〉は、当時の流行語だったのです。

最近の流行語はギャグだったり決め台詞《ぜりふ》だったりキャッチフレーズだったりします。その感覚で測るなら、〈神経〉が言葉として流行するという事態は、考えにくいかもしれません。

しかし、現代でも、プラズマやiPS細胞など、実はちゃんとわかっていないのに一般に流通してしまう言葉というのはあり、それはある意味で流行語と言えるのではないでしょうか。

現在でも、〈神経〉と言う限りは何となく通じますが、ニューロンと言い換えると通じにくくはなるでしょう。しかし明確に理解はしていなくとも（説明することはできなかったとしても）、何となくは通じます。

明治時代、〈神経〉はまさにそういう言葉でした。
まるで迷信と決別するための呪文《じゅもん》であるかのように〈神経〉という言葉は連呼されました。知識人のみならず、庶民までが（正しい意味を理解せぬままに）使ったものと思われます。文明開化に相応《ふさわ》しい、賢そうな響きの言葉だった、ということもあるのでしょう。

『日本国語大辞典・第二版』の〈神経〉の項、語意の二番目にはこうあります。

> ②物事を感じたり考えたりするはたらき。心のはたらき。特に、他人への配慮、気配り。気持。知覚。精神。

同じ項目に纏めてしまうにはやや無理がある内容ですが、要するに器官としての神経以外の使われ方が列記されているようです。

たしかに、「神経が行き届いている」「神経が細かい」「神経をやられた」――などという使い方は、今でも普通にします。

ただ、この場合の〈神経〉は体の器官ではありません。

「神経が行き届いた」様というのは、作業や作業対象を人体に見立てた一種の比喩《ひゆ》なのでしょうし、「細かい」のも〈神経〉それ自体ではありません。「やられた」としても、それは、多くは精神や心なのであって、神経組織そのものではない場合が多いでしょう。

明治時代には神経病という言葉もできました。

これは神経系統の病気、という意味ではあるのですが、いわゆる自律神経失調のような機能障碍《しょうがい》や、解剖学的に正常であっても症状の出る神経症の他、心の病（精神病）や脳の病をも含んでいました。

今でこそ、心療内科や精神科、神経内科、神経外科、脳外科など、症状や疾患の部位によって細分化していますが、当時は違います。この分野は偏見なども多くあった上に、立ち後れていたのです（現在でも混同されがちではありますが）。

文明開化に歩調を合わせ、近代科学的思考のツールとして一般に取り入れられた〈神経〉ですが、何でもかんでも「神経のせい」は、むしろ科学的思考を停止させるような結果を招いてしまったようです。

同じ辞書の三番目として挙げられている語意は、次のようなものです。

> ③鋭くて過敏な感覚の作用。また、事実としては存在しない事柄を、あるかのように考えたり感じたりする心の働き。

わかりにくいかもしれません。

「鋭くて過敏な感覚の作用」というのは、生理的な反応ではないと思われます。神経過敏、という謂《い》いは今でもあります。これは知覚過敏という意味ではなく、細かいことを気にし過ぎるという意味です。神経質などという言い方もします。

そして、「事実としては存在しない事柄」というのはたぶん〝幽霊〟のことです。〝幽霊〟を「あるかのように考えたり感じたりする心の働き」ということなのです。

あまりにも「幽霊を見るのは神経のせいだ」という物言いがなされ過ぎた結果、神経という言葉が「幽霊を見る」と同義になってしまったのでしょう。

「オレは幽霊を見た」

「そりゃ神経だろ」

と——いうやりとりが日常的に行われていたのだとしたら無理もないことでしょう。こうして当初は解剖学用語だった〈神経〉は、目に見えない〈心〉〈霊〉などを示す新しい言葉として作り替えられてしまったのです。

最後に、霊について

さて、長きに亘《わた》り〝幽霊〟を巡る言葉や文字を辿《たど》って来たわけですが、ひとつ判ったことがあります。

〝幽霊〟がどんなものであろうとも（実際にいようといまいと）、〝幽霊〟やそれにまつわる物ごとを表す言葉（そして言葉を構成する文字）は、一様に「目に見えないもの」を何らかの形で言い表したものであるということです。

目に見えないといっても、透明人間のようなものではありません。そんな不可思議なものでなくても、目に見えないものは沢山あります。

例えば、心は目に見えません。

しかし、心は誰の中にもあるでしょう（心ない人、というのもいるのでしょうが、わざわざないと言う以上、普通はあるのです）。

感情も見えません。哀しさや喜びは、一種の反応ですから、もちろん目には見えません。

それだけではありません。

例えば、人間には足があります。その足を動かすことで「歩く」ことができるはずです。しかし「歩く」というものはありません。

もちろん「歩く」ことはできますし、「歩いている」人は見ることができますが、「歩く」そのものは目に見えるものではないでしょう。それは、動作であり、モノではないからです。

まだあります。

数は目には見えません。数字の1は文字ですから、もちろん見えます。でも、それは数としての1ではなく、ただの記号です。数という概念は、決して見ることができないのです。

概念は不可視なのです。

何を当たり前のことを言っているのだと思われる方も多いでしょう。ただ、よく考えてみてください。それは、当たり前のことなのでしょうか。

当たり前だとして、当たり前だからこそ、疑ったり考えたりすることをやめているのではないでしょうか。

言葉というのは、そうした概念をわかりやすく伝え、理解するために作られたものです。

足を交互に前に出すことで少しずつ移動することを、「歩く」で通じさせてしまうのです。

いいえ、さらに突き詰めるなら「足」も「交互」も「前」も「出す」も、それに該当する言葉がなければ、説明しなければいけなくなるでしょう。説明するためにはやはり言葉が必要になるのです。分解すれば分解するほど、わかりにくくなることでしょう。

「足」というのは、いうまでもなく肉体の一部です。「足」って何だろうという人は、まずいないでしょう。

しかし。

テーブルにも足があります。そちらは板の下に接合されている四本の棒状のもので、肉体の一部ではありません。動くこともありません。でも足という言葉で表されてしまいます。

繰り返しますが、言葉は概念をわかりやすく伝え、理解するために作られたものです。ただし概念そのものではないのです。

言葉は、器のようなものです。

器に盛るに相応しいものであれば、別の概念も盛られてしまうことがあるのです。それが違和感なく盛り付けられれば、通じてしまうものなのです。

「足」は、人間（動物）が大地の上に立つ（肉体を地表から持ち上げて安定させる）ためのものでしょう。テーブルの足も、同じです。形状が似ているだけでなく機能も似ているのです。

そうしたものは一様に「足」と呼ばれます。

ただの突起であっても、同じ機能のものはそう呼ばれてしまいます。

一方で、タコなど頭足類の触手はまるで違う機能を持っています。発生学的な問題はおいておくとしても、むしろ手に近いものといえるかもしれません。それでも、タコやイカの触手は多く足と呼ばれます。

これは、人になぞらえているのです。

頭は上にあり、足は下にある、という人の形にタコを当てはめているというだけです。

頭足類（軟体動物門頭足綱）という名前からして頭から足が生えているようなイメージですし、タコやイカの絵も概ねそのように描かれることが多いのですが、頭のような部分は胴体であり、眼のあるあたりが頭で、そこから触手が生えているというのが正確です。つまり頭を上にするというのなら、触手はその上にあることになります。胴部分を頭になぞらえ、それを上に持ってくるからこそ、触手が下になり、足のように思えるというだけです。

概念の部分的な一致や類似、連鎖、置き換えなどによって「足」という一文字は大量の対象を指し示すものとなっているわけです。これは言うまでもなく、「足」に限ったものではありません。すべての言葉は同じように複数の意味や対象を抱え込んでいます。

但し。

「足」にはどうであれ具体的な対象が存在します。人間の足もテーブルの足もタコの足も、実際にあるもの＝見えるものです。言葉が変わっても置き換えは可能です。つまり翻訳することができるのです。目に見えるものは、それに相当する言葉がある限りは、置き換えれば済むということです。

目に見えないものはどうでしょう。

人は、文化習俗を問わずに「歩き」ます。

「歩く」という行為は（人にとっては）普遍的なものです。これは目には見えなくとも、同じ概念がある＝相当する言葉があるということです。同じように置換可能です。

数はどうでしょう。これも、概念としては普遍的なものです。どの文化でも1は1、書き方や呼び方が違っていても、同じです（0という概念がない、あるいは概念としては諒解《りょうかい》していても数として考えないという文化も数多くありましたが、0を基数・序数とすることで成立している数学が一般化している現状、普遍的なものと考えて良いでしょう）。

こうしたものも置換可能です。

では、〈心〉はどうでしょう。

先に述べた通り、文化習俗を問わず、〈心〉を持たない人はいません。心ない人でも心ない心を持っているはずです。何であっても〈心〉というものを知らないという人はいないはずです。

でも、心は多様です。

翻訳ソフトに〈心〉と書き込むと「heart」という訳が表示されます。「heart」と書き込むと〈心〉になります。しかし「mind」と書き込んでも〈心〉と表示されます。さらに〈心臓〉も「heart」です。

一語が表す意味や対象に幅があるというだけでなく、同じような器もたくさんあるのです。

置換は可能ですが、曖昧《あいまい》です。

一方で、同じように目に見えないものを表す文字のひとつであった〈気〉には、「空気」「大気」「気体」という具体的かつ普遍的な対象が与えられました。それでも、「元気」「勇気」「気力」などという熟語は本来の意味を保つ形で使われています。

ただ、これも前述の通り、人を弾《はじ》き飛ばしたりする〈気〉の場合は、本来的な使われ方のようでありながら、実は違います。本来的というのであれば「元気」「勇気」などのほうがまだ近いわけで、ならば、その〈気〉が人を物理的に吹き飛ばすことなどあり得ないということは考えるまでもないことです。

しかしこうした妄説がまことしやかに通じてしまうのは、本来「ないもの」であった空気や大気が物質として確認されてしまったため、同じ文字で表されていた別の「ないもの」のほうも物理的にあるような誤解が生じた結果ということもできるかもしれません。

〈神経〉という造語にも、具体的な対象が存在します。そのために作られた言葉なのですからこれは当然です。現在、〈神経〉は神経以外の意味をほとんど持ちませんが、それでも一時期拡大解釈されて使用されていたことは前節にも記しましたし、「神経が細かい」など、敷衍した使われ方は残っています。

斯様《かよう》に、見えないものを表す言葉の器の輪郭は曖昧です。様々なものを盛り付けられるだけでなく、盛ったもので形が変わるのです。

〈神〉や〈霊〉となると、さらに曖昧になってしまいます。以前にも述べましたが、〈神〉という概念は文化・宗教によってまったく違っています。それらを〈神〉の一文字で表しているのです。

正しい、正しくないということではなく、伝わらない、あるいは誤解が生じるといった局面は多くあるでしょう。

その昔――イスラム教（イスラーム）の唯一神を「アラーの神」と呼称していた時期がありました。しかしアッラーフ（アッラー）は、唯一神なのですから〈神〉をつける必要はありません。一神教において〈神〉はそれだけなのですから、断る必要はないのです（それ以前にそれこそが〈神〉という意味の言葉でもあるのです）。

キリスト教やユダヤ教でも同じことです。但し、こちらはそもそも妄《みだ》りに口にしてはいけない名とされているうえに、様々な呼び換え（おもに主《しゅ》と訳されます）が考案されていたため、ヤハウェの神と呼ばれることはありませんでした（そもそも英語圏にはgodという言葉＝概念があったためでもあるでしょう）。

どうもこの国では、「神さま」という一族の中にいろいろなキャラクターがいるような印象で捉えられている感があります。それは大きな間違いです。〈神〉が唯一無二のものである信仰を持っている人達にとっては〈神〉の名こそが〈神〉そのものを表す言葉なのです。

そうしてみると、田の神や山の神といった時の〈神〉もまた、私たちが漠然と思い描いている〈神〉という概念で理解してしまって良いのか、疑問を持たざるを得ません。

〈神〉という言葉（器）には、似通ってはいるもののかなり異なった概念が盛られてしまったようです。その結果、元々曖昧な理解しかされていなかった――徐々に曖昧な理解になってしまったというべきでしょうか――カミという概念自体が、変質してしまったということになるでしょう。

〈霊〉も同様です。

〈霊〉は、〈神〉以上に厄介です。

〈霊〉という言葉／文字には、カミやタマという倭訓が当てられます。

しかし、双方とも〈神〉や〈玉／魂〉という別の器が用意されているのです。それはそれで用が済んでしまうわけで、そこからはみ出したものが盛られたと考えるよりありません。

レイという和語はないのです。

つまり、〈霊〉という言葉／文字に完全に対応する概念は、元よりなかったということです。

いや、まったくないということでもなかったのです。ただ、それは〈霊〉以外の器でも（ある程度は）こと足りるものだったということになります。でも、この国のカミと〈神〉という外来文字が示す概念は、完全に置換可能なものではありませんでした。日本のカミ観念は、その当時の〈神〉という器には盛りきれなかったのです。タマも——同様です。

アフリカには現在も（国家とは別に）様々な文化を持つ部族が暮らしていますが、その中には、いわゆる〈霊〉という概念を持たない文化を有している集団があるそうです。

もちろん、そこに〝幽霊〟は出ません。

こういうと奇異な感じを抱く方が多くいることでしょう。「霊はいる」と信じている人には信じられないことかもしれません。しかし、それは別段奇妙なことではありません。彼らは決して霊的なものを理解しないというわけではないのです。〝幽霊〟はいませんが、〈祖霊〉のようなものも〈精霊〉らしきものもちゃんといます。彼らにとっては「個人が死後も別の形で個人として存在する」ということが理解できないだけなのです。

柳田國男を引き合いに出すまでもなく、私達の国にも〈祖霊〉がいます。

先祖の霊は家々に祀《まつ》られており、それはまた遠くにいるわけではなく、お盆に帰ってくるものでもありました。

柳田は、いにしえでは死者（死霊）は祀られるごとに個人の特性を失い、やがて祀り上げられて祖霊となる——というモデルを想定しました。祖霊は、そして家ごとの祖霊社に祀られることになります。

つまり、〈祖霊〉とは〈神〉だということです。

特別な人間が特別な祀られ方をされて特別な〈神〉（祟《たた》り神など）となるように、普通の人も死後普通に祀られ、普通の〈霊《カミ》〉となる——本来この国にはそうした文化があったのでしょう。

仏教——と、いうより檀家《だんか》制度が徹底した後には、そうした在り方も変容してしまいます。先祖代々の〈霊〉は（建前上は）供養することで成仏してしまうことになるからです。それでも何故か——先祖はお盆に帰ってきます。本邦の仏教はまた、位牌《いはい》をはじめとして、本来的な仏教とは無縁な（位牌は儒教的なアイテムです）もろもろを吸収し、私たちの死生観にマッチするよう組み立て直されているのです。

近親者が亡くなることは遺《のこ》された者にとって大きな打撃となるでしょう。

亡くなった人が近くにいて、ずっと見守ってくれていると考えることは、ひとつの救いになるはずです。

そうしてみると柳田の想定したモデルは大変に受け入れやすいものといえます。しかし、それが真実古い形なのかと問われれば、首を傾げたくなる部分もないわけではありません。死後も個人の人格が保存されるという考え方は、それ程古いものではないと思われるからです。

人は死後祀られて〈霊《カミ》〉となる――そうしたシンプルな形のほうが、どうもすっきりと理解できるように感じられます。

ならばそれを祀るのも、イエではなくムラであったと考えることもできるでしょう。

身分階層が分かれ、一部階層でイエが重要視されるようになり、やがてそれが一般化し、自我が重要視される時代が訪れ、スピリチュアリズムが輸入されて――初めていま私たちが幽霊と呼んでいるモノは形を整えたのだと考えた方が整合性は保たれるように思います。柳田のモデルは、そうした近代的幽霊観と（中間をかなり飛ばした）、いにしえのカミ観との折衷のように思えます。

様々な理由で〈神〉が分離し、結局〈霊〉という器には何も盛られなかったのです。〈祖霊〉だの〈心霊〉だの、何かをくっつけなければ意味がよくわからないのは、そのせいなのです。

再び繰り返しますが、〈霊〉があるのかないのかは、わかりません。存在が証明されることは永久にないでしょうし、否定することも難しいでしょう。ただ、私たちが〈霊〉という言葉に眩《くら》まされ、本質的な何かを見失っていることは、間違いのないことのようです。

妖怪を生産する

さて、〝化け物〟、〝お化け〟、〝幽霊〟と、〝妖怪〟の周辺をぐるぐると歩き回ってみたわけですが、例によって驚くような結論はありません。本書は、「考える」試みというだけなのであり、論文や評論ではないからです。剰え《あまつさ》エンターテインメントでもミステリでもないので、胸のすく解決も、どんでん返しもありません。

加えて、本書で触れている事柄のほとんどは、「別に知らなくてもいい」ようなものばかりです。ここに書かれた事柄をひとつも知らなくても、『妖怪ウォッチ』は楽しむことができますし、『ゲゲゲの鬼太郎』を味わうことはできるでしょう。

長い時間かけてお読みいただいた方には大変申しわけないのですが、この本は「無駄」なのです。時間の無駄、紙の無駄、労力の無駄――あらゆる無駄の集積です。

しかし、考えてみてください。

〝妖怪〟というのは、そもそも無駄なものなのです。

豆腐を持ってうろうろしたり、大きくなってみたり、転ばせたり、砂をかけたり、ただ笑ってみたり〝妖怪〟のすることはほとんど無意味です。いや、無意味をキャラクター化したものが〝妖怪〟だといっても良いくらいです。

いろいろと述べてきましたが、たとえば「教育指導的な妖怪」なんてものは、いません。出来上がったモノをそういうふうに再利用した、というだけで、素《もと》はやっぱり無意味です。「わからないものを説明するために作られた妖怪」というのだって、よく考えてみれば何の説明にもなっていないケースがほとんどです。「そりゃあ河童だ」「きっと天狗だ」と、ほぼ言ったもん勝ちに近いのですから。〝妖怪〟は、適当で、いい加減で、下品で、古臭くて、馬鹿なものです。どこをとっても無駄――あらゆる無駄の集積なのです。

しかし、考えてみてください。

無駄のない人生ほど、つまらないものはありません。

人間には、社会には、無駄が要るのです。授業の間の休み時間、大きなプロジェクトの後の有休、そういうものです。新幹線ではなく各駅停車、しかも途中下車付きです。欲しくもないのに買ってしまうレジ脇の大福餅です。いつもより一品増やしたランチのサブメニューです。

〝妖怪〟とはそういうものです。要らないけど欲しいもの、余裕がなければ切り捨てられるような無駄、でも、ちょっとイイもの――それはやっぱり必要なものなのでしょう。

私たちは、日々懸命に、努力して無駄を生み出しています。

〝妖怪〟もどんどん増殖しています。

〝妖怪〟的なモノ、〝妖怪〟的な文化は、世界中にあるでしょう。

しかしそれは、あるだけ、あるいはあっただけ、です。それを延々とリニュウアルさせ、リサイクルして活用し続けているような国は、日本だけなのではないでしょうか。欲目抜きで冷静に考えてみても、やはりこの日本という国は〝妖怪〟大国なのだろうと思います。

その昔、〝化け物〟は何でもない人間の姿をしていました。

さらに〝霊〟は何でもない「こころ」そのものだったようです。

そんな、何の捻《ひね》りもないものが、時代時代でアレンジされ、飽きられるとマイナーチェンジをし、繰り返し再利用されて、とんでもないものに進化して、現役で子供たちを喜ばせているのですから――これはもう凄《すご》いことだと思います。

無駄だというのに。

〝妖怪〟ブーム（決してブームではないと思うのですが）は、いつまでも終わりません。

世相が不安になると大衆は不思議なものを求めるのだとか、社会の歪《ひず》みに覗く人間の心の闇が怖いものを求めるのだとか――識者はいろいろなことを言います。はずれてはいないかもしれません。先行きが不安になると、そういう気分になるものなのかもしれません。

でも、どうなのでしょう。

〝妖怪〟はそんな現実逃避のような理由で持て囃《はや》されるようなモノなのでしょうか。

〝妖怪〟はそんなに怖いものではありません。そして〝妖怪〟的なモノはどの時代にも一定量涌《わ》いているものです。そして〝妖怪〟は、極め付きの無駄なのです。

不安とか歪みとかいうよりも、もしや余裕の問題なのではないでしょうか。

過去、筆者は〝妖怪〟は気持ちに余裕がないと楽しめないものだと発言してきました。それは、今もそう考えています。余裕がなければ無駄は容認できません。事実、戦時下〝妖怪〟は影を潜めていました。戦争のような過酷な状況下にあっては、〝妖怪〟のような無駄なモノはうろちょろできなかったようです。また、近年起きた大きな災害時にも〝妖怪〟は涌きませんでした。あまりにも惨《いた》ましい窮状を目の当たりにして、さすがに自粛したのでしょう。

ただ、過去に目を向けてみると、どうもそうとばかりは言えない気もします。

大地震の後、ナマズを地震になぞらえてやっつけてみたり、疫病除《やくびょうよ》けと称してお化けの札を作ってみたり――立ち直りが早いのか、それともなくなった余裕を無理矢理に生み出しているのか、意外に辛《つら》く哀しい現実を笑い飛ばすようなしたたかさを、この国の文化は持っているようです。

足りなくなったら、足せばいい――。

そう、社会に余裕がなくなると、恰《あたか》もそれを補塡《ほてん》するかのように〝妖怪〟がクローズアップされる――その可能性はあるかもしれません。

それは、まあ単なる印象に過ぎないわけで、検証したわけでもありません。とても適当な思いつきです。

でも、もしそうならば、昨今の〝妖怪〟に対する注目度の高さは、今の世の中の余裕のなさを反映している――ということになってしまいます。

まあ、それならそれでいいように思います。〝妖怪〟のようなどうでもいいものが多少なりとも役に立つのなら、それは大変に結構なことです。

ただ――。

〝妖怪〟はやっぱり日陰者でいるほうが似合っているようにも思います。

敷居は低く、間口は狭く、奥は深く、底は浅い。それが妖怪の身上ですから、あんまり目立ってはいけません。ほどほどに。細く長くが良い気がします。

最後になりましたが、本文中で名前を挙げさせていただいた偉大なる先達のみなさん、小松和彦さんをはじめとする研究者のみなさん、盟友たる数多くの妖怪馬鹿のみなさん、そして無駄の大先達である水木しげる大先生に、深く感謝の意を表します。

また、カバー絵に作品をご提供いただいた、北国の画家であり筆者の恩師でもある福田《ふくだ》好孝《よしたか》先生にも、この場を借りてお礼を申し上げます。

もちろん、この無駄をお読みいただいたみなさまにも感謝致しております。

このようにして無駄の連鎖が生み出されていくわけです。

再三述べていますが、本書は『妖怪の理　妖怪の檻』という本の続編です。お読みになっていない方は、そちらも併せてお読みいただいたほうが良いのかもしれません（そちらも無駄なことしか書いていないので、お勧めするわけではないのですが――）。

そして、さらに困ったことに、世界で唯一の妖怪マガジン『怪』も、〝妖怪〟ブームと同じく、どういうわけか終わらないのです。

というわけで、この続きは——まだ連載されているのでした。

それでは、終わらない無駄を生み出す旅を、この辺で一旦中〆《なかじめ》させていただきます。

世界妖怪協会・全日本妖怪推進委員会肝煎　京極夏彦

追記

この最後の文を記しているまさにその時、水木しげる大先生の訃報が届きました。

唯一無二の偉大なる指標を失い、記す言葉もありません。世界妖怪協会一同、大先生の遺志を継ぎ、今後も妖怪推進に邁進していく所存です。

慎んでご冥福をお祈りいたします。

文庫版をお読みいただいた方へ

一九九五年春、水木しげる先生が旗頭となり、荒俣宏《あらまたひろし》さんをご意見番として「世界妖怪協会」が発足しました。翌年には第一回世界妖怪会議が開催され、更にその翌年、郡司聡《ぐんじさとし》さんを編集長として世界で唯一の妖怪マガジン『怪』が創刊します。小松和彦《こまつかずひこ》さんを中心とする妖怪文化研究プロジェクトが始動したのも、その年でした。

本書の単行本が出版されたのが二〇一五年。世界妖怪協会発会から、二十年が経過しています。その二十年の間に、〝妖怪〟を巡る諸事情は目紛《めまぐる》しく変化し続けました。東アジア恠異《かいい》学会が結成され、東雅夫《ひがしまさお》さんを編集長とする怪談専門誌『幽《ゆう》』が創刊されました。世界妖怪会議は十三年続き、お化け大學校へと進化しました。アカデミズム・在野を問わずサークルや研究会が開かれるようになり、展示会やイベントも全国各地で行われるようになりました。水木しげるさんは文化功労者として顕彰され、小松和彦さんは紫綬褒章《しじゅほうしょう》を受賞されました。

筆者も、村上健司《むらかみけんじ》君や多田克己《ただかつみ》さんをはじめとする在野の有志を構成員とした、全日本妖怪推進委員会の肝煎《きもいり》として、〝妖怪〟の推進に微力ながら関わって来ました。本書は、そんな状況の中で細々と書き継いでいたものです。

本書執筆の筆を擱《お》くのとほぼ同時に、水木しげる先生がご逝去されました。

それから四年半。

〝妖怪〟の周辺は、それまでの二十年を上回るほどの変容を遂げています。

『怪』も『幽』も終刊し、お化け大學校も閉校、全日本妖怪推進委員会も解散しました。

〝妖怪〟が下火になったからではありません。その逆です。推進する必要がなくなってしまったのです。研究も創作も催しも――〝妖怪〟は世に溢《あふ》れています。のみならず、昨今巷間《こうかん》に跋《ばっ》扈《こ》している〝妖怪〟は、明らかにこれまでとは異ったフェイズに入りつつあるようです。

〝妖怪〟は常に時代とともに新しい枠組みを獲得していくものなのです。二十五年前と現在が同じであるわけがありません。平成、昭和、大正、明治、江戸、それ以前――と、それぞれの時代の〝妖怪〟的なものを俯瞰《ふかん》するに、その差は歴然としています。ただ――。

〝妖怪〟の特殊な点は、過去の枠組みが無効になることなく、そのまま温存されていくというところにあります。単に上書きされるのではなく、枠組みはすべて生きているのです。

だからこそ、それを学んだり考えたりする行為が愉《たの》しみ方の幅を拡げることに繋《つな》がるのでしょう。異質な基準が共存し、多様性が共有される――なんと今日的ではありませんか。

ちなみに掲載誌が終刊し途絶していますが、本書には続きがあります。『怪と幽』というそのまんまの名称の後継誌も刊行されていますし、お化け友の会というゆるい繋がりもゆるゆると活動しております。ですから、いつの日かこの続きを纏《まと》めることができるかもしれません。

お化けは、簡単には死なないのです。

京極夏彦

妖怪年表

西暦	和暦	出来事	その他
七九七	延暦一六年	○『續日本紀』	
	平安後期	○『今昔物語集』	
一六八五	貞享二年	○水雲堂狐松子撰『京羽二重』	
一六八九	元禄二年	○水雲堂狐松子撰『京羽二重織留』	
一七一七	享保二年	○槙島昭武『和漢音釋書言字考節用集』	
	安永～天明	○鳥山石燕『画図百鬼夜行』シリーズ刊行　同時期黄表紙ブーム到来（一七七五～一八〇六）	○「化物」「妖怪／ばけもの」といった言葉が使用される
一七七六	安永五年	○鳥山石燕『画図百鬼夜行』刊行→二〇〇五年『画図百鬼夜行全画集』角川ソフィア文庫	
一七七九	安永八年	○鳥山石燕『今昔畫圖續百鬼』刊行→二〇〇五年『画図百鬼夜行全画集』角川ソフィア文庫	
一七八一	安永十年	○鳥山石燕『今昔百鬼拾遺』刊行→二〇〇五年『画図百鬼夜行全画集』角川ソフィア文庫	
一七八二	天明二年	○根岸鎮衛『耳囊』全十巻執筆開始（一七八二～一八一四）	
一七八四	天明四年	○鳥山石燕『画図百鬼夜行』シリーズ最終巻『百器徒然袋』刊行→二〇〇五年『画図百鬼夜行全画集』角川ソフィア文庫	
一七八八	天明八年	○鳥山石燕没	
一七九七	寛政九年	○太田全斎『俚言集覧』	
一八一四	文化一一年	○根岸鎮衛『耳囊』全十巻完成	
一八一五	文化一二年	○根岸鎮衛没	

一八三一	天保二年	○平田篤胤『古今妖魅考』	
一八三三	天保四年	○この時期（一八三三〜一八三七）、天候不順、冷害、洪水、凶作などにより餓死者が続出する。天保の大飢饉	
一八三五	天保六年	○江戸・陸奥大地震、仙石騒動	
一八四一	天保一二年	○桃花園三千麿作、竹原春泉画『繪本百物語―桃山人夜話』→二〇〇六年『桃山人夜話―絵本百物語』角川ソフィア文庫 ○老中水野忠邦による天保の改革。一八四三年まで	
一八四二	天保一三年	○一枚摺錦絵の売買禁止、色刷り版画の彩色数を制限、絵草紙などの出版統制	
一八五八	安政五年	○井上圓了生れる	
一八六八	明治元年	○明治維新	○神仏分離令出される
一八七一	明治四年		○廃藩置県行われる
一八七三	明治六年		○この頃まじないや祈禱の禁止令が出る
一八七五	明治八年	○柳田國男生れる	
一八八四	明治一七年	○坪井正五郎ら、じんるいがくのともを発起設立	
一八八六	明治一九年	○井上圓了、不思議研究会を組織	○井上圓了により「妖怪」という言葉が広く知られる。圓了の「妖怪」＝「オカルト全般」「否定すべき前近代」
一八八七	明治二〇年	○井上圓了『妖怪玄談』	

西暦	和暦	出来事	その他
一八八九	明治二二年	○雑誌『少国民』創刊	
一八九一	明治二四年	○井上圓了『哲學館講義録』に「妖怪學」の連載開始→『妖怪學講義』に纏められる	○井上圓了により「妖怪」という言葉は学術用語として使用される
一八九三	明治二六年	○井上圓了『妖怪學講義』→一八九六年増補改訂版	
一八九六	明治二九年	○井上圓了『妖怪學講義』増補改訂版	
一八九七	明治三〇年	○ブラム・ストーカー『吸血鬼ドラキュラ』 ○春風子「小説妖怪好」、『少国民』に連載開始 ○井上圓了「偽怪百談」、『読売新聞』に連載開始→一八九八年『通俗繪入妖怪百談』	○明治三〇年代以降、井上圓了の著作以外で「妖怪」という言葉が使用されるようになる
一八九八	明治三一年	○井上圓了『通俗繪入妖怪百談』	
一九〇〇	明治三三年	○井上圓了『通俗繪入續妖怪百談』哲学書院→一九〇六年『通俗繪入妖怪談』として改題再版	
一九〇一	明治三四年	○長田偶得『明治六十大臣逸事奇談』大學館	
一九〇二	明治三五年	○長田偶得『妖怪奇談』大學館 ○『文藝倶樂部』（博文館）に「日本妖怪實譚」―「世界妖怪實譚」連載	○ここでも「妖怪」＝「オカルト全般」という意味合いでの使用
一九〇四	明治三七年	○井上圓了『心理療法』 ○井上圓了、大学の役職から退く	○この頃、催眠術ブームが起こる
一九〇六	明治三九年	○井上圓了『通俗繪入妖怪談』瀬山順成堂 ○福来友吉『催眠心理学』	

一九〇七	明治四〇年	○この前後の時期から「怪談」が再興する	
一九〇九	明治四二年	○柳田國男「天狗の話」執筆→一九五六年刊『妖怪談義』に収録	○「妖怪」の文字は見られず
一九一〇	明治四三年	○超常能力の有無をめぐって「千里眼事件」が世間を賑わす。一九一〇〜一九一一	○この頃、霊術ブームが起こる
一九一一	明治四四年	○『新公論・妖怪號』新公論社発行、平井金三「妖怪論」、石橋臥波「妖怪の種類」ほか収録	
一九一二	大正元年	○石橋臥波、坪井正五郎「日本民俗学会」を発足	
一九一三	大正二年	○柳田國男、高木敏夫と『郷土研究』発刊	
一九一四	大正三年	○井上圓了『おばけの正體』 ○藤澤衛彦、日本伝説学会創立	○柳田國男が民俗学において「妖怪」という言葉を使用
		○蘆谷重常『童話及傳説に現れたる空想の研究』以文館 ○白井光太郎『植物妖異考』甲寅叢書刊行所	
一九一六	大正五年	○風俗研究會機関誌『風俗研究』創刊 ○井上圓了『迷信と宗教』	
一九一七	大正六年	○雑誌『郷土研究』休刊 ○江馬務「妖怪の史的研究」を『風俗研究』に発表 ○藤澤衛彦『日本傳説叢書』刊行→一九七八年復刊『日本傳説叢書』すばる書房	○柳田國男は「妖怪」という言葉を封印 ○風俗史研究において「妖怪」という言葉を使用。「妖怪」＝「前時代」の意
一九一九	大正八年	○井上圓了『眞怪』、圓了没する	

西暦	和暦	出来事	その他
一九二〇	大正九年	○柳田國男『赤子塚の話』、『おとら狐の話』（共著）、『神を助けた話』	○この頃柳田は九州・沖縄などをフィールドワーク。「南東談話会」開催
一九二二	大正一一年	○水木しげる生れる ○F・W・ムルナウ『吸血鬼ノスフェラトゥ』（ドイツ映画）製作される	
一九二三	大正一二年	○江馬務『日本妖怪變化史』→『おばけの歴史』として一九五一年再版 ○浅野和三郎、「心霊科学研究会」設立 ○柳田國男、第一回「民俗学談話会」開催	
一九二五	大正一四年	○柳田國男、雑誌『民族』創刊 ○柳田國男『海南小記』	
一九二六	大正一五年	○柳田國男『山の人生』 ○日野巌『趣味研究動物妖怪譚』出版→一九七九年に増補改訂版出版 ○藤澤衛彦『變態傳説史』	○この頃柳田は「妖怪」という言葉をほとんど使用していない ○日野の著作では「妖怪」＝単に「怪しい」「既存とは違う」という意味合い
一九二七	昭和二年	○岡田建文『動物界靈異誌』 ○『文藝春秋』誌上で、柳田國男、芥川龍之介、尾佐竹猛「怪談・お化け」をテーマに座談 ○藤澤衛彦『變態見世物史』	○岡田の著作では「妖怪」＝「オカルト全般」的な意味合いで使用 ○この誌上でも柳田は「妖怪」という言葉を使わず

一九二九	昭和四年	○藤澤衛彦『妖怪畫談全集・日本篇』発行、同書内の挿絵として鳥山石燕など江戸期の化物の絵が収録される ○藤澤衛彦、雑誌『獵奇畫報』発刊	○「江戸の化物」と「口碑伝承の怪異」が結びつけられ、後の子供向け「妖怪」図鑑の直接的なルーツとなる ○通俗的「妖怪」概念形成に影響大
一九三一	昭和六年	○雑誌『郷土研究』復刊 ○井上圓了『妖怪學』発刊 ○金城朝永「琉球妖怪變化種目・附民間説話及俗信」第一回が『郷土研究』第五巻第二号に掲載	○岡村千秋が復刊した『郷土研究』目次に「妖怪變化」の文字が登場
一九三二	昭和七年	○柳田國男「盆過ぎメドチ談」を『奥南新報』紙上に掲載 ○浜田隆一『天草島民俗誌』郷土研究社	○柳田が「妖怪学」という言葉を初めて使用
一九三三	昭和八年	○映画『キング・コング』公開	
一九三四	昭和九年	○柳田國男『一目小僧その他』刊行 ○『郷土研究』終刊号、能田太郎「お化け考」収録 ○柳田國男「妖怪古意」を『国語研究』に発表	○この著作においても柳田は「妖怪」という言葉を使わず
一九三五	昭和一〇年	○民間傳承の會結成、「分類語彙」編纂スタート、雑誌『昔話研究』『民間傳承』発刊 ○富岡直方『日本怪奇物語』同書内に「獵奇年表」あり→一九七五年山田野理夫により『日本怪奇集成』（表は「日本怪奇年表」と改題）として出版 ○佐藤清明『現行全國妖怪辞典』中國民俗学會	
一九三六	昭和一一年	○柳田國男『日本評論』に「妖怪談義」発表	

西暦	和暦	出来事	その他
一九三八	昭和一三年	○『民間傳承』に柳田國男「妖恠名彙」掲載	○この後柳田以外の民俗学者が「妖怪」という言葉を頻繁に使用 ○民俗学と「妖怪」という言葉の再会
一九四七	昭和二二年	○江戸川乱歩が「日本探偵作家クラブ」創設	
一九四九	昭和二四年	○日本民俗学会設立	
一九五一	昭和二六年	○水木しげる紙芝居を描き始める ○江馬務『おばけの歴史』→一九七六年中公文庫『日本妖怪変化史』 ○柳田國男監修『民俗學辭典』発行	
一九五三	昭和二八年	○映画『原子怪獣現わる』公開 ○藤澤衛彦『日本伝承民俗童話全集』全六巻	
一九五四	昭和二九年	○映画『ゴジラ』（東宝）公開 ○映画『大アマゾンの半魚人』（ユニバーサル映画）公開	
一九五五	昭和三〇年	○藤澤衛彦『日本民族伝説全集』全十巻 ○柳田國男監修・民俗学研究所編『綜合日本民俗語彙』平凡社 ○映画『ゴジラの逆襲』（東宝）公開	
一九五六	昭和三一年	○柳田國男『妖怪談義』上梓	
一九五七	昭和三二年	○水木しげる『赤電話』で貸本漫画界にデビュー ○江戸川乱歩編・平井呈一他訳『世界大ロマン全集24・怪奇小説傑作集I』	

一九五八	昭和三三年	○江戸川乱歩編・平井呈一他訳『世界大ロマン全集38・怪奇小説傑作集Ⅱ』 ○水木しげる『ロケットマン』を上梓、『プラスチックマン』『恐怖の遊星魔人』『怪獣ラバン』ほか発表 ○『講座日本風俗史』刊行、別巻に『妖異風俗』	○いまだ「妖怪漫画」は登場せず
一九五九	昭和三四年	○藤澤衛彦『図説日本民俗学全集』	
一九六〇	昭和三五年	○水木しげる『妖奇伝』に「幽霊一家」執筆、貸本漫画に鬼太郎初登場。他、貸本漫画『墓場鬼太郎』『鬼太郎夜話』など ○『画報・伝説と奇談』第一九号・旅と伝説	
一九六一	昭和三六年	○『鬼太郎夜話』二「地獄の散歩道」にて「妖怪」登場 ○映画『モスラ』（東宝）公開 ○水木しげる貸本漫画『河童の三平』兎月書房	○水木しげる、柳田國男「妖怪名彙」に登場する妖怪を漫画のキャラクターとして絵画化
一九六三	昭和三八年	○水木しげる貸本漫画『悪魔くん』東考社	
一九六四	昭和三九年	○映画『モスラ対ゴジラ』公開 ○斎藤清二郎『日本の〈首〉かしら』 ○月刊『ガロ』創刊 ○富田狸通『たぬきざんまい』狸のれん	
一九六五	昭和四〇年	○水木しげる『テレビくん』で講談社児童漫画賞を受賞 ○『少年マガジン』誌に『墓場の鬼太郎』不定期掲載開始 ○映画『フランケンシュタイン対地底怪獣』（東宝）公開	○雑誌版「鬼太郎」は怪奇長編漫画のスタイル

西暦	和暦	出来事	その他
一九六六	昭和四一年	○一月、特撮テレビ『ウルトラQ』スタート、『悪魔くん』短期連載開始 ○水木しげる『悪魔くん』テレビ放映（一〇月）開始、週刊連載開始。『少年サンデー』誌に『ふしぎなふしぎなふしぎな話』連載開始 ○大伴昌司「決定版ウルトラQのすべて」『マガジン』掲載 ○大伴昌司『ものすごい怪物妖怪が全部でてる　妖怪大図鑑』 ○七月、特撮テレビ『マグマ大使』『ウルトラマン』スタート	○これより怪獣・特撮ブーム始まる ○この頃、水木しげる、藤澤衛彦の『妖怪書談全集』を通じて鳥山石燕と出会う
一九六七	昭和四二年	○大伴昌司構成・水木しげる絵『悪魔くん』画報「悪魔と妖怪のひみつ50」（少年マガジン） ○大伴昌司構成・遠藤昭吾絵「トップ画報人気五大怪獣ウルトラ図解」 ○鳥山石燕『画図百鬼夜行』シリーズが渡辺書店から影印復刻 ○水木しげる「墓場の鬼太郎 大妖怪ショッキング画報」（少年マガジン） ○四月『キャプテンウルトラ』、一〇月『ウルトラセブン』『怪獣王子』『ジャイアント・ロボ』スタート ○水木しげる「墓場の鬼太郎／妖怪獣」（週刊少年マガジン）	
一九六八	昭和四三年	○『ゲゲゲの鬼太郎』テレビ放映開始 ○『怪物くん』テレビ放映開始 ○水木先生大忙し。『妖怪百物語』（少年キング）、『河童の三平』（少年サンデー）、『世界怪奇シリーズ』『サラリーマン死神』（ビッグコミック）、『社会派ドキュメント劇画・鬼太郎のベトナム戦記』（月刊宝石）、『水木しげる先生の日本の妖怪カラー大画報』（少年画報）等の連載。『河童の三平　妖怪大作戦』放映開始 ○山内重昭・斎藤守弘『世界怪奇スリラー全集2　世界のモンスター』 ○大伴昌司構成『妖怪事典』（ぼくら七月号付録） ○『カラー版妖怪図鑑』（まんが王七月号付録）	○鬼太郎TVアニメ化第一期 六〇年代

		○『世界モンスター大百科』（ぼくら九月号付録） ○水木しげる他『水木しげる日本妖怪大全』（週刊少年マガジン増刊）↓二年後『水木しげる妖怪画集』朝日ソノラマ、その一五年後増補改訂、新装版 ○阿部主計『妖怪学入門』↓一九七一年増補改訂 ○『妖怪人間ベム』放映開始 ○映画『妖怪百物語』（大映）公開　妖怪三部作の第一弾 ○映画『妖怪大戦争』（大映）公開　妖怪三部作の第二弾 ○映画『猿の惑星』公開	
一九六九	昭和四四年	○テレビアニメ『ゲゲゲの鬼太郎』、実写版『河童の三平　妖怪大作戦』終了 ○映画『東海道お化け道中』（大映）公開　妖怪三部作の第三弾 ○山田野理夫『日本妖怪集』 ○水木しげる「妖怪あしまがり」（月刊別冊少年マガジン）↓『ゲゲゲの鬼太郎／妖怪花』改題	○昭和四〇年代中盤以降、通俗的「妖怪」の担い手が続々と登場
一九七〇	昭和四五年	○水木しげる『悪魔くん千年王国』（週刊少年ジャンプ）連載スタート ○水木しげる『水木しげる妖怪画集』朝日ソノラマ ○阿奈一夫構成『ビッグマガジンNo．7　妖怪』（まんが王七月号付録） ○上田都史『妖怪の話』	○通俗的「妖怪」が大衆に根付く

西暦	和暦	出来事	その他
一九七一	昭和四六年	○『帰ってきたウルトラマン』放映開始 ○『仮面ライダー』放映開始 ○カラー版テレビアニメ『ゲゲゲの鬼太郎』第二部スタート、漫画版『ゲゲゲの鬼太郎』も新装再開 ○阿部主計『妖怪学入門』増補改訂版	○第二次特撮・怪獣ブーム ○変身ブーム ○鬼太郎TVアニメ化第二期 七〇年代
一九七二	昭和四七年	○佐藤有文『いちばんくわしい日本妖怪図鑑』	
一九七三	昭和四八年	○『ロボット刑事』放映開始 ○永井豪『ドロロンえん魔くん』連載開始、同年テレビ放映開始 ○佐藤有文『世界怪奇シリーズ　妖怪大図鑑』 ○佐藤友之『妖怪学入門　オバケロジーに関する12章』 ○早川純夫『日本の妖怪』 ○粕三平『お化け図絵』『浮世絵の幽霊』 ○宮次男『日本の地獄絵』 ○大伴昌司死去	
一九七四	昭和四九年	○山田野理夫『東北怪談の旅』 ○『ゲッターロボ』放映開始 ○草川隆『とてもこわい幽霊妖怪図鑑』 ○南條武『妖怪ミステリー』(完全図解シリーズ) ○水木しげる『妖怪なんでも入門』(小学館入門百科シリーズ) ○上田都史『現代妖怪学入門』 ○山室静、山田野理夫、駒田信二『四次元の幻境にキミを誘う　妖怪魔神精霊の世界』 ○佐藤有文『吸血鬼百科』(ドラゴンブックス) ○佐藤有文『悪魔全書』(ドラゴンブックス)	○上記の書で水木しげるは「妖怪」とは何かを子供向けに説明している

		○山田野理夫編『遠野のザシキワラシとオシラサマ』宝文館出版	
一九七五	昭和五〇年	○日野巌・日野綏彦「妖怪変化語彙」防長民俗学会→一九七九年『動物妖怪譚』収録 ○竹中清構成・あひるや絵『日本の妖怪大百科』勁文社 ○山田野理夫編『日本怪奇集成』	
一九七六	昭和五一年	○楳図かずお『妖怪伝・猫目小僧』テレビ化 ○山田野理夫『母と子の図書室・お化け文庫』 ○江馬務『日本妖怪変化史』中公文庫→二〇〇四年改版発行	
一九七八	昭和五三年	○藤澤衛彦『日本傳說叢書』すばる書房 ○日野巌『植物怪異伝説新考』有明書房 ○佐藤有文『ワニの豆本お化けの図鑑』KKベストセラーズ	
一九七九	昭和五四年	○日野巌『動物妖怪譚』増補改訂版出版。巻末付録は「妖怪変化語彙」	○付録では民俗語彙の「妖怪」と江戸の創作「化け物」の名が並列
一九八〇	昭和五五年	○水木しげる・呉智英・赤瀬川原平・加太こうじ他『水木しげるの世界』	
一九八五	昭和六〇年	○テレビアニメ『ゲゲゲの鬼太郎』第三部スタート ○水木しげる『新装版 水木しげる妖怪画集』改訂版	○鬼太郎TVアニメ化第三期八〇年代
一九八六	昭和六一年	○水木しげる「新編ゲゲゲの鬼太郎」『週刊少年マガジン』で連載スタート	
一九八九	平成元年	○水木しげる、第13回講談社漫画賞受賞	
一九九一	平成三年	○水木しげる、紫綬褒章受章 ○水木しげる『日本妖怪大全』講談社	
一九九三	平成五年	○アニメ映画『カッパの三平』（にっかつ）	

西暦	和暦	出来事	その他
一九九四	平成六年	○水木しげる『図説 日本妖怪大全』（講談社＋α文庫） ○田中貴子『百鬼夜行の見える都市』新曜社	
一九九六	平成八年	○「第一回世界妖怪会議」開催 於・境港 ○テレビアニメ『ゲゲゲの鬼太郎』第四部スタート ○水木しげる「鬼太郎霊団」（ビッグゴールド）	○巷では「妖怪ブーム」といわれる ○鬼太郎TVアニメ化第四期 九〇年代
一九九七	平成九年	○水木しげる・荒俣宏・京極夏彦他 季刊『怪』角川書店 創刊 ○映画『もののけ姫』公開 ○小松和彦により「日本における怪異・怪談文化の成立と変遷に関する学際的研究」が組織される→成果は『日本妖怪学大全』小学館二〇〇三年刊	
一九九八	平成一〇年	○映画『GODZILLA』（トライスター／東宝） ○映画『リング』（東宝）	
一九九九	平成一一年	○多喜田昌裕「こなき爺」伝説を追求し、伝承者と出会う ○佐藤有文死去 ○アダム・カバット校注・編『江戸化物草紙』小学館 ○井上圓了『井上円了・妖怪学全集』全六巻刊行開始～二〇〇一年まで ○水木しげる『妖鬼化』ソフトガレージ ○映画『呪怨』（東映）	
二〇〇〇	平成一二年	○小松和彦責任編集『怪異の民俗学』シリーズ刊行開始 河出書房新社 ○映画『さくや妖怪伝』（中洲プロ・トワーニ）公開	

二〇〇一	平成一三年	○「児啼爺」像除幕式が行われる　徳島県 ○西山克代表「東アジア恠異学会」発足 ○京極夏彦・多田克己・村上健司『妖怪馬鹿』 ○『怪』リニューアル ○化野燐「妖怪の分類・試論」、『怪』にて連載開始	
二〇〇二	平成一四年	○「怪異・妖怪伝承データベース」公開開始 ○水木しげる『水木しげるプライベートBOX妖怪世界遺産』	
二〇〇三	平成一五年	○「水木しげる記念館」境港にオープン ○水木しげる、旭日小綬章受章 ○小松和彦編『日本妖怪学大全』小学館 ○東アジア恠異学会編『怪異学の技法』臨川書店	
二〇〇四	平成一六年	○映画『ゴジラ・ファイナルウォーズ』（東宝）公開 ○天草で「油すましの墓」町の文化財に指定される　西日本新聞 ○江馬務『日本妖怪変化史』中公文庫、〈異〉の世界シリーズ刊行開始	
二〇〇五	平成一七年	○鳥山石燕『画図百鬼夜行全画集』角川ソフィア文庫 ○映画『妖怪大戦争』（角川映画）公開	
二〇〇六	平成一八年	○竹原春泉画『桃山人夜話—絵本百物語』角川ソフィア文庫	
二〇〇七	平成一九年	○テレビアニメ『ゲゲゲの鬼太郎』第五部スタート ○映画『ゲゲゲの鬼太郎』（松竹）公開 ○紀田順一郎『幻想と怪奇の時代』松籟社 ○水木しげる、『のんのんばあとオレ』でフランス・アングレーム国際漫画フェスティバルで日本人初の最優秀コミック賞を受賞 ○『コミック怪』創刊	○鬼太郎TVアニメ化第五期 二〇〇〇年代

西暦	和暦	出来事	その他
二〇〇八	平成二〇年	○テレビアニメ『墓場鬼太郎』スタート	
二〇〇九	平成二一年	○水木しげる、朝日賞受賞 ○「お化け大学校」開校 ○水木しげる、画業六〇周年	
二〇一〇	平成二二年	○水木しげる、米寿（八八歳）を迎える ○テレビドラマ『ゲゲゲの女房』スタート ○『遠野物語』一〇〇周年 ○水木しげる、文化功労者に ○映画『ゲゲゲの女房』（ファントム・フィルム）公開	
二〇一一	平成二三年	○小松和彦『妖怪学の基礎知識』角川学芸出版 ○映画『豆富小僧』（ワーナー）	
二〇一二	平成二四年	○水木しげる『水木しげるの古代出雲』角川書店	
二〇一三	平成二五年	○京極夏彦監修『水木しげる漫画大全集』講談社　刊行開始 ○ゲーム『妖怪ウォッチ』（レベルファイブ）発売 ○水木しげる『水木しげるの不思議草子』KADOKAWA ○国際日本文化研究センターによる第45回 国際研究集会「怪異・妖怪文化の伝統と創造─『内』と『外』の視点から」開催 ○小松和彦、紫綬褒章受章	
二〇一四	平成二六年	○テレビアニメ『妖怪ウォッチ』放送開始 ○怪談専門誌『幽』一〇周年 ○映画『GODZILLA ゴジラ』（東宝）公開 ○ゲーム『妖怪ウォッチ2　元祖／本家／真打』（レベルファイブ）発売	

二〇一五	平成二七年	○東アジア恠異学会第一〇〇回記念研究会　開催 ○水木しげる『水木しげるの日本霊異記』KADOKAWA ○水木しげる・荒俣宏『戦争と読書　水木しげる出征前手記』角川新書 ○水木しげる、逝去（享年九三）	
二〇一六	平成二八年	○映画『シン・ゴジラ』（東宝）公開 ○京極夏彦、遠野文化賞受賞	
二〇一七	平成二九年	○妖怪マガジン『怪』二〇周年 ○全日本妖怪推進委員会、解散	
二〇一八	平成三〇年	○「お化け友の会」発足 ○京極夏彦監修『水木しげる漫画大全集』講談社　全一〇三巻・別巻五・補巻五・総索引（全一一四冊）完結 ○朝里樹『日本現代怪異事典』笠間書院 ○テレビアニメ『ゲゲゲの鬼太郎』第六期スタート ○境港「水木しげるロード」リニューアル ○妖怪マガジン『怪』KADOKAWA　終刊 ○怪談専門誌『幽』KADOKAWA　終刊	○鬼太郎TVアニメ化第六期 二〇一八～二〇二〇年
二〇一九	平成三一年 ＝令和元年	○湯本豪一記念　日本妖怪博物館（三次もののけミュージアム）開館 ○テレビアニメ『鬼滅の刃』放送開始。大ヒット作に ○「お化け大學校」閉校 ○『怪と幽』KADOKAWA　創刊	
二〇二〇	令和二年	○国際日本文化研究センター「大衆文化の通時的・国際的研究による新しい日本像の創出　近世班令和元年度国際拡大研究会シンポジウム『怪異・妖怪研究の新時代―日文研共同研究を礎に―』」開催 ○新型コロナウイルス、世界中で蔓延	○疫病除けの妖怪として「アマビエ」がブームに

本書は、二〇一五年十二月に小社より刊行された単行本を加筆修正し、文庫化したものです。

文庫版《ぶんこばん》

妖怪《ようかい》の宴《うたげ》 妖怪《ようかい》の匣《はこ》

京極《きょうごく》夏彦《なつひこ》

令和2年 8月25日 初版発行
令和6年 10月30日 5版発行

発行者●山下直久

発行●株式会社KADOKAWA
〒102-8177 東京都千代田区富士見2-13-3
電話 0570-002-301(ナビダイヤル)

角川文庫 22281

印刷所●株式会社KADOKAWA
製本所●株式会社KADOKAWA

表紙画●和田三造

◎本書の無断複製（コピー、スキャン、デジタル化等）並びに無断複製物の譲渡および配信は、著作権法上での例外を除き禁じられています。また、本書を代行業者等の第三者に依頼して複製する行為は、たとえ個人や家庭内での利用であっても一切認められておりません。
◎定価はカバーに表示してあります。

●お問い合わせ
https://www.kadokawa.co.jp/（「お問い合わせ」へお進みください）
※内容によっては、お答えできない場合があります。
※サポートは日本国内のみとさせていただきます。
※Japanese text only

©Natsuhiko Kyogoku 2015, 2020 Printed in Japan
ISBN 978-4-04-109684-0 C0195